中高职教育贯通会计专业核心课程教材系列
上海商贸职业教育集团

U0958195

初级财务会计

（第二版）

王莉萍／主　编
袁雪飞　顾非非／副主编
董惠良　王　芬／主　审

立信会计出版社
LIXIN ACCOUNTING PUBLISHING HOUSE

图书在版编目(CIP)数据

初级财务会计 / 王莉萍主编. —2 版. —上海：立信会计出版社，2020.9(2022.8 重印)
ISBN 978-7-5429-6585-1

Ⅰ. ①初… Ⅱ. ①王… Ⅲ. ①财务会计—教材 Ⅳ. ①F234.4

中国版本图书馆 CIP 数据核字(2020)第 167566 号

责任编辑 王斯龙
封面设计 南房间

初级财务会计(第二版)
CHUJI CAIWU KUAIJI

出版发行 立信会计出版社
地　　址 上海市中山西路 2230 号　　邮政编码 200235
电　　话 (021)64411389　　传　　真 (021)64411325
网　　址 www.lixinaph.com　　电子邮箱 lixinaph2019@126.com
网上书店 http://lixin.jd.com　　http://lxkjcbs.tmall.com
经　　销 各地新华书店

印　　刷 上海天地海设计印刷有限公司
开　　本 787 毫米×1092 毫米　1/16
印　　张 18.5
字　　数 439 千字
版　　次 2020 年 9 月第 2 版
印　　次 2022 年 8 月第 2 次
印　　数 2 101—3 600
书　　号 ISBN 978-7-5429-6585-1/F
定　　价 47.00 元

中高职教育贯通会计专业核心教材系列编委会

序

上海商贸职业教育集团是经上海市教委批准、于2008年跨界成立的职业教育组织，目前核心成员单位已达59家，其中本科院校2家，高职院校6家，中职学校26家，本市大中型企业25家。多年来，集团主持、研究制订了会计、国际商务、市场营销/连锁经营管理、金融事务、物流管理、商务英语、酒店管理、艺术设计8个专业教学标准；受上海市人力资源和社会保障局委托，研究制订了营业员、营销师等8个职业资格标准(含1～5级)；受上海市教委委托，研究制订了会计、市场营销、电子商务、连锁经营管理4个国际水平职业教育专业教学标准。先后开发了24门核心课程“教学包”，并在全国首创“文化素质＋专业技能”高职高专招考模式的改革。这些成果不仅获得了上海市市级有关成果奖项，而且通过全国性的职业院校教师培训，这些成果已经辐射到全国，产生了积极的、深远的影响。

由上海商贸职业教育集团牵头推进的中高职教育贯通培养模式试点，始终坚持职业教育内涵建设，呈现出以下特点：

1. 多点布局，坚持质量优先和集聚改革案例。做有特点的强强联合，不做装点形式的事情。

2. 服务社会，坚持专业特色和促进就业为导向。做符合职教理念的专业改革探索，做“进口”与“出口”目标一致的、使学生多样化发展的助推器，不做只关注“生源”的短视行为。

3. 统筹兼顾，坚持以专业标准和服务发展为宗旨，做专业标准下的改革探索，做专业试点和师训、教材研发相结合的综合配套改革工程，不做单纯的“婚姻介绍人”。

本系列教材，就是上述工作的一个配套组成部分。本系列教材服务于《基础会计》《初级财务会计》《出纳实务》《成本会计》《中级财务会计》《财务管理》《管理会计应用基础》《企事内部会计控制基础》《税务会计》9门核心课程。力图解决好以下问题：

1. 构建现代职业教育体系，中职教育是“山脚”，高职教育是“山腰”。在非贯通教育模式中，要强调的是各自相对独立，要“安分守己”，要关注中职与高职之间的有效衔接。而在贯通教育模式中要强调的是“一体化设计”。

2. 一体化设计，关键是课程内容之间的糅合和融通。如下表所示：

中职(3年制)	中、高职教育贯通(5年制)
1. 基础会计(职业能力17条)	1. 基础会计(职业能力17条)
2. 出纳实务(职业能力36条)	2. 出纳实务(职业能力37条)

（续表）

中职(3年制)	中、高职教育贯通(5年制)
3. 财务会计实务(职业能力38条)	3. 财务会计实务(职业能力52条)
4. 会计电算化(职业能力10条)	4. 会计电算化(职业能力11条)
5. 会计法规与职业道德(职业能力9条)	5. 会计法规与职业道德(职业能力9条)
	6. 成本会计(职业能力16条)
	7. 财务管理(职业能力22条)
	8. 管理会计基础(职业能力18条)
	9. 税务(职业能力21条)
合计学时:372(13.15%)	净增职业能力93条,合计学时:720(16.83%)

值得关注的是,贯通教育不仅仅在于职业能力的净增,因为这种净增是可以在不同的职业教育阶段完成的。我们要关注的是这种对课程的糅合和融通,甚至是全新的排列设计。表内列入课程名称相同的5门课,其内涵的区别不仅是条目的增加,我们更须关注的是条目相同而内涵不尽相同的情况。这种不同体现在对条目描述的不同和教学实施的不同。

此外,从一体化设计思想出发,哪些课程可以下放到前3年实施教学,哪些课程可以后移到后2年实施教学,哪些课程可以糅合后重组实施教学等,都是我们要予以界定和明确回答的。

3. 对核心课程的遴选,应当是有标准和依据的。所谓核心课程,就是对这个专业的课程体系发挥基础的、关键性作用的课程,它对锻造学生的专业能力应当具有决定意义和发挥出被广泛接受的作用。简而言之,不学习这些课程,就不能学好后续的专业课程。就会计专业而言,各行各业都有会计岗位,这些不同领域的会计自然是“大同”而“小异”,但这些“小异”在此时恰恰体现了行业之间会计业务的差异性。有些教师认为,我们的学生未来就业的岗位就是不确定的,所以商品流通企业会计、外贸会计、基建会计、银行会计……的学习都是必要的。我们认为,作为核心课程,最重要的是基础会计、财务会计、成本会计、会计电算化以及会计法规与职业道德。为了体现中等职业教育以促进就业为导向的思想,还可加上出纳实务等。体现各行业特色的会计,可以作为拓展课开设,也可以作为专业选修课开设,甚至可以不开设而让学生到未来可能遇到的岗位上去体验学习。这就是明确什么是核心课程的意义。

4. 核心课程教材的编写,服从于课程标准,而课程标准来自专业标准中的职业能力体系。我们的逻辑体系是:基于工作岗位,提炼职业能力;基于职业能力,提炼课程标准;基于课程标准,编撰教材;基于课程标准和教材,实施课堂教学。

本系列教材编写和使用具有以下几个特点:

1. 本系列教材以《中华人民共和国会计法》以及最新的《企业会计准则》等有关法律、法规为依据,结合近几年国家财政部颁布的《企业会计信息化工作规范》《全面推进管理会计体系建设的指导意见》《管理会计基本指引》《会计改革与发展“十三五”规划纲要》等文件精神，以及新开发的中高职贯通会计专业课程标准编写。

2. 本系列教材力求体现5年制中、高职贯通教育的一体化设计。我们以高职生应具备的职业能力为主线，根据职业能力与课程的对应关系，课程内容之间必然的联系，以及知识的前后承接、左右呼应，将教学内容进行归类、整合、安排，形成职业能力脉络鲜明、教学内容条理清晰的课程体系及课程标准。依此课程标准编写的核心课程系列教材，在5年的专业课程教学中可尽量避免、减少内容的交叉、重复，以满足学生职业能力培养和多样化发展的需要。

3. 本系列教材力求贴近企业实践。随着会计信息化水平不断提高，推动会计工作从传统核算型向现代管理型转变，要求财务会计人员也要懂得经营管理，懂得业务的发生和过程。所以，系列教材中在叙述分析各种财务会计案例时，尽量从企业的业务出发，从管理的角度分析业务的来龙去脉，在此基础上讲解财务会计的处理方法，使学生把学习会计专业知识与企业经营管理知识融合起来，树立“算为管用，算管结合”的理念，有利于学生成为今后企业需要的新型财务工作者。

4. 本系列教材力求体现综合职业能力的教学与训练。为适应经济社会发展对高素质技术型、管理型会计人才需求，本系列教材以培养会计人才综合职业能力为导向，以应用型教育教学为主线，引用企事业单位实际业务为教学案例，在教学过程中强化训练学生各类常见业务的处理能力，有利于学生全面掌握会计专业的理论知识和实务操作要领。

5. 本系列教材力求体现大数据、互联网＋发展对会计工作的影响。当前，随着信息化技术的不断发展，基层单位会计信息系统与业务系统不断有机融合，使得一线会计岗位的业务处理操作基本实现信息化。所以，在本系列教材中，我们尽量把企事业单位会计信息化实践纳入会计专业的教学内容中，让学生在学习会计专业知识的同时，也学会当前在企事业单位各会计岗位上信息化条件下的实际操作方法，有利于学生毕业后更快地适应企事业单位的岗位工作要求。

当前，会计行业机遇与挑战并存，会计改革与发展任务艰巨而繁重。为此，会计专业人才的培养责任重大，职业院校的会计专业教学改革任重道远。本系列教材的编写与完善也需要不断与时俱进，跟上时代的变化和实践的发展。

作为改革试点项目，本系列教材中难免存有缺点和不足之处，还望有关专家、使用者提出宝贵意见，以帮助我们进一步修改完善。

上海商贸职业教育集团 秘书长
上海商学院高等技术学院 原院长
上海商业会计学校 原校长
乔 刚
2020年8月

第二版前言

“初级财务会计”课程是继“基础会计”课程后开设的专业核心课程，为后续“中级财务会计”课程的学习奠定了扎实的专业基础。《初级财务会计》教材以会计基层工作岗位为主线设计项目教学，内容分别为：资金结算会计岗位核算操作，存货会计岗位核算操作，固定资产会计岗位核算操作，融资与投资会计岗位核算操作，职工薪酬会计岗位核算操作，税务会计岗位核算操作，总账会计岗位核算操作。

我们在编写过程中力求突出以下几个方面。

1. 岗位操作实践性强

每个会计岗位都以一个工作情境导入，读者可根据情境导入提出的问题进行思考，学习岗位职责和岗位主要操作流程，体现会计内控思想。同时，各岗位配有大量的常规业务案例，以仿真会计凭证、账簿或报表呈现，具有较强的实用性和可操作性，实现课堂教学内容与会计岗位需求的紧密衔接。

2. 理论依据紧贴前沿

本系列教材以《中华人民共和国会计法》以及最新修订的《企业会计准则》《增值税暂行条例》等有关法律、法规为依据，结合新开发的会计专业中高职贯通课程标准编写。

3. 呈现方式直观助学

教学内容以明确“知识”“能力”学习目标为起点，构建各会计岗位业务所涉专业知识，引领业务处理操作，示范会计岗位工作流程。通过“任务小结”，帮助学生明确学习重点和难点；通过“补充阅读”，拓宽学生视野；通过“业务索引”，帮助学生查找业务处理方法。账户结构图表形式具体形象化，便于学生理解把握。

4. 信息化助推教学质效

信息化特色体现于会计电算化下对典型业务的操作要点、流程介绍，可通过手机扫描二维码，登录教学资源平台，查看典型业务信息化处理的相关视频。教学资源平台提供配套习题，应知应会相结合，题目由浅入深、由单一到复杂，循序渐进。

本教材可用于中高职贯通及高职会计、财务管理等专业，也可作为从事相关工作人员的参考书。本教材由上海商业会计学校王莉萍老师负责编写大纲，并编写项目六“税务会计岗位核算操作”；上海市工程技术管理学校黄琳琳、倪刘章老师编写项目一“资金结算岗位核算操作”;上海商业会计学校顾非非老师、王玮老师、张红军老师分别编写项目二“存货岗位核算操作”、项目三“固定资产岗位核算操作”和项目四“融资与投资岗位核算操作”;原上海东海职业技术学院袁雪飞老师编写项目五“职工薪酬岗位核算操作”;上海大众工业学校张雁兰老师与上海工商外国语学院孙刘玉老师合作编写项目七“总账会计岗位核算操作”;上海商业学校胡海梅老师提供会计岗位电算化操作视频。

本教材由王莉萍老师负责统稿,第一版获得上海市中等职业学校第五届校本教材展示交流评比活动优秀校本教材。本书于2020年初修订,由董惠良、王芬老师审稿。

由于编者学识水平有限,加之时间仓促,书中难免有疏漏和不足之处,恳请读者批评指正。

编者

2020年8月

目　录

项目一　资金结算会计岗位核算操作 …… 001

情境导入 …… 001

1.1　认识资金结算会计岗位 …… 001

1.2　现金业务的核算 …… 002

1.3　银行存款业务的核算 …… 008

1.4　其他货币资金业务的核算 …… 016

1.5　应收账款及应付账款业务的核算 …… 024

1.6　应收票据及应付票据业务的核算 …… 029

1.7　预付账款及预收账款业务的核算 …… 036

1.8　其他往来业务的核算 …… 039

1.9　资金结算岗位的电算化操作 …… 042

项目小结 …… 045

补充阅读 …… 046

项目二　存货会计岗位核算操作 …… 047

情境导入 …… 047

2.1　认识存货会计岗位 …… 047

2.2　原材料的核算 …… 051

2.3　周转材料的核算 …… 066

2.4　库存商品的核算 …… 075

2.5　委托加工物资的核算 …… 082

2.6　存货清查的核算 …… 086

2.7　存货岗位的电算化操作 …… 090

项目小结 …… 091

补充阅读 …… 092

项目三　固定资产会计岗位核算操作 …… 097
情境导入 …… 097
3.1　认识固定资产会计岗位 …… 097
3.2　固定资产概述和初始计量 …… 098
3.3　固定资产的后续计量 …… 106
3.4　固定资产的处置 …… 114
3.5　固定资产岗位的信息化处理 …… 119
项目小结 …… 120
补充阅读 …… 121

项目四　融资与投资会计岗位核算操作 …… 124
情境导入 …… 124
4.1　认识融资与投资会计岗位 …… 124
4.2　融资的核算 …… 127
4.3　投资的核算 …… 147
4.4　融资与投资会计岗位的电算化操作 …… 154
项目小结 …… 155
补充阅读 …… 155

项目五　职工薪酬会计岗位核算操作 …… 158
情境导入 …… 158
5.1　认识职工薪酬会计岗位 …… 158
5.2　工资薪金的核算 …… 159
5.3　其他职工薪酬的核算 …… 169
5.4　个人所得税的核算 …… 177
5.5　职工薪酬岗位的信息化处理 …… 181
项目小结 …… 183
补充阅读 …… 183

项目六　税务会计岗位核算操作 …… 188
情境导入 …… 188
6.1　认识税务会计岗位 …… 188
6.2　增值税的核算 …… 189
6.3　消费税的核算 …… 202
6.4　其他税费的核算 …… 210

6.5 税务会计岗位的电算化操作 …… 213
项目小结 …… 216
补充阅读 …… 216

项目七 总账会计岗位核算操作 …… 218
情境导入 …… 218
7.1 认识总账会计岗位 …… 218
7.2 收入与费用的发生与结转 …… 219
7.3 利润的形成与分配 …… 231
7.4 财务报表的编制 …… 240
7.5 总账会计岗位的电算化操作 …… 262
项目小结 …… 264
补充阅读 …… 265

附录1 业务索引 …… 273

附录2 企业会计准则具体准则列示 …… 278

项目一　资金结算会计岗位核算操作

情境导入

上海东方有限公司为了加强内部控制，拟进行岗位轮换，在办理交接手续时发现资金结算会计岗位有如下问题：

资金结算存在的问题

1. 企业中的库存现金金额超过了规定的限额。
2. 日常业务中对于现金折扣作了错误的处理。
3. 期末未对应收账款进行坏账准备的计提。
4. 期末对往来款项函证的账实不符没有及时进行处理。

资金结算岗位是直接与企业的资金打交道的，是企业的关键所在。对这一岗位的工作人员如不按照法律、法规严格处理，那么这对企业将是巨大的损失。因此，通过此次的内部审核以及岗位轮换，为企业的领导人以及财会部门提出了警示。

问题：

(1) 你了解资金结算吗？资金结算包括哪些内容呢？

(2) 企业资金结算岗位通常需要掌握哪些会计处理方法？

1.1　认识资金结算会计岗位

1.1.1　岗位职责

严格按照会计制度对企业进行账务处理，具体内容如下：

(1) 负责公司日常的费用报销，负责日常现金、支票的收入与支出，负责往来款项的核算，并负责登记管理各类日记账及往来款项账簿。

(2) 负责日常对资金结算业务凭证的财务软件录入等账务处理。

(3) 每日盘点库存现金，做到日清月结。

(4) 每月与银行账面核对，编制银行存款余额调节表。

1.1.2　岗位工作基本流程

1.1.2.1　各业务基本流程

各业务基本流程如图表 1-1 至图表 1-3 所示。

图表 1-1　　现金业务基本流程

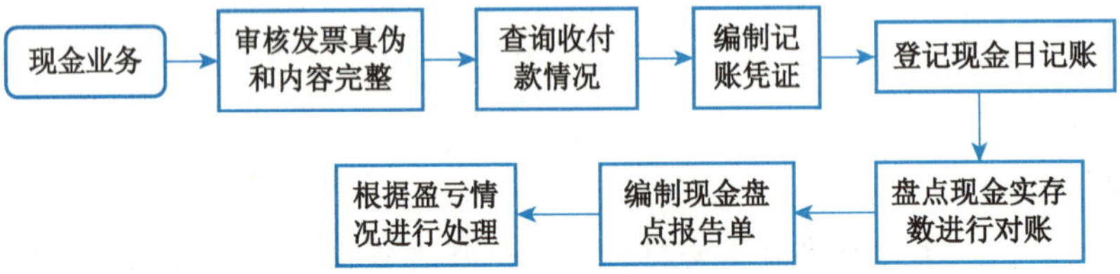

图表 1-2　　银行存款基本流程

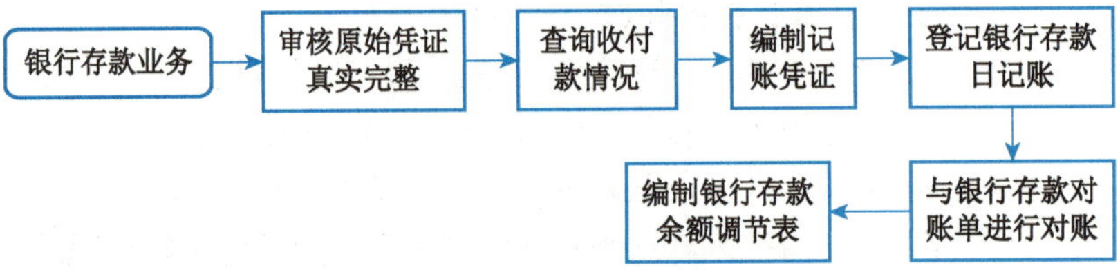

图表 1-3　　往来业务基本流程

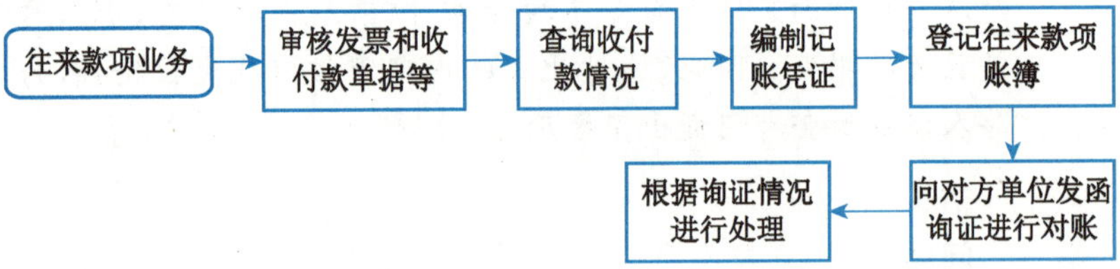

1.1.3　资金结算岗位的核算范围

资金结算岗位模块的核算范围包括货币资金、往来款项的核算，其中，货币资金主要有库存现金、银行存款和其他货币资金；往来款项主要有应收应付款项、预收预付款项和其他应收应付款项。

1.2　现金业务的核算

任 务 目 标	
知识目标	• 能说出现金的定义 • 能判断现金的核算范围 • 知道现金管理规定
能力目标	• 能审核现金业务的原始凭证并进行会计核算 • 能进行现金盘点并进行处理 • 能进行现金日记账的设置与登记

1.2.1 认识现金

1.2.1.1 现金概述

在会计上,现金的概念有广义与狭义之分。狭义的现金即库存现金,是指存放在企业财会部门并由出纳保管作为备用的资金。广义的现金除了库存现金之外,还包括银行存款和其他符合现金定义的票据,如银行汇票存款、银行本票存款等。我国会计上所说的现金是指企业库存的现金,包括库存的人民币现金和外币现金。

现金具有货币性、通用性的特征,是流动性最强的货币性资产,可以立即投入流通领域,随时随地用于购买商品;可以直接用于支付各项费用和用于清偿各种债务;也可以存入银行,供以后随时取用。一个企业的现金收付频繁,业务量大,涉及的经办人员多,最容易造成差错;同时现金具有不受任何契约的限制,可以随时被自由使用的特点,所以其诱惑力大,易被经办人员挪用和侵吞。为确保现金资产的安全完整,保证现金的有效实用,尽可能减少现金发生差错、舞弊、欺诈的机会,任何一个企业都应特别重视现金的管理。

根据国家现金管理制度和结算制度的规定,企业必须按照国务院颁发的《现金管理暂行条例》,在规定范围内使用现金。

1. 现金使用范围的规定

企业使用现金支付的范围主要限于对城乡个人的现金支付,具体包括:①支付职工个人的工资、津贴。②支付各种劳保、福利以及国家规定的对个人的其他支出。③支付个人劳务报酬。④根据国家规定发给个人的科学技术、文化艺术、体育等各种奖金。⑤支付个人收购农副产品和其他物资的价款。⑥出差人员必须随身携带的差旅费。⑦结算起点(1 000 元人民币)以下的零星支出。⑧经中国人民银行确定要支付现金的其他支出。

企业与其他单位的经济往来,除上述规定的范围可以使用现金外,应当通过开户银行进行转账结算。转账结算凭证在经济往来中具有与现金相同的支付能力。

2. 现金库存限额的规定

为了满足企业日常零星开支的需要,每个企业可以根据国家规定保留一定数额的库存现金。库存现金的限额根据企业的规模、日现金付出量、企业与银行距离的远近等条件,由开户银行与企业共同商定,一般为企业 3～5 天的日常零星开支需要量。远离银行或交通不便的开户单位,可按多于 5 天但不超过 15 天的日常零星开支核定限额。日常零星支出不包括企业每月发放工资和不定期差旅费等大额现金支出。企业由于业务的发展变化需要调整库存现金限额的,可以随时向开户银行提出申请,经批准后进行调整。

企业库存现金限额一经核定,必须严格遵守,不得任意超出,超出限额的现金应当于当日及时存入银行;库存现金低于限额时,可以签发现金支票从银行提取现金,补足限额。出纳人员对库存现金必须做到日清日结;每日营业终了,核对实际现金数与现金日记账的账面余额,做到账款相符;企业应定期对库存现金进行审核,需要时亦可临时抽查。

3. 现金收支的日常管理

企业办理有关现金收支业务时,应当遵守以下几项规定:

(1) 企业现金收入应于当日送存开户银行。当日送存有困难的，由开户银行确定送存时间。

(2) 企业支付现金，可以从本企业库存现金中支付或者从开户银行提取，不得从企业的现金收入中直接支付，即不得坐支现金。因特殊情况需要坐支现金的，应当事先报经开户银行审查批准，由开户银行核定坐支范围和限额。企业应定期向银行报送坐支金额和使用情况。

(3) 企业从开户银行提取现金，应当写明用途，由本单位财会部门负责人签字盖章，开户银行审核后，予以支付现金。

(4) 企业因采购地点不固定、交通不便以及其他特殊情况必须使用现金的，应向开户银行提出申请，经开户银行审核后，予以支付现金。

(5) 不准用不符合制度的凭证顶替库存现金，即不得"白条抵库"；不准谎报用途套取现金；不准用银行账户代其他单位和个人存入或支取现金；不准将单位收入的现金以个人名义存储；不准留账外公款，不得设置"小金库"。

银行对违反上述规定的单位，将按照违规金额的一定比例予以处罚。

1.2.1.2 账户设置

为了总括地反映和监督企业库存现金的收入、支出和结存情况，企业应设置"库存现金"账户，进行总分类核算。本账户属于资产类账户，用于核算企业的库存现金。本账户借方登记企业库存现金的增加，贷方登记企业库存现金的减少，期末借方余额反映库存现金的金额。其账户结构如图表 1-4 所示。

图表 1-4　　库 存 现 金

借方	贷方
库存现金的增加	库存现金的减少
期末余额：期末库存现金的金额	

企业内部各部门、各单位周转使用的备用金，应在"其他应收款"账户核算，或单独设置"备用金"账户核算，不在"库存现金"账户核算。

1.2.2 现金会计核算

1.2.2.1 现金收入的核算

现金收入的内容主要有：从银行提取现金、职工出差报销时交回剩余借款、收取结算起点以下的零星销售收入款、收取对个人的罚款等。收取现金时，借记"库存现金"账户，贷记有关账户。

业务 1-1　现金收入

上海东方有限公司员工张三月初向财务部暂借出差款 500 元，由于公司安排问题取消了本次出差，因此张三 12 月 5 日归还了该笔款项。问上海东方有限公司应如何进行会计核算？

【业务解析】

(1) 开出收款收据，如图表 1-5 所示。

图表 1-5　　收　款　收　据

附件　张　　20××年 12 月 05 日

交款单位（或交款人）	张三
交款项目	归还之前预借差旅费
人民币(大写)　伍佰圆整￥ 500.00　现金付讫	
备注：	

收款单位公章　　收款人：××　　交款人：张三

(2) 编制会计分录如下：

借：库存现金　　500

　贷：其他应收款——张三　　500

1.2.2.2　现金支出的核算

按照现金支出范围的规定支付现金时，借记有关账户，贷记“库存现金”账户。

业务 1-2　现金支出

上海东方有限公司以现金支付职工工资 16 000 元。问上海东方有限公司如何进行会计核算？

【业务解析】

审核原始凭证，编制会计分录如下：

借：应付职工薪酬——职工工资　　16 000

　贷：库存现金　　16 000

1.2.2.3　现金清查的核算

现金清查是指对库存现金的盘点与核对，包括出纳人员每日终了前进行的现金账款核对和清查小组定期或不定期进行的现金盘点、核对。现金清查一般采用实地盘点法。清查小组清查时，出纳人员必须在场，清查的内容主要是检查有否挪用现金、白条抵库、超限额留存现金以及账款是否相符等。对于现金清查的结果，应编制“库存现金盘点报告表”，注明现金溢缺金额，并由出纳人员和盘点人员签字盖章，如图表 1-6 所示。如果有挪用现金、白条抵库的情况，应及时予以纠正；对于超限额留存的现金要及时送存银行；如果账款不符，应及时查明原因，并按规定进行处理。

图表 1-6　　库存现金盘点报告表

年　　月　　日

单位名称：

实存金额	账存金额	盘亏情况		备　注
		盘盈数	盘亏数	

处理意见：

主管：　　会计：　　出纳：

1. 现金长短款原因的查找

现金长短款的原因有多种，一般情况下是由账簿登记差错所致。为了能够及时准确查明原因，并予以更正，可采用一定方法查找错账，如采用除 2 法、除 9 法、顺查、逆查、抽查等方法检查是否有漏记、重记等情况。如果发现差错的数字只是角数、分数，或者只是整数，就可以缩小查找范围，专门检查角位、分位或整数位的数字，其他数字则不必一一检查。

采用上述方法进行检查后，如果查出是账簿登记错误，应按规定的更正方法进行更正。如果差错确实不属于账簿登记、计算等问题，应及时向有关领导汇报，同时认真回忆当天发生的经济业务，仔细检查当天办理的每一张收付款凭证，分析产生差额的原因。在确认现金长短款数额后，应作出书面记录，并在账簿上进行反映。对于短缺现金，出纳人员不得私自贴补，掩盖错误；对于溢余现金，出纳人员不得据为己有。确实无法查明原因的，应按错款处理权限上报审批。

2. 现金长短款的处理

对于有待查明原因的现金短缺或溢余，应通过“待处理财产损溢”账户核算。待查明原因后，应按具体情况进行会计处理：

(1) 对于现金短缺，属于应由责任人赔偿的部分记入“其他应收款”账户；属于无法查明的其他原因，根据管理权限，经批准记入“管理费用”账户；属于玩忽职守、违反纪律、有章不循等原因造成的重大责任性差错，应追究失职者的经济责任，给予适当的处分；数额较大、影响严重的，应追究法律责任。

业务 1-3 现金短缺

上海东方有限公司在现金清查中，发现库存现金较账面余额短缺 28 元。问上海东方有限公司如何进行会计核算?

【业务解析】

审核原始凭证，编制会计分录如下：

借：待处理财产损溢——待处理流动资产损溢	28	
贷：库存现金		28

承业务 1-3，上述现金短缺系出纳员王华工作疏忽导致，应由其赔偿。问上海东方有限公司如何进行会计核算?

【业务解析】

审核原始凭证，编制会计分录如下：

借：其他应收款——王华	28	
贷：待处理财产损溢——待处理流动资产损溢		28

承业务 1-3，收到王华交来的赔款 28 元。问上海东方有限公司如何进行会计核算?

【业务解析】

审核原始凭证，编制会计分录如下：

借：库存现金	28	
贷：其他应收款——王华		28

(2) 对于现金溢余,属于应支付给有关人员或单位的,记入"其他应付款"账户;属于确实无法查明原因的现金溢余,批准后记入"营业外收入"账户。

业务 1-4 现金溢余

上海东方有限公司在现金清查中,发现库存现金较账面余额多出 67 元。问上海东方有限公司如何进行会计核算?

【业务解析】

审核原始凭证,编制会计分录如下:

借:库存现金 67

　　贷:待处理财产损溢——待处理流动资产损溢 67

承业务 1-4,经反复核查,上述现金长款原因不明,经批准转作营业外收入处理,问上海东方有限公司如何进行会计核算?

【业务解析】

审核原始凭证,编制会计分录如下:

借:待处理财产损溢——待处理流动资产损溢 67

　　贷:营业外收入——现金溢余 67

1.2.2.4 现金日记账的设置与登记

1. 现金日记账的设置

为了加强对现金的管理,随时掌握现金收付的动态和库存余额,保证现金的安全,企业必须设置"现金日记账",由出纳员根据审核无误的库存现金收、付款凭证和从银行提现的银付凭证,按照业务发生的先后顺序逐笔序时登记。每日业务终了时,应计算、登记当日库存现金收入合计数、库存现金支出合计数,以及账面结余额;并根据"现金日记账"的结余数与实际库存现金数进行核对,做到账款相符。月份终了,"现金日记账"的余额必须与"现金总账"的余额核对相符。为了确保账簿的安全、完整,现金日记账必须采用订本式账簿。有外币现金收支业务的企业,应当按照人民币现金、外币现金的币种设置"现金日记账"进行明细核算。

2. 现金日记账的登记

现金日记账是出纳人员根据现金收款凭证、现金付款凭证和银行存款付款凭证(记录从银行提取现金业务),按经济业务发生的先后顺序,逐日逐笔进行登记的账簿,现金日记账可采用三栏式账簿,登记方法及格式如图表 1-7 所示。

图表 1-7 现金日记账

20××年		凭证号码		对方科目	摘要	收入	付出	结余
月	日	字	号					

(1) 日期栏：根据记账凭证的日期登记。

(2) 凭证号码栏：登记入账的收、付款凭证的种类和编号，如“现金收(付)款凭证”简写为“现收”“现付”；“银行存款收(付)款凭证”简写为“银收”“银付”。凭证栏还应登记凭证的编号，便于查账和核对。

(3) 对方科目栏：登记现金收入、支出对应的科目，其作用在于了解经济业务的来龙去脉，如从银行提取现金，其对方科目即为“银行存款”。

(4) 摘要栏：用以说明登记入账的经济业务的内容。要求文字简练，说明清楚。

(5) 收入、付出栏：登记现金收付的实际金额。

(6) 结余栏：登记现金的结余金额，日清月结。

1.3 银行存款业务的核算

任务目标	
知识目标	• 懂得银行结算账户的概念和基本分类 • 知道企事业单位中银行存款日记账设置的基本规定
能力目标	• 知道企事业单位中出纳报告单的编制目的和方法 • 会根据发生的收付业务登记银行存款日记账 • 会根据库存现金日记账和银行存款日记账编制出纳报告单

1.3.1 认识银行存款

1.3.1.1 单位银行结算账户概述

1. 银行存款的概念

银行存款是指企事业单位存放在银行或其他金融机构中的货币资金。按照国家有关规定，凡是独立核算的单位都必须开立银行账户，单位之间的经济往来，除了按我国《现金管理暂行条例》规定的范围可以使用现金外，应当通过开户银行进行转账结算。

根据我国《人民币银行结算账户管理办法》的规定，人民币银行结算账户是指银行为存款人开立的用于办理现金存取、转账结算等资金收付活动的人民币活期存款账户，它是存款人办理存、贷款和资金收付活动的基础。

2. 银行存款的开户和使用

新成立或从未开户的企业单位，申请开立账户，必须填制开户申请书，提供有关证件，送交盖有存款人印章的印鉴卡。银行审查同意后，凭中国人民银行当地分支机构核发的开户许可证，即可开立银行存款账户。

按照存款人的不同，银行结算账户可分为单位银行结算账户和个人银行结算账户。单位银行结算账户按用途分为如下四类：

(1) 基本存款账户。它是单位因办理日常转账结算和现金收付需要开立的银行结算账户。企业的工资、奖金等现金的支取，只能通过基本存款账户办理。

(2) 一般存款账户。它是单位在基本存款账户以外的银行借款转存、与基本存款账户的企业不在同一地点的附属非独立核算单位开立的账户，企业可以通过本账户办理转账结算和现金缴存，但不能办理现金支取。

(3) 专用存款账户。它是单位按照法律、行政法规和规章，对其特定用途资金进行专项管理和使用而开立的银行结算账户。

(4) 临时存款账户。它是单位因临时经营活动需要开立的账户，企业可以通过该账户办理转账结算和根据国家现金管理规定办理现金收付。

各单位可以根据本单位的业务需要自主选择银行开立银行结算账户。其中，基本存款账户是企业单位的主办账户。一个单位只能选择一家银行的一个营业机构开立一个基本存款账户，不得在多家银行机构开立基本存款账户；不得在同一家银行的几个分支机构开立一般存款账户。其他银行结算账户的开立，必须凭基本存款账户开户登记证办理开户手续，并由银行在开户登记证上进行相应的登记。

企业通过银行办理支付结算时，应当认真执行国家各项管理办法和结算制度，遵守银行与现金存款账户往来的各项规定，接受银行的检查与监督，正确进行银行存款业务的结算：银行开立的账户只供本企业业务经营范围使用，不得出租、出借或转让给其他单位或个人使用；不得用银行账户进行非法活动；不得签发没有资金保证的票据和远期支票，套取银行信用；不得签发、取得和转让没有真实交易和债权债务的票据，套取银行和他人资金；不准无理由拒绝付款，任意占用他人资金；不准违反规定开立和使用账户。

1.3.1.2　银行结算方式

根据中国人民银行总行颁发的《支付结算办法》的规定，企业发生货币资金收付业务可以采用银行汇票、银行本票、商业汇票、支票、信用卡、汇兑、委托收款、托收承付和信用证等方式结算。

1. 支票

支票是单位或个人签发的，由委托办理支票存款业务的银行或者其他金融机构在见票时无条件支付确定的金额给收款人或者持票人的票据。在 2007 年 6 月 25 日之前，支票结算方式只适用于同一票据交换区域的各种款项的结算。自 2007 年 6 月 25 日起，支票实现了全国通用，异城之间也可使用支票进行支付结算。支票基本样式如图表 1-8、图表 1-9、图表 1-10 所示。

图表 1-8　　普 通 支 票

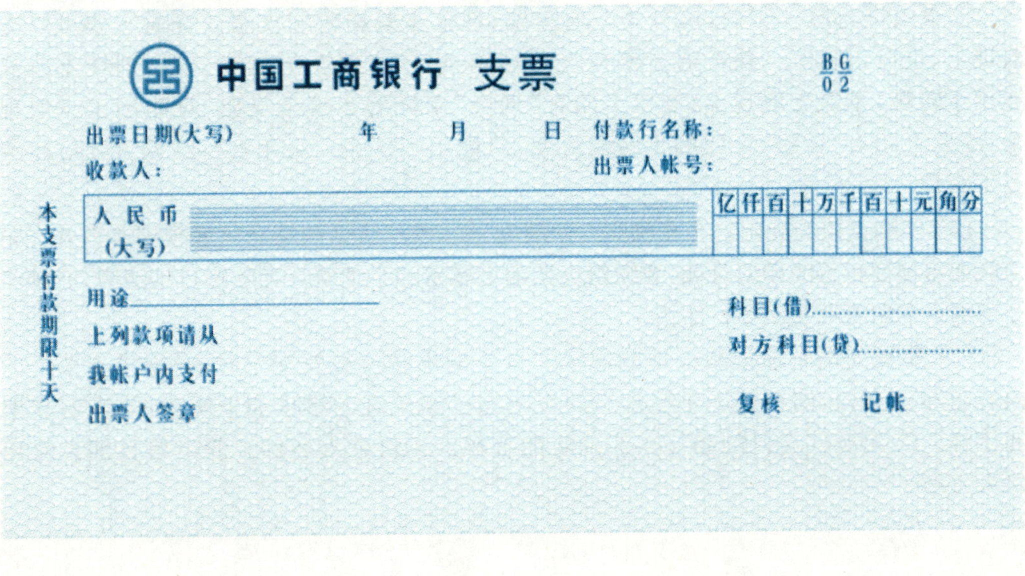
中国工商银行　支票　BG 02

出票日期(大写)　年　月　日　付款行名称：

收款人：　出票人帐号：

本支票付款期限十天

人民币(大写)	亿	仟	百	十	万	千	百	十	元	角	分

用途________　科目(借)……

上列款项请从我帐户内支付　对方科目(贷)……

出票人签章　复核　记帐

图表 1-9　　现金支票

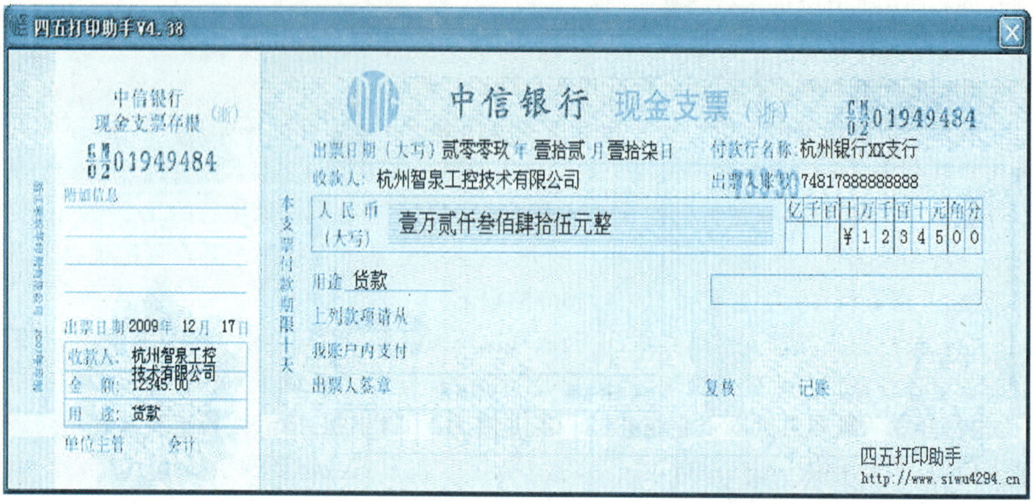

四五打印助手V4.38

中信银行 现金支票存根（浙）
CN 02 01949484
附加信息
出票日期 2009年 12月 17日
收款人：杭州智泉工控技术有限公司
金 额：12345.00
用 途：货款
单位主管　会计

中信银行 现金支票（浙）　CN 02 01949484
出票日期（大写）贰零零玖年 壹拾贰月 壹拾柒日　付款行名称：杭州银行XX支行
收款人：杭州智泉工控技术有限公司　出票人账号：7481788888888
本支票付款期限十天
人民币（大写）壹万贰仟叁佰肆拾伍元整　亿千百十万千百十元角分 ¥1234500
用途 货款
上列款项请从
我账户内支付
出票人签章　复核　记账
四五打印助手 http://www.siwu4294.cn

图表 1-10　　转账支票

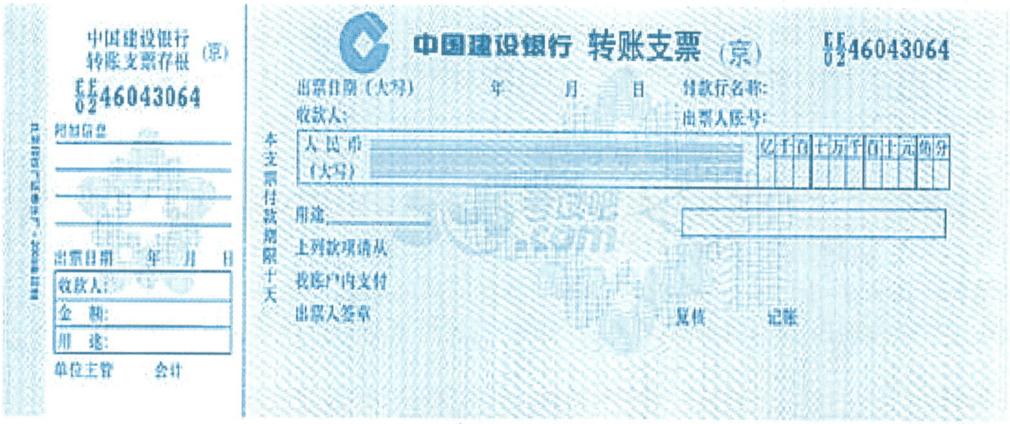

中国建设银行 转账支票存根（京）
EE 02 46043064
附加信息
出票日期　年　月　日
收款人：
金 额：
用 途：
单位主管　会计

中国建设银行 转账支票（京）　EE 02 46043064
出票日期（大写）　年　月　日　付款行名称：
收款人：　出票人账号：
本支票付款期限十天
人民币（大写）　亿千百十万千百十元角分
用途
上列款项请从
我账户内支付
出票人签章　复核　记账

支票由银行统一印刷，可分为普通支票、现金支票和转账支票。普通支票可以支取现金，也可以转账。在普通支票左上角划两条平行线的，为划线支票，划线支票只能用于转账，不能支取现金；支票上印有“现金”字样的为现金支票，只能用于支取现金；支票上印有“转账”字样的为转账支票，只能用于转账。采用这一结算方式应注意以下事项：

（1）领购支票的规定。企业领购支票时，必须填写“票据和结算凭证领用单”，并在第二联加盖预留银行的印鉴，同时要缴纳支票的工本费和手续费。存款账户结清时，必须将全部剩余空白支票交回银行注销。

（2）签发支票必须记载事项的规定。企业的出纳员签发支票时，必须将支票上的内容填写齐全，否则银行不予受理。签发支票必须记载的事项如下所述：①表明支票的字样。②无条件支付的委托。③确定的金额。④付款人名称。⑤出票日期。⑥出票人签章。

我国《票据法》规定：支票上未记载上面规定事项之一的，支票无效。

支票的出票日期、出票金额和收款人名称不得更改，其他记载事项若有更改，必须加盖预留银行印鉴。

签发现金支票和用于提现的普通支票，必须符合国家现金管理的规定。

(3) 支票的书写和加盖印鉴的规定。签发支票应使用碳素墨水或墨汁填写，支票的出票日期应使用规范的中文大写。为防止变造票据的出票日期，在填写月、日时，“月”为壹至玖和壹拾的，“日”为壹至玖和壹拾、贰拾以及叁拾的，应在其前加“零”字；“日”为拾壹至拾玖的，应在其前加“壹”字。例如，2 月 19 日，应写成零贰月壹拾玖日；又如，10 月 30 日，应写成零壹拾月零叁拾日。企业目前用专用的支票打印机打印支票，可以大大减少错误。支票书写或打印后，由出纳员和会计机构负责人分别加盖预留银行的印鉴，包括公司财务章和法人章。

(4) 支票的有效期规定。支票的提示付款期为自出票日起 10 日内。在 2011 年 3 月起启用的新版支票上明确规定“付款期限自出票之日起 10 天”，超过提示付款期限提示付款的，付款人可以不予受理，但出票人仍应当对持票人承担票据责任。

(5) 支票背书转让的规定。背书是转让票据权利的一种法定手续，即持票人在票据背面或粘单上记载有关事项并签章的票据行为。

支票可以背书转让，但用于支取现金的支票不得背书转让。出票人在支票正面记载“不得转让”的支票，也不得背书转让。背书转让时，需在支票背面的背书栏内背书，即在“被背书人”栏内填写受票单位名称，在背书人栏加盖本单位预留银行印鉴，注明背书日期，并将支票直接交给被背书单位。2011 年 3 月 1 日起启用的新版支票背书栏内原来的一栏调整为两栏。按照规定，转账支票在提示付款期内，可以多次背书转让，但背书必须连续，背书人也可以在背书时注明“不得转让”，以禁止支票再转让。

(6) 支票挂失的规定。记载事项齐全的支票如果遗失、被盗等，失票人应立即到出票人开户银行挂失止付。失票人挂失时应填写“挂失止付通知书”，其记载事项有：票据丧失时间、地点、原因，票据号码，收、付款人名称，金额，出票日期等。须记载事项未记全的，银行不予受理挂失。在挂失前已经支付的，银行不予受理。

(7) 违规签发支票的处罚规定。必须在银行存款账户余额内签发支票。禁止签发空头支票，不得签发与预留银行印鉴不符的支票。2011 年 3 月 1 日起启用的新版支票，在其“附出信息”栏对应的背面位置加印温馨提示“根据《中华人民共和国票据法》等法律、法规的规定，签发空头支票由中国人民银行处以票面金额 5%但不低于 1 000 元的罚款。”持票人则有权要求出票人赔偿支票金额 2%的赔偿金。对屡次签发违规支票的，银行应停止其签发支票。

2. 商业汇票

商业汇票是出票人签发的，委托付款人在指定日期无条件支付确定的金额给收款人或者持票人的票据，商业汇票在同城或异地均适用。在银行开立存款账户的法人与其他组织之间须具有真实的交易关系或债权债务关系，才能使用商业汇票。商业汇票基本样式如图表 1-11 所示。

图表 1-11

商业承兑汇票（卡 片）　　1

出票日期（大写）　　年　　月　　日　　　　汇票号码

付款人	全　称		收款人	全　称	
	账　号			账　号	
	开户银行			开户银行	
出票金额		人民币（大写）			亿 千 百 十 万 千 百 十 元 角 分
汇票到期日（大写）			付款人开户行	行号	
交易合同号码				地址	
出票人签章			备注：		

此联承兑人留存

采用商业汇票结算方式，应注意以下事项：

(1) 商业汇票的付款期限由交易双方商定，但最长不得超过 6 个月。

(2) 商业汇票的提示付款期限自汇票到期日起 10 日内。

(3) 商业汇票可以背书转让。

(4) 符合条件的商业汇票的持票人可持未到期的商业汇票连同贴现凭证，向银行申请贴现。

根据承兑人的不同，商业汇票分为商业承兑汇票和银行承兑汇票：

(1) 商业承兑汇票。它是指由销货企业或购货企业签发，购货企业（付款人）承兑，汇票到期时，购货企业（付款人）的开户银行凭票将票款划给销货企业或贴现银行的票据。付款人存款账户不足支付的，银行将填制付款人未付票款通知书，连同商业承兑汇票邮寄持票人开户银行转交持票人。

(2) 银行承兑汇票。它是指由在承兑银行开立存款账户的存款人签发，经银行审核同意承兑的票据。企业申请使用银行承兑汇票时，应向承兑银行按票面金额的 5‱缴纳手续费，并计入财务费用。银行承兑汇票的出票人应于汇票到期前将票款足额缴存其开户银行。到期前未能足额缴存票款时，承兑银行除凭票向持票人无条件付款外，对出票人尚未支付的汇票金额按照每天 5‱计收利息。

3. 汇兑

汇兑是汇款人委托银行将其款项支付给收款人的结算方式，单位和个人各种款项的结算均可使用。汇兑结算方式适用于异地之间的各种款项结算。

汇兑分为信汇、电汇两种，由汇款人选择使用。

如果汇款人和收款人为个人，且需要在汇入行支取现金，可以办理现金汇兑；未在银行开立账户的收款人，其转账汇兑款严禁转入储蓄和信用卡账户。

4. 托收承付

托收承付是根据购销合同由收款人发货后委托银行向异地付款人收取款项，由付款人向银行承认付款的结算方式。办理托收承付结算的款项，必须是商品交易以及因商品交易而产生的应收款项。代销、寄销、赊销商品的款项，不得办理托收承付结算。

收款人办理托收，必须提供商品确已发出的证件(包括铁路、航运、公路等运输部门签发的运单、运单副本和邮局包裹回执)及其他有效证件。

每笔托收承付结算的起点金额为 10 000 元。新华书店系统，每笔结算的起点金额为 1 000 元。

付款人的开户银行收到托收凭证及其附件后，应及时通知付款人付款。承付货款分为验单付款和验货付款两种。其中，验单付款的承付期为 3 天，验货付款的承付期为 10 天。由收付双方选用，并在合同中明确规定。

5. 委托收款

委托收款是收款人委托银行向付款人收取款项的结算方式。无论单位还是个人，都可凭已承兑商业汇票、债券、存单等付款人的债务证明办理收取同城或异地款项。委托收款还适用于收取电费、电话费等付款人众多且分散的公用事业费等有关款项。

委托收款结算款项的划回方式分邮寄和电报两种，由收款人选用。

1.3.1.3 账户设置

“银行存款”账户用于核算企业存入银行或其他金融机构的各种款项。本账户是资产类账户，借方登记银行存款的增加额；贷方登记银行存款的减少额；期末借方余额反映银行存款的期末结存金额。其账户结构如图表 1-12 所示。

本账户可按开户行等设置明细账进行明细核算。

图表 1-12　　银 行 存 款

借方	贷方
银行存款的增加	银行存款的减少
期末余额：期末银行存款的金额	

银行汇票存款、银行本票存款、信用证保证金存款、信用卡存款、外埠存款和存出投资款等，应通过“其他货币资金”账户核算，不在本账户核算。

1.3.2 银行存款的会计核算

1.3.2.1 银行存款支付结算

付款企业开出支票时，根据支票存根和有关原始凭证(收款人开出的收据或发票等)，及时编制付款凭证，借记有关账户，贷记“银行存款”账户。

业务 1-5　银行存款支付结算

上海东方有限公司为一般纳税人，存货采用实际成本计价。该公司从振华公司购入原材料一批，增值税专用发票上注明的价款为 50 000 元，增值税额为 6 500 元，款项已用转账支票付讫，材料已验收入库。根据这项经济业务，上海东方有限公司应如何编制会计分录？

【业务解析】

审核原始凭证，编制会计分录如下：

借：原材料	50 000	
应交税费——应交增值税（进项税额）	6 500	
贷：银行存款		56 500

1.3.2.2 银行存款收入结算

收款企业收到支票时，应填制进账单（格式见图表1-13），连同收到的支票到银行办理收款手续后，以银行签章退回的进账单回单联及其他相关凭证，编制收款凭证，借记“银行存款”账户，贷记有关账户。

图表1-13　　××银行上海市××（单位名称）进账单

年　月　日

<table>
<tr><td rowspan="3">出票人</td><td>全称</td><td></td><td rowspan="3">收款人</td><td>全称</td><td></td><td></td><td></td><td></td><td></td><td></td><td></td><td></td><td></td><td></td><td></td></tr>
<tr><td>账号</td><td></td><td>账号</td><td></td><td></td><td></td><td></td><td></td><td></td><td></td><td></td><td></td><td></td><td></td></tr>
<tr><td>开户银行</td><td></td><td>开户银行</td><td></td><td></td><td></td><td></td><td></td><td></td><td></td><td></td><td></td><td></td><td></td></tr>
<tr><td rowspan="2">金额</td><td colspan="4" rowspan="2">人民币（大写）</td><td>亿</td><td>千</td><td>百</td><td>十</td><td>万</td><td>千</td><td>百</td><td>十</td><td>元</td><td>角</td><td>分</td></tr>
<tr><td></td><td></td><td></td><td></td><td></td><td></td><td></td><td></td><td></td><td></td><td></td></tr>
<tr><td colspan="2">票据种类</td><td></td><td>票据张数</td><td></td><td colspan="11" rowspan="3">复核：　　记账：</td></tr>
<tr><td colspan="5">票据号码</td></tr>
<tr><td colspan="5">备注：</td></tr>
</table>

1.3.3 银行存款日记账

1.3.3.1 银行存款日记账的设置

手工记账单位的银行存款日记账必须采取订本式账簿，一般使用设有“收入（借方）金额”“付出（贷方）金额”“结余金额”三栏式账页。银行存款日记账的设置与库存现金日记账基本相同，不同之处是要增设“结算凭证”栏，登记所采用的结算方式类型以及凭证编号，以便与银行对账单核对。

银行存款日记账也有采用多栏式的，主要是为了清楚地反映账户之间的对应关系，了解银行存款的增减变化。多栏式是在“借方”“贷方”栏下，按经常发生的对应科目设立专栏，常用于经济业务比较简单、业务量比较少的单位。

随着电算化的普及，绝大多数单位都实现了会计电算化，在初始化时就设定了银行存款日记账以及格式，只要准确地输入相关的记账凭证，电算化软件就会自动生成银行存款日记账的登记、核算、结账等内容，随时可供查询、核对。

1.3.3.2 银行存款日记账的登记方法

银行存款日记账的登记工作由出纳员负责。记账方式与库存现金日记账相同。登记银行存款日记账时，应做到数字真实准确、内容完整、登记及时、账证相符、书写工整、摘要清楚、便于查阅、按期结算、不拖延积压。发生记录错误必须按规定方法更正。具体登记方法与要求如下：

(1) 根据复核无误的银行存款收、付凭证登记账簿。

(2) 所记载的经济业务内容必须与记账凭证相一致。

(3) 按经济业务处理的顺序逐笔登记账簿。

(4) 必须连续登记，不得跳行、隔页，不得随便更换账簿和撕扯账页。

(5) 文字与数据必须准确无误、整洁清晰。

(6) 每一面账页记完，必须按规定转页。

(7) 每月月末，按规定结账。

1.3.3.3　银行存款日记账的核对

为防止记账发生错误和正确掌握银行存款实际金额，企事业单位应当按期进行对账。银行存款日记账与有关账、证、单的核对，主要包括以下三个方面：

(1) 银行存款日记账与银行存款收、付凭证互相核对，做到账证相符。

(2) 银行存款日记账与银行存款总账互相核对，做到账账相符。

(3) 银行存款日记账与开户银行的银行对账单互相核对，做到账单相符。如有未达账项使单位银行日记账余额和银行对账单余额不一致时，要通过查对进行调节，使调节后的余额一致。

1.3.4　银行存款的管理规定

1.3.4.1　银行存款的序时核算

为了全面、系统、连续、详细地反映有关银行存款收支的情况，应设置“银行存款日记账”，由出纳人员根据审核无误的收、付款凭证，按照业务发生的先后顺序逐日、逐笔登记，每日终了应结出余额。月份终了，“银行存款日记账”的余额必须与“银行存款”总账的余额核对相符。

1.3.4.2　银行存款的清查

为了保证会计账簿记录的真实、准确，避免银行存款账目发生差错，月份终了，除了“银行存款日记账”的余额必须与“银行存款”总账的余额核对相符外，还必须将单位银行存款日记账与银行对账单核对，确定账实是否相符。

业务 1-6　银行存款日记账的填制

东方公司 4 月 1 日“库存现金”账户期初余额为 4 800 元，“银行存款”账户期初余额为 250 000 元。

东方公司 4 月份发生的业务如下：

(1) 4 月 2 日，将多余现金 1 800 元解存银行。

(2) 4 月 5 日，开出转账支票，缴纳上月未缴纳的增值税额 3 800 元。

(3) 4 月 8 日，以银行存款偿还前欠月季工厂货款 70 200 元。

(4) 4 月 11 日，生产管理人员王霞暂借差旅费 2 000 元，当即付给现金。

(5) 4 月 14 日，以现金购买行政管理部门办公用品 200 元(已领用)。

(6) 4 月 20 日，向银行借入半年期借款 50 000 元，存入银行。

(7) 4月22日，行政管理人员徐华报销差旅费840元，退回余额现金160元，结清前暂借款。

(8) 4月26日，收到紫薇工厂前欠货款23 400元，存入银行。

(9) 4月28日，开出现金支票，从银行提取现金1 500元。

(10) 4月29日，以现金报销职工医药费1 680元。

要求：(1) 根据有关资料开设“现金日记账”和“银行存款日记账”，登记结出余额。

(2) 登记“现金日记账”和“银行存款日记账”，结出每日余额并进行月度记账。

【业务解析】

审核原始资料，编制银行存款日记账如图表1-14所示。

图表1-14 银行存款日记账

××××年		凭证		摘要	结算凭证		对应科目	收入	付出	结余
月	日	种类	编号		种类	编号				
4	1			期初余额	略	略				250 000
	2	现付	1	现金解行			库存现金	1 800		251 800
	5	银付	1	缴纳上月增值税			应交税费		3 800	248 000
	8	银付	2	偿还前欠货款			应付账款		70 200	177 800
	20	银收	1	向银行借款			短期借款	50 000		227 800
	26	银收	2	收到前欠货款			应收账款	23 400		251 200
	28	银付	3	提现			库存现金		1 500	249 700
4	30			本期发生额及余额				75 200	75 500	249 700

1.4 其他货币资金业务的核算

任务目标	
知识目标	• 认识其他货币资金的内容 • 懂得银行票据概念、分类
能力目标	• 知道银行票据结算的基本规定 • 会根据银行票据结算的基本流程办理、审核相关业务，填制银行票据结算业务涉及的有关凭证 • 会根据银行票据结算业务的有关凭证进行账务处理

1.4.1 认识其他货币资金

其他货币资金是指单位除库存现金、银行存款以外的以其他形式存在的各种货币资金，主要包括外埠存款、银行本票存款、银行汇票存款、信用卡存款、信用证存款和存出投资款等。其他货币资金往往都有其指定的用途，要求会计上对其单独进行核算。

1.4.1.1　外埠存款

外埠存款是指企业到外地进行临时或零星采购时，汇往采购地银行开立采购专户的款项。

1.4.1.2　银行本票

1. 银行本票结算概述

银行本票是指由银行签发的，承诺自己在见票时无条件支付确定的金额给收款人或者持票人的票据。基本样式如图表 1-15 所示。

图表 1-15　　银行本票样张

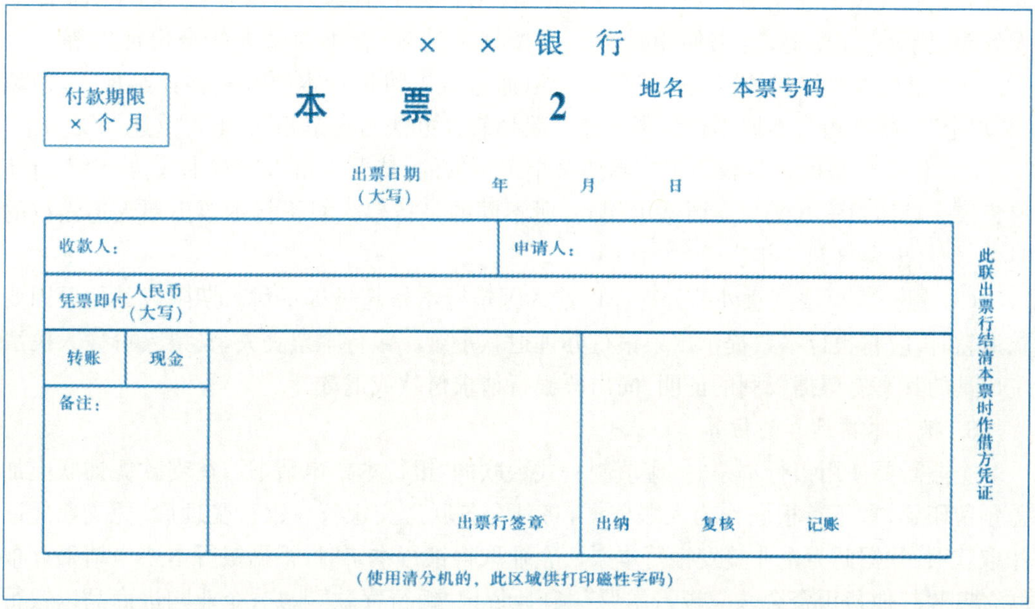

× × 银 行

付款期限
× 个 月

本　票　2　　地名　　本票号码

出票日期
（大写）　　年　　月　　日

收款人：　　申请人：

凭票即付 人民币
（大写）

转账　现金

备注：

出票行签章　　出纳　　复核　　记账

此联出票行结清本票时作借方凭证

（使用清分机的，此区域供打印磁性字码）

银行本票可以用于转账，注明“现金”字样的银行本票只能向出票银行支取现金。银行本票分为不定额本票和定额本票两种。定额银行本票面额为 1 000 元、5 000 元、10 000 元和 50 000 元。

银行本票具有信誉高、支付能力强，并有代替现金使用功能的特点。它适用于单位和个人在同一票据交换区域内的商品交易、劳务供应和其他款项的结算。

2. 银行本票结算的主要规定

（1）银行本票必须记载的六个事项。①表明“银行本票”的字样。②无条件支付的承诺。③确定的金额。④收款人名称。⑤出票日期。⑥出票人签章。

（2）出票人的责任。银行本票的出票人在持票人提示见票时，必须承担付款的责任。

（3）申请人办理银行本票的手续。申请人应向出票银行填写“银行本票申请书”，填明收款人名称、申请人名称、支付金额、申请日期等事项并签章。申请人和收款人均为个人的，若需要支取现金的应在“支付金额”栏先填写“现金”字样，后填写支付金额。申请人或收款人为单位的，不得申请签发“现金”银行本票。

(4) 银行本票的提示付款期限。银行本票自出票日起，提示付款期限为1个月，最长不得超过2个月。持票人在付款期限内提示付款的，付款人必须在当日足额付款。持票人超过提示付款期限不获付款的，在票据权利时效(2年)内向出票银行作出说明，可持银行本票向出票银行请求付款。

(5) 收款人、被背书人受理银行本票时应审查的事项。应审查的事项包括：银行本票的收款人是否确为本单位或本人；本票是否在提示付款期内；本票必须记载的事项是否齐全；出票人签章是否符合规定，不定额银行本票是否有压数机压印的出票金额，并与大写出票金额一致；出票金额、出票日期、收款人名称是否更改，更改的其他记载事项是否由原记载人签章证明；银行本票正面是否有记载“不得转让”的字样。此外，被背书人还应审查：背书是否连续、背书栏是否记载“不得转让”的字样；背书人签章是否符合规定、背书使用粘单是否按规定签章；背书为个人的身份证件等。

(6) 银行本票权利的转让。持票人可以通过背书将银行本票权利转让给他人，但填明“现金”字样的银行本票不得背书转让。具体转让办法与支票相同，不再重述。

(7) 银行本票的追索权。银行本票被拒绝付款的，持票人可以对背书人、出票人行使追索权。具体追索办法与支票基本相同，所不同的是持票人对银行本票出票人追索权的时效，是自出票日起2年。

(8) 银行本票遇到意外的处理。申请人因银行本票超过提示付款期限或其他原因要求退款时，应将银行本票提示出票银行办理退款手续。银行本票丧失，失票人可凭人民法院出具的其享有票据权利的证明，向出票银行请求付款或退款。

3. 银行本票结算的核算

企业需要使用银行本票时，应填制一式数联的“银行本票申请书”，在支款凭证联上加盖预留印鉴，留下存根联作为入账依据，将其余各联送交银行。银行受理后，凭支票凭证扣取款项，并据此为企业签发银行本票。企业取得银行本票时，根据银行本票申请书存根联，借记“其他货币资金——银行本票”账户，贷记“银行存款”账户；企业购进商品以银行本票支付货款时，根据购进商品凭证，借记“在途物资”账户，贷记“其他货币资金——银行本票”账户。

企业销售商品收到银行本票，审查无误后，应在银行本票上加盖背书，并据以填制“进账单”一式两联，然后连同银行本票一并送交开户银行。银行审核无误后，在进账单上加盖收款章，取回进账单收账通知联。届时，根据销售凭证和进账单收账通知联，借记“银行存款”账户，贷记“主营业务收入”账户。

1.4.1.3 银行汇票

1. 银行汇票结算概述

银行汇票是指出票银行签发的，由其在见票时按照实际结算金额无条件支付给收款人或者持票人的票据。基本样式如图表1-16所示。

银行汇票具有使用面广泛、通汇面广、使用方便、灵活安全、兑现性强的特点。它主要用于异地单位和个人之间的商品交易和劳务供应等。

图表 1-16　　银行汇票样张

付款期限
壹 个 月
中国建设银行
银行汇票　2
江苏
XX00000000
第　号

出票日期：　年　月　日（大写）	代理付款行：	行号：
收款人：		
出票金额	人民币（大写）	
实际结算金额	人民币（大写）	千 百 十 万 千 百 十 元 角 分

申请人：　　账号或住址：

出票行：　　行号：

备 注：

凭票付款

出票行签章

多余金额									
千	百	十	万	千	百	十	元	角	分

科目（借）
对方科目（贷）
兑付日期：　年　月　日
复核　记账

2. 银行汇票结算的主要规定

(1) 银行汇票必须记载的七个事项。①表明“银行汇票”的字样。②无条件支付的委托。③确定的金额。④付款人名称。⑤收款人名称。⑥出票日期。⑦出票人签章。

(2) 申请人办理银行汇票的手续。申请人应向出票银行填写“银行汇票申请书”，填明收款人名称、汇票金额、申请人名称、申请日期等事项并签章。签章应为其预留银行的签章。申请人和收款人均为个人，需要使用银行汇票向代理付款人支取现金的，申请人须在“银行汇票申请书”上填明代理付款人名称，在汇票金额栏先填写“现金”字样，后填写代理付款人名称。代理付款人是指根据付款人的委托，代理其支付票据金额的银行。申请人或者收款人为单位的，不得在“银行汇票申请书”上填明“现金”字样。

(3) 银行汇票的提示付款期限。银行汇票的提示付款期限为出票日起 1 个月。持票人超过期限向代理付款银行提示付款不获付款的，需要在票据权利时效内向出票银行作出说明，并提供本人身份证件或单位证明，持银行汇票和解讫通知向出票银行请求付款。

(4) 收款人受理银行汇票时应审查的事项。除了要审查与受理银行本票时的六个事项外，还要审查银行汇票和解讫通知是否齐全、汇票号码和记载的内容是否一致。

(5) 收款人受理银行汇票的处理。在受理申请人交付的银行汇票时，应在出票金额以内，将实际结算金额和多余金额准确、清晰地填入银行汇票和解讫通知的有关栏内。未填明实际结算金额和多余金额或实际结算金额超过出票金额的，银行不予受理。更改实际结算金额的银行汇票无效。

(6) 银行汇票权利的转让。持票人可以通过背书将银行汇票权利转让给他人，但填明“现金”字样的银行汇票不得背书转让。具体转让办法与支票相同，不再重述。

(7) 被背书人受理银行汇票时应审查的事项。被背书人除了审查收款人受理银行汇票时的事项外，还要审查银行汇票是否记载实际结算金额，有无更改，其金额是否超过出票金额，背书是否连续，背书人签章是否符合规定，背书使用粘单是否按规定签章，背书为个人的身份证件等。

(8) 银行汇票的追索权。银行汇票被拒绝付款的，持票人可以对背书人、出票人行使追索权。具体追索办法与银行本票相同。

(9) 银行汇票遇到意外的处理。申请人因银行汇票超过付款提示期限或由于其他原因要求退款时，应将银行汇票和解讫通知同时提交出票银行，出具有关证明或证件，办理退款手续。银行汇票丧失的具体处理办法与银行本票相同，不再重述。

3. 银行汇票结算的核算

申请人向银行申请签发银行汇票时，应填制一式数联的“汇票申请书”，并在支票凭证联上加盖预留印鉴，留下存根联作为入账凭证，将其余两联送交签发银行。银行凭支款凭证扣取款项，并据以签发银行汇票，将银行汇票和汇款解讫通知两联结算凭证交申请人，然后由申请人自带这两联结算凭证去异地与收款人办理结算。异地购进商品发生的运杂费等采购费用，应计入商品的采购成本。

收款人将银行汇票审查无误后，应在汇票金额以内填写实际结算金额，多余的金额应填入多余金额栏内。如是全额解付的，在多余金额栏内写上零，然后在汇票上加盖单位在银行的预留印鉴，填写进账单解入银行。经银行审核无误后，在进账单上加盖收款章，收款人取回进账单收账通知联，作为收款的入账凭证，银行留下另一联进账单和银行汇票，将汇票解讫通知寄往签发银行，签发银行收到汇票解讫通知后，据以入账，将汇票多余的款项主动退还申请人账户，并将汇票多余款收账通知送交申请人，作为其退回余款的入账依据。

采用银行汇票结算的核算方法与银行本票基本相同。

1.4.1.4 信用卡结算

1. 信用卡结算概述

信用卡是指商业银行向个人和单位发行的、凭以向特约单位购物、消费和向银行存取现金，且具有消费信用的特制载体卡片。

信用卡按使用对象分为单位卡和个人卡，按信誉等级分为金卡和普通卡。

单位或个人申领信用卡应按规定填制申请表，连同有关资料一并送交发卡银行。符合条件并按银行要求交存一定金额的备用金后，银行为申领人开立信用卡存款账户，并发给信用卡。发卡银行可根据申请人的资信程度，要求其提供担保。担保方式可采用保证、抵押或质押。

信用卡具有安全方便、可以先消费后付款的特点。它适用于单位和个人的商品交易和劳务供应的结算。

2. 信用卡结算的主要规定

(1) 单位卡账户的资金和使用制度。单位卡账户的资金一律从其基本存款账户转账存入，不得交存现金，也不得支取现金，不得将其他存款账户和销货收入的款项存入其账户。单位卡不得用于 100 000 元以上的商品交易和劳务供应款项的结算。

(2) 信用卡备用金存款的利息。按照中国人民银行规定的活期存款利率及计息办法计算。

(3) 信用卡的使用与销户。信用卡仅限于合法持卡人本人使用,持卡人不得出租或转借信用卡。持卡人可持信用卡在特约单位购物、消费。届时需将信用卡和身份证一并交特约单位。智能卡(又称 IC 卡)、照片卡可免验身份证件。当持卡人不需要继续使用信用卡时,应持信用卡主动到发卡银行办理销户。

(4) 特约单位受理信用卡应审查的事项。应审查的事项包括:受理的信用卡是否确为本单位可受理的信用卡;信用卡是否在有效期内,是否列入"止付名单";签名条上是否有"样卡"或"专用卡"等非正常签名的字样;信用卡是否有打孔、剪角、毁坏或涂改的痕迹;持卡人身份证件或卡片上的照片与持卡人是否相符;卡片正面的拼音姓名与卡片背面的签名和在身份证件上的姓名上是否一致等。

(5) 特约单位受理信用卡后的处理。信用卡审查无误后,在签购单上压卡,填写实际结算金额、用途、持卡人身份证件号码、特约单位名称和编号,然后交持卡人在签购单上签名确认,并将信用卡、身份证件和签购单回单交还给持卡人。

在每日营业终了,将当日受理的信用卡签购单汇总,计算手续费和净计金额,并填写汇计单和进账单,连同签购单一并送交收单银行办理进账。

(6) 持卡人退货的处理。持卡人要求退货时,特约单位应使用退货单办理压卡,并将退货单金额从当日签购单累计金额中抵减,退货单随签购单一并送交收单银行。

(7) 信用卡透支的规定。信用卡透支额,金卡最高不得超过 10 000 元,普通卡最高不得超过 5 000 元,透支期限最长为 60 天。但不得发生恶意透支。恶意透支是指持卡人超过规定限额或规定期限,并且经发卡银行催收无效的透支行为。

信用卡透支利息,自签单日或银行记账日起 15 日内按日息 5‰计算,超过 15 日按日息 15‰计算。透支利息不分段,按最后期限或最高透支额的最高利息档次计息。

(8) 信用卡丧失的处理。信用卡丧失,持卡人应立即持本人身份证件或者其他有效证明,并按规定提供有关情况,向发卡银行或代办银行申请挂失。

3. 信用卡结算的核算

企业在银行开户存入信用卡备用金时,借记"其他货币资金——信用卡存款"账户,贷记"银行存款"账户。在开户时支付的手续费,应列入"财务费用"账户。企业持信用卡支付货款或费用时,根据购进商品或支付费用的凭证和签购单回单,借记"在途物资"或"管理费用"等账户,贷记"其他货币资金——信用卡存款"账户。

1.4.1.5　账户设置

为了反映和监督其他货币资金的收支和结存情况,企业应设置"其他货币资金"账户。本账户是资产类账户,借方登记其他货币资金的增加额;贷方登记其他货币资金的减少额;期末借方余额反映其他货币资金的期末结存金额。其账户结构如图表 1-17 所示。

本账户还应按其他货币资金的种类分设"外埠存款""银行汇票存款""银行本票存款""在途货币资金""信用卡存款""存出投资款"等明细分类账户进行明细核算。

图表 1-17　其他货币资金

借方	贷方
其他货币资金的增加	其他货币资金的减少
期末余额:期末其他货币资金的金额	

1.4.2 其他货币资金的会计核算

业务 1-7 外埠存款业务

上海东方有限公司因临时采购在工商银行南京分行开设外埠存款账户，存入 5 000元。20 天后，采购员交来供货单位发票，所购货物价款为 3 000 元，增值税额 390 元。货物尚未验收入库，剩余资金 1 490 元已转回到公司存款户。问该公司如何编制会计分录？

【业务解析】

审核原始凭证，编制会计分录如下：

(1) 汇往外地开立采购专户时：

借：其他货币资金——外埠存款　　5 000
　　贷：银行存款　　5 000

(2) 采购结束，收到采购员交来发票账单时：

借：在途物资　　3 000
　　应交税费——应交增值税(进项税额)　　390
　　贷：其他货币资金——外埠存款　　3 390

(3) 剩余资金转回公司存款户时：

借：银行存款　　1 610
　　贷：其他货币资金——外埠存款　　1 610

业务 1-8 银行汇票业务

上海东方有限公司去广州采购商品，发生下列业务：

(1) 3 月 5 日，填制银行汇票申请书 30 000 元，银行受理后收到同等数额的银行汇票。问该公司财会部门根据银行汇票申请书存根联，如何进行会计核算？

【业务解析】

填制银行汇票申请书，如图表 1-18 所示。

图表 1-18　　工商银行汇票申请书(回单)

申请日期　20××年 03 月 05 日

<table>
<tr><td>申 请 人</td><td colspan="2">上海东方有限公司</td><td>收 款 人</td><td colspan="10">广州发展公司</td></tr>
<tr><td>账　户
或住址</td><td colspan="2">6200029401003636532</td><td>账　户
或地址</td><td colspan="10">4700031509002525553</td></tr>
<tr><td>用　途</td><td colspan="2">采购商品</td><td>代　理
付款行</td><td colspan="10">工行沪海支行</td></tr>
<tr><td rowspan="2">汇　票
金　额</td><td colspan="3" rowspan="2">人民币叁万元整
(大写)</td><td>亿</td><td>百</td><td>十</td><td>万</td><td>千</td><td>百</td><td>十</td><td>元</td><td>角</td><td>分</td></tr>
<tr><td></td><td></td><td>¥</td><td>3</td><td>0</td><td>0</td><td>0</td><td>0</td><td>0</td><td>0</td></tr>
</table>

编制会计分录如下：

借：其他货币资金——银行汇票　　30 000
　　贷：银行存款　　30 000

(2) 3 月 10 日，东方公司向广州购进原材料一批，货款 28 500 元，运杂费 300 元，一并以面额 30 000 元的银行汇票支付，余款尚未退回，商品也未运到，问如何编制会计分录？

【业务解析】

审核原始凭证，编制会计分录如下：

借：在途物资——广州　　28 800
　　贷：其他货币资金——银行汇票　　28 800

(3) 3 月 15 日，上项原材料运到验收入库，问该公司如何编制会计分录？

【业务解析】

作分录如下：

借：原材料　　28 800
　　贷：在途物资——广州　　28 800

(4) 3 月 18 日，银行转来多余款收账通知，金额为 1 200 元，系本月 5 日签发的银行汇票使用后的余款，问该公司如何编制会计分录？

【业务解析】

作分录如下：

借：银行存款　　1 200
　　贷：其他货币资金——银行汇票　　1 200

业务 1-9　信用卡业务

上海东方有限公司在中国工商银行开立信用卡存款账户，发生下列经济业务：

(1) 3 月 1 日，存入信用卡备用金 30 000 元，发生开户手续费 40 元，一并签发转账支票付讫，根据转账支票存根联，问该公司如何编制会计分录？

【业务解析】

审核原始凭证，编制会计分录如下：

借：其他货币资金——信用卡存款　　30 000
　　财务费用　　40
　　贷：银行存款　　30 040

(2) 3 月 5 日，购进办公用品一批，货款 2 000 元，以信用卡存款付讫，根据发票及签购单回单，问该公司如何编制会计分录？

【业务解析】

作分录如下：

借：管理费用　　2 000
　　贷：其他货币资金——信用卡存款　　2 000

1.5 应收账款及应付账款业务的核算

任务目标	
知识目标	• 能说应收账款及应付账款的内容 • 能有对现金折扣和商业折扣的认识
能力目标	• 熟悉应收账款及应付账款的核算内容 • 应收账款及应付账款的确认和计量 • 能依据相关资料准确计提坏账准备金

1.5.1 认识应收账款

1.5.1.1 应收账款概述

应收账款是指企业因销售商品、产品、提供劳务等业务而向购货单位或个人收取的款项。

会计上所指的应收账款有其特定范围。首先,应收账款是指因销售活动形成的债券,不包括应收职工欠款等其他应收款;其次,应收账款是指流动资产性质的债权,不包括长期的债权(如:购买的长期债券等);第三,应收账款是指本企业应收客户的款项。应收账款应在确认收入时确认。需要注意的是,在确认应收账款的入账价值时,还应当考虑商业折扣和现金折扣等因素。

1. 商业折扣

它是指销货企业为了鼓励客户多购商品而在商业标价上给予的扣除。例如,企业规定,购买 10 件以上商品给予 10%的折扣,或客户每买 10 件送 1 件。另外,企业为了尽快出售一些残次、陈旧、冷背的商品,也可能降价(即打折)销售。由于商业折扣在销售发生时即已发生,企业应按扣除商业折扣后的净额确认销售收入和应收账款。

2. 现金折扣

它是指在赊销方式下,企业为了鼓励客户提前偿付货款而向客户提供的债务扣除,现金折扣一般用"折扣率/付款期限"来表示。

(1) 现金折扣的核算方法。在现金折扣下,其应收账款入账金额的确认有两种方法:即总价法和净价法。

总价法按未扣除现金折扣前的金额作为实际售价,并作为应收账款的入账价值。在以后实际发生现金折扣时,再予以确认,并计入财务费用。我国企业会计准则规定,现金折扣采用总价法。

净价法按扣除现金折扣后的金额作为实际售价,作为应收账款的入账价值。

(2) 现金折扣的表示方法。现金折扣一般用"折扣率/付款期限"来表示。例如,"2/10,1/20,n/30"表示:买方在 10 天内付款,销货企业将按商品售价给客户 2%的折扣;买方在第 11 天至第 20 天付款,企业将按售价给客户 1%的折扣;企业允许客户最长付款期限为 30 天,但客户在第 21 天至第 30 天内付款,将不能享受现金折扣。

1.5.1.2 账户设置

"应收账款"账户,用于核算应收账款的增减变动及其结存情况。不单独设置"预收账款"账户的企业,预收的账款也在"应收账款"账户核算。本账户是资产类账户,借方登记企业销售商品或提供劳务未收到款项的金额；贷方登记应收账款的收回、确认的坏账损失及发生的预收账款。期末余额一般在借方，表示尚未收回的应收账款金额；如果期末余额在贷方，则反映企业预收的款项。其账户结构如图表 1-19 所示。

本账户可按债务人的单位或个人设置明细账户进行明细核算。

图表 1-19　　**应收账款——××公司**

借方	贷方
销售商品、提供劳务款项尚未收到	收回款项、发生坏账 未设立预收账款账户企业发生的预收账款
期末余额：尚未收回的应收账款金额	期末余额：预收账款的金额

1.5.2　应收账款的会计核算

应收账款是因企业销售商品或提供劳务等产生的债权，其入账价值包括：销售货物或提供劳务的价款、增值税，以及代购货方垫付的包装费、运杂费等。

企业销售商品或材料等发生应收款项时，借记“应收账款”账户，贷记“主营业务收入”“其他业务收入”“应交税费——应交增值税（销项税额）”等账户；收回款项时，借记“银行存款”等账户，贷记“应收账款”账户。

企业代购货单位垫付包装费、运杂费时，借记“应收账款”账户，贷记“银行存款”等账户；收回代垫费用时，借记“银行存款”账户，贷记“应收账款”账户。

业务 1-10　赊销业务

上海东方有限公司 20××年 10 月 12 日销售一批玩具兔给上海祥天商贸公司，按照合同规定，产品销售价格 900 000 元，增值税额为 117 000 元。产品已经发出，款项未付。问上海东方有限公司应如何进行会计核算？

【业务解析】

(1) 开出增值税专用发票、发货单，如图表 1-20、图表 1-21 所示。

图表 1-20　　**上海增值税专用发票**

（印章：全国统一发票监制章　上海市　国家税务总局监制）

记账联

开票日期：20××年 10 月 12 日　　No. 00187967

购货单位	名　　称：上海祥天商贸公司 纳税人识别号：370105104018001 地 址、电 话：上海市北京路 369 号　021-12354760 开户行及账号：宁波银行黄浦支行 47000315090025255553			密码区	7/1≫61<98>8->＊5　加密版本号：01 3/9>3327867>383527567 97/>5-710079>-08/1312　440004314 ＊38426≫2-23/186≫49　00187967		
货物及应税劳务名称	规格型号	单位	数量	单价	金额	税率	税额
玩具兔	321	只	18 000	50	900 000	13%	117 000
合计					900 000		117 000
价税合计（大写）	壹佰零壹万柒仟元整			（小写）¥1 017 000.00			
销货单位	名　　称：上海东方有限公司 纳税人识别号：215280104013105 地 址、电 话：上海市海天路 58 号 开户行及账号：工行沪海支 62000294010036365532			备注	（印章：上海祥天商贸公司　2152801040131　发票专用章）		

收款人：　　复核：　　开票人：冯小刚　　销货单位（章）：

第一联：记账联　销货方记账凭证

图表 1-21　　销售发货单　　No. 0012

地址：上海市海天路 58 号
电话：69696969

收货单位名称：上海祥天商贸公司　　付款方式：赊购

日期：20××年 10 月 12 日

产品名称	单位	数量	单价	价税合计金额									备注
				佰	十	万	千	百	十	元	角	分	
玩具兔	只	18 000	50	1	0	1	7	0	0	0	0	0	
合计： 壹佰零壹万柒仟元整						小写合计：¥1 017 000.00							

（2）编制会计分录如下：

借：应收账款——上海祥天商贸公司　　1 017 000
　贷：主营业务收入　　900 000
　　应交税费——应交增值税(销项税额)　　117 000

业务 1-11　现金折扣销售业务

上海东方有限公司销售产品 10 000 元，增值税税率 13%，现金折扣为 2/10、n/30，产品发出并办妥托收手续。问上海东方有限公司应如何进行会计核算？

【业务解析】

审核原始凭证，编制会计分录如下：

（1）销售时：

借：应收账款　　11 300
　贷：主营业务收入　　10 000
　　应交税费——应交增值税(销项税额)　　1 300

（2）折扣期内收回货款：

借：银行存款　　11 100
　财务费用　　200
　贷：应收账款　　11 300

（3）超过折扣期收回货款：

借：银行存款　　11 300
　贷：应收账款　　11 300

思考与练习 1-1

销售商品、产品或提供劳务时代垫运费应如何处理？

1.5.2.1 坏账确认及其核算

坏账确认的条件有：①债务人死亡，以其遗产清偿后仍无法收回。②债务人破产，以其破产财产清偿后仍无法收回。③债务人逾期 3 年未履行其偿债义务，并有足够的证据表明无法收回或收回的可能性极小。

满足上述条件之一的应收账款，即可被确认为坏账。

我国企业会计准则关于坏账的规定是，企业只能采用备抵法核算坏账损失，它与直接转销法相比，是一种更稳妥的方法。备抵法需专门设立"坏账准备"账户，资产负债表，能够客观地反映全部应收账款可变现的净值，真实地反映企业的财务状况。坏账准备金的计提：当期应计提的坏账准备＝当期期末应收款项余额×坏账准备计提率－(或＋)计提本期坏账准备前"坏账准备"账户的贷方(借方)余额。

企业计提坏账准备时，应按计提金额，借记"信用减值损失——计提的坏账准备"账户，登记"坏账准备"账户；冲减多计提的坏账准备时，借记"坏账准备"账户，贷记"信用减值损失——计提的坏账准备"账户。企业可以计提任意比例的坏账准备金，但必须要有充分的依据。坏账核算包括发生坏账、年终清算，发生的坏账又收回等情况。

业务 1-12 坏账准备业务

上海东方有限公司 2018 年应收账款无期初余额，但应收账款期末余额为 150 000 元，估计坏账损失占应收账款余额的比率为 2%；2019 年实际发生的坏账损失为 2 500 元，2019 年年末应收账款余额为 140 000 元；2020 年上半年已确认并转销的坏账 2 500 元已收回，款项已存入银行，2020 年年末应收账款余额为 170 000 元。问上海东方有限公司应如何进行会计核算？

【业务解析】

审核有关资料，编制会计分录如下：

(1) 2018 年年末"坏账准备"账户贷方余额应为 3 000 元(150 000×2%)，会计分录为：

借：信用减值损失——计提的坏账准备　　3 000
　贷：坏账准备　　3 000

(2) 2019 年实际发生坏账损失时的会计分录为：

借：坏账准备　　2 500
　贷：应收账款　　2 500

(3) 2019 年年末"坏账准备"账户贷方余额应为 2 800 元(140 000×2%)。

2019 年年末计提坏账准备前，"坏账准备"账户的贷方余额为 500 元(3 000－2 500)。

2019 年年末应补提的坏账准备金额为 2 300 元(2 800－500)，会计分录为：

借：信用减值损失——计提的坏账准备　　2 300
　贷：坏账准备　　2 300

(4) 2020 年，已确认并转销的坏账又收回时的会计分录为：

借：应收账款　　2 500
　贷：坏账准备　　2 500

借：银行存款　　2 500
　　贷：应收账款　　2 500

（5）2020 年年末"坏账准备"账户贷方余额应为 3 400 元(170 000×2%)。

2020 年年末计提坏账准备前，"坏账准备"账户的贷方余额为 5 300 元(2 800＋2 500)。

2020 年年末应冲销多提的坏账准备金额为 1 900 元(3 400－5 300)，会计分录为：

借：坏账准备　　1 900
　　贷：信用减值损失——计提的坏账准备　　1 900

思考与练习 1-2

东方公司 2×09 年应收账款期末余额为 100 000 元，计提比率为 5%；2×10 年实际发生的坏账损失为 500 元，2×10 年年末应收账款余额为 140 000 元；2×11 年上年已确认并转销的坏账 500 元已收回款项并存入银行，2×11 年年末应收账款余额为 170 000 元；2×11 年实际发生的坏账损失为 3 000 元。问根据上述业务内容。如何编制有关会计分录？

1.5.3　认识应付账款

1.5.3.1　应付账款概述

应付账款是指企业购买材料、商品和接受劳务供应等经营活动应支付的款项。应付账款一般应在与所购买物资所有权相关的主要风险和报酬已经转移，或者所购买的劳务已经接受时被确认。在实务工作中，为了使所购入物资的金额、品种、数量和质量等与合同规定的条款相符，避免因验收时发现所购物资存在数量或质量问题而对入账的物资或应付账款金额进行改动，在物资和发票账单同时到达的情况下，一般在所购物资验收入库后，再根据发票账单登记入账，确认应付账款。在所购物资已经验收入库，但是发票账单未能同时到达的情况下，企业应付物资供应单位的债务已经成立，在会计期末，为了反映企业的负债情况，需要将所购物资和相关的应付账款暂估入账，待次月初再用相反会计分录予以冲回。

1.5.3.2　账户设置

企业应通过"应付账款"账户核算应付账款的发生、偿还、转销等情况。该账户贷方登记企业购买材料、商品、接受劳务等所形成的应付未付款项；借方登记偿还的应付账款，或开出商业汇票抵付应付账款的款项，或已冲销无法支付的应付账款；余额一般在贷方，表示尚未支付的应付账款。本账户一般应按照债权人设置明细账进行明细核算。

1.5.4　应付账款的会计核算

企业购入材料、商品等验收入库，但货款尚未支付，应根据有关凭证(发票账单、随货同行发票等)上记载的实际价款或暂估价值，借记"原材料"等账户，按可抵扣的增值税额，借记"应交税费——应交增值税(进项税额)"；按应付的款项，贷记"应付账款"账户。企业接受供应单位提供劳务而发生的应付而未付款项，应根据供应单位的发票账单，借记"生产成本""管理费用"等账户，贷记"应付账款"账户；偿还应付账款，或开出商业汇票抵付应付账款，或冲销无法支付的应付账款时，借记"应付账款"账户，贷记有关账户。

或有负债应在资产负债表附注中加以说明。

业务 1-13　赊购业务

上海东方有限公司为增值税一般纳税人，20××年 6 月 20 日购入原材料一批，增值税专用发票上注明价款为 200 000 元，增值税额为 26 000 元。原材料已经验收入库，款项未付。问上海东方有限公司如何进行会计核算？

【业务解析】

审核原始凭证，编制会计分录如下：

借：原材料	200 000	
应交税费——应交增值税（进项税额）	26 000	
贷：应付账款		226 000

思考与练习 1-3

东方公司于 2×11 年 2 月 10 日向 B 公司购入一批材料，发票价款 50 000 元，税款6 500元，材料已验收入库，款项未付。A 公司给出的付款条件是：1 个月内付款，可享受 1%的优惠；超过 1 个月付全部价款。问根据上述业务内容如何编制有关会计分录？

1.6　应收票据及应付票据业务的核算

任务目标	
知识目标	• 能说应收票据及应付票据的定义 • 能对票据进行分类
能力目标	• 能正确进行应收票据及应付票据的初始确认和计量 • 能正确计算带息票据的到期值 • 能进行应收票据及应付票据的会计核算

1.6.1　认识应收票据

1.6.1.1　应收票据概述

应收票据核算企业因销售商品、提供劳务等而收到的还没有到期、尚未兑现的票据。在我国，除商业汇票外，大部分票据都是即期票据，可以即刻收款或存入银行成为货币资金，不需要作为应收票据核算。因此，我国的应收票据是指商业汇票。

商业汇票按其承兑人的不同，分为商业承兑汇票和银行承兑汇票。商业承兑汇票由银行以外的付款人承兑；银行承兑汇票由承兑申请人向开户银行申请，经银行审查同意承兑。

商业汇票按是否计息，分为不带息商业汇票和带息商业汇票。不带息商业汇票是指票面未注明利率，到期时承兑人只按票面金额向收款人或被背书人支付款项的汇票；带息商业汇票是指票面注明利率，到期时承兑人必须按票面金额加上应计利息向收款人或被背书人支付款项的汇票。

1.6.1.2 账户设置

为了反映应收票据的取得、转让及款项收回情况，企业应设置“应收票据”账户进行核算。本账户属于资产类账户，借方登记企业因销售商品、提供劳务等收到的商业汇票票面金额和计提的利息；贷方登记到期收回、背书转让、到期承兑人拒付，以及未到期向银行贴现的商业汇票票面金额和计提的利息；期末余额在借方，反映企业持有的商业汇票的票面金额和计提的利息。其账户结构如图表 1-22 所示。

本账户可按开出、承兑商业汇票的单位设置明细账进行明细核算。

图表 1-22　　应收票据——××公司

借方	贷方
收到的商业汇票票面金额和计提的利息	到期收回、转让、拒付等的商业汇票票面金额和利息
期末余额：商业汇票的票面金额和计提的利息	

为了便于分析应收票据的具体情况，加强应收票据的管理，企业应当设置“应收票据备查簿”。逐笔登记每一应收票据的种类、号数、出票日期、票面金额、票面利率、交易合同号，付款人、承兑人、背书人的姓名或单位名称，到期日、背书转让日、贴现日期、贴现率和贴现净额、未计提的利息，以及收款日期和收回金额、退票情况等资料。应收票据到期结清票款或退票后，应当在备查簿内逐笔注销。

1.6.2 应收票据会计核算

1.6.2.1 应收票据的初始确认和计量

应收票据入账价值的确定存在两种方法：一种是按票面价值入账，应收票据的面值反映了交易双方的交易金额；另一种是按票面价值的现值入账。如果考虑到货币的时间价值等因素对票据面值的影响，应收票据按其面值的现值入账是比较合理和科学的，但是，由于商业汇票的期限较短，利息金额相对来说不大，用现值记账计算烦琐，因此，实务中一般以票面价值作为其初始入账金额。

企业因销售商品、提供劳务等收到、开出、承兑的商业汇票，不论是带息票据还是不带息票据，均按应收票据的面值，借记“应收票据”账户；按实现的营业收入和专用发票上注明的增值税额，分别贷记“主营业务收入”“应交税费——应交增值税(销项税额)”等账户。企业若收到应收票据以抵偿应收账款时，按应收票据面值，借记“应收票据”账户，贷记“应收账款”账户。

业务 1-14　不带息应收票据的核算

上海东方有限公司 2020 年 11 月 21 日销售一批玩具兔给上海祥天商贸公司，按照合同规定，产品销售价格为 900 000 元，增值税额为 117 000 元。产品已经发出，收到上海祥天商贸公司开来的不带息商业汇票一张。问上海东方有限公司应如何进行会计核算？

【业务解析】

审核原始凭证，编制会计分录如下：

借：应收票据——上海祥天商贸公司　　　　1 017 000
　　贷：主营业务收入　　　　900 000
　　　　应交税费——应交增值税(销项税额)　　　　117 000

1.6.2.2　应收票据的后续计量

1. 应收票据的计息

如果是带息应收票据，企业应于期末按应收票据的票面价值和确定的利率计提利息。计提的利息增加应收票据的账面余额，同时冲减财务费用，借记“应收票据”账户，贷记“财务费用”账户。

2. 应收票据到期

1) 应收票据到期值和到期日的确定。不带息票据到期值就是票据的面值。带息票据的到期值为面值加上利息，其计算公式为：

带息票据到期值＝票据面值＋票据利息

票据利息＝票据面值×票面利率×票据期限

上式中，票据期限指票据签发日到到期日的时间间隔。票据期限表示方法有按月表示和按日表示两种。票据期限的计算方法如下：

第一，按日表示时，应从出票日起按实际经历天数计算，通常出票日和到期日只能算其中的一天，即“算头不算尾”或“算尾不算头”。例如，6 月 20 日出票，60 天到期，则到期日为 8 月 19 日。图表 1-23 列示了该 60 天票据的起止日期(算尾不算头)。

图表 1-23　　60 天票据起止日期列示

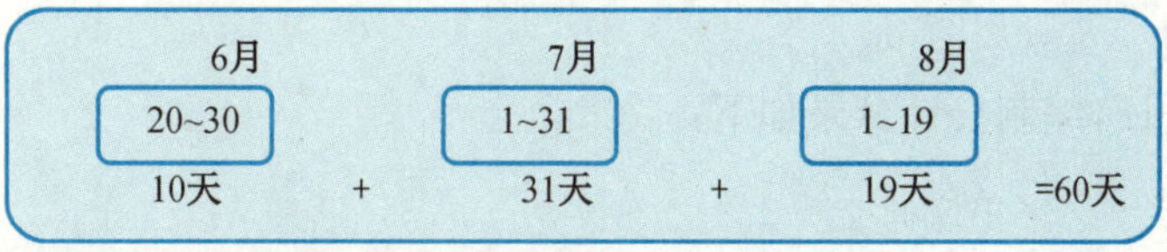

第二，按月表示时，应以到期月份中与出票日相同的那一天为到期日。例如，出票日为 5 月 15 日，期限为 3 个月，则票据到期日为 8 月 15 日。

2) 应收票据到期的会计核算。应收票据到期，应根据不同情况分别处理：

(1) 到期收回票款。商业汇票到期，不带息票据收回的是票面金额。收回票款时，借记“银行存款”账户，贷记“应收票据”账户。

带息票据到期收回的是票据本息和。收回票款时，应按收到的本息，借记“银行存款”账户；按账面余额，贷记“应收票据”账户；按其差额(即尚未计提的利息)，贷记“财务费用”账户。

业务 1-15　带息应收票据

上海东方有限公司收到某购货单位开出的商业承兑汇票一张，偿还其前欠本单位货款。汇票面值为 60 000 元，12 月 1 日签发，3 个月到期，票面利率为 6%，到期时收到票据款。问上海东方有限公司应如何进行会计核算？

【业务解析】

审核原始凭证，编制会计分录如下：

(1) 收到商业汇票时:

借:应收票据——××单位　　60 000
　贷:应收账款——××单位　　60 000

(2) 12月月末计息时:

利息=60 000×6%÷12×1=300(元)

借:应收票据——××单位　　300
　贷:财务费用　　300

(3) 到期收回款项时:

借:银行存款　　60 900
　贷:应收票据——××单位　　60 300
　　财务费用　　600

(2) 到期未能收回票款。商业承兑汇票到期,由于承兑人无力支付票款等原因无法收回票款时,企业应收票据账面余额转入"应收账款"账户。如果到期不能收回的是带息票据,转入"应收账款"账户核算后,期末不再计提利息,其所包含的利息在有关备查簿中进行登记,待实际收到时再冲减当期的财务费用。

业务 1-16　应收票据到期款项未收回

沿用业务 1-15 的资料。假定票据到期时因购货单位存款不足,上海东方有限公司未能收回票款。问上海东方有限公司如何进行会计核算?

【业务解析】

审核原始凭证,编制会计分录如下:

借:应收账款——××单位　　60 300
　贷:应收票据——××单位　　60 300

3. 应收票据转让

应收票据转让是指持票人将未到期的商业汇票背书后转让给其他单位或个人,用以抵偿取得物资应支付的货款或偿还前欠货款的业务活动。

企业将持有的应收票据背书转让以取得所需物资时,按应计入物资成本的金额,借记"在途物资"或"原材料"等账户;按增值税专用发票上注明的增值税额,借记"应交税费——应交增值税(进项税额)"账户;按应收票据的账面余额,贷记"应收票据"账户;如有差额,借记或贷记"银行存款"等账户。

如带息票据,企业将持有的未到期应收票据背书转让以取得所需物资时,按应计入物资成本的金额,借记"在途物资"或"原材料"等账户;按增值税专用发票上注明的增值税额,借记"应交税费——应交增值税(进项税额)"账户;按应收票据的账面余额,贷记"应收票据"账户;按尚未计提的利息,贷记"财务费用"账户;如有差额,借记或贷记"银行存款"账户。

对于已背书转让的商业承兑汇票,若付款人到期无力兑付票款,背书人负有连带付款责任,由此产生的或有负债应在资产负债表附注中加以说明。

业务 1-17　应收票据的转让

上海东方有限公司为增值税一般纳税人企业，20××年 7 月 20 日，其购入原材料一批，增值税专用发票上注明价款为 200 000 元，增值税额为 26 000 元。原材料已经验收入库，货款以一张尚未到期的不带息商业承兑汇票抵偿，不足部分开具转账支票支付。该票据的面值为 225 000 元。问上海东方有限公司如何进行会计核算？

【业务解析】

审核原始凭证，编制会计分录如下：

借：原材料　　200 000
　应交税费——应交增值税(进项税额)　　26 000
　贷：应收票据　　225 000
　　银行存款　　1 000

4. 应收票据贴现

企业以支付贴现息为代价，在票据到期之前，将票据的收款权转让给银行或其他金融机构，提前取得现金的方式即应收票据的贴现。在贴现中，企业贴给银行的利息称为贴现息，所用的利率称为贴现率，票据到期值与贴现息之差称为贴现净额。计算公式如下：

票据贴现净额＝票据到期值－贴现息
贴现息＝票据到期价值×贴现率×贴现期

贴现业务会计处理如下：

(1) 不带追索权的票据贴现。

借：银行存款
　贷：应收票据
　　财务费用(借或贷)

(2) 带追索权的票据贴现。

借：银行存款
　贷：短期借款

1.6.3　认识应付票据

1.6.3.1　应付票据概述

应付票据是指企业购买材料、商品和接受劳务供应等而开出、承兑的商业汇票，包括商业承兑汇票和银行承兑汇票。我国商业汇票的付款期限最长不超过 6 个月。

从理论上讲，应付票据应按到期应付金额的现值入账。但由于应付票据期限较短，为了简化会计处理，在我国会计实务中，应付票据按面值计价入账。

1.6.3.2　账户设置

为了核算企业购买材料、商品和接受劳务等开出、承兑的商业汇票，企业应设置“应付票据”账户来进行核算。本账户属于负债类账户，贷方登记开出、承兑的商业汇票；借方登记企业已经支付或者到期无力支付的商业汇票；期末余额在贷方，反映企业尚未到期的商业汇票的票面金额。其账户结构如图表 1-24 所示。

本账户可按债权人进行明细核算。

图表 1-24 应付票据——××公司

借方	贷方
已经支付或者到期无力支付的商业汇票	开出、承兑的商业汇票
	期末余额：尚未到期的商业汇票的票面金额

1.6.4 应付票据会计核算

1. 应付票据的一般会计核算

企业开出、承兑商业汇票采购材料、商品等物品时，借记“原材料”“库存商品”“应交税费——应交增值税（进项税额）”等账户，贷记“应付票据”账户。到期支付票款时，借记“应付票据”账户，贷记“银行存款”账户。

业务 1-18 开出和结清不带息应付票据

20××年 11 月 1 日，上海东方有限公司从 A 公司购入甲材料一批，专用发票上列示价款为 100 000 元，增值税额为 13 000 元，购销合同规定采用商业汇票结算。该公司开出并承兑一张面值为 113 000 元、期限为 3 个月的不带息商业汇票给 A 公司，材料已经验收入库。票据到期日，上海东方有限公司如数支付票款。问上海东方有限公司应如何进行会计核算？

【业务解析】

审核原始凭证，编制会计分录如下：

（1）开出、承兑商业汇票时：

借：原材料——甲材料　　100 000
　　应交税费——应交增值税（进项税额）　　13 000
　　贷：应付票据——A 公司　　113 000

（2）到期支付票款时：

借：应付票据——A 公司　　113 000
　　贷：银行存款　　113 000

2. 票据利息的会计核算

会计期末，企业应对尚未支付的票据利息予以计提，计入当期损益，并增加应付票据的账面余额。票据到期支付票款时，尚未计提的利息直接计入当期损益。

·知识链接·

带息应付票据与不带息应付票据的核算类似，主要不同在于利息的核算。利息的核算有两种方法：第一种是于票据到期付款时，将全部利息直接计入当期财务费用。这种方法比较简单，但不符合权责发生制原则，不能正确反映当期损益。如果票据期限不长、利息金额不大，可以采用这种简化的核算方法。第二种方法是于资产负债表日计提本期的应付利息，计入财务费用，以正确反映本期的费用和损益，同时确认应付票据的增加。

业务 1-19 带息应付票据的处理

沿用业务 1-18，假定开出的商业汇票为带息票据，票面利率为 6%。问上海东方有限公司如何进行会计核算？

【业务解析】

审核原始凭证，编制会计分录如下：

(1) 开出、承兑商业汇票时：

同业务 1-18。

(2) 资产负债表日(12 月 31 日)计提 2 个月利息时：

$$利息=113\ 000\times 6\%\div 12\times 2=1\ 130(元)$$

借：财务费用　　1 130
　　贷：应付票据——A 公司　　1 130

(3) 到期支付票款时：

借：财务费用　　565
　　应付票据——A 公司　　114 130
　　贷：银行存款　　114 695

3. 逾期应付票据的会计核算

商业承兑汇票到期，企业不能支付票款时，应将应付票据账面余额转入“应付账款”账户。对于带息票据，转入“应付账款”账户核算后，期末不再计提利息，其所包含的利息在有关备查簿中登记，待实际支付时再计入当期损益。

银行承兑汇票到期企业不能支付票款时，承兑银行除凭票向持票人无条件付款外，对出票人尚未支付的汇票金额转作逾期贷款处理，并按照每天 5‰计收利息。企业在接到银行转来的有关凭证时，借记“应付票据”账户，贷记“短期借款”账户。对承兑银行计收的利息，按短期借款利息的处理方法进行会计处理。

业务 1-20 逾期应付票据的处理

假定业务 1-19 中的商业汇票为商业承兑汇票，票据到期，上海东方有限公司无力付款。问上海东方有限公司应如何进行会计核算？

【业务解析】

其账务处理如下：

借：应付票据——A 公司　　114 130
　　贷：应付账款——A 公司　　114 130

思考与练习 1-4

假定业务 1-19 中的商业汇票为银行承兑汇票，票据到期，上海东方有限公司无力全额付款。已知上海东方有限公司账户尚有 10 万元，问上海东方有限公司要如何进行会计核算呢？

1.7 预付账款及预收账款业务的核算

任务目标	
知识目标	• 能说预付账款及预收账款的定义 • 能区别预付账款及预收账款的核算范围
能力目标	• 能进行预付账款及预收账款的会计核算 • 能简单对预付、应付、预收、应收在报表中列示

1.7.1 认识预付账款

1.7.1.1 预付账款概述

1. 概念

预付账款是指企业按照购货合同或者劳务合同规定，预先支付给供货方或者提供劳务方的款项。

2. 预付账款与应收账款

预付账款与应收账款都属于企业的债权，但两者产生的原因不同。应收账款是企业应收的销货款，即应向购货方客户收取的款项；预付账款是企业预付的购货款，即预先付给供货方的款项，将来会得到货物或者劳务。因此，两者应当分别设置账户进行核算。

3. 预付账款与应付账款

预付账款不多的企业，可以将预付的货款记入“应付账款”账户的借方，但在编制会计报表时，要将“预付账款”和“应付账款”的金额分开报告，即：“预付款项”报表项目的金额为“预付账款”明细账的借方余额与“应付账款”明细账的借方余额之和；“应付账款”报表项目的金额为“预付账款”明细账的贷方余额与“应付账款”明细账的贷方金额之和。

1.7.1.2 账户设置

为了加强对预付账款的管理，企业一般应单独设置“预付账款”账户进行核算。本账户属于资产类账户，借方登记企业因购货等业务向供应单位预付、补付的款项；贷方登记企业收到所购货物后应付金额及退回的多余款项。期末余额如在借方，表示企业实际预付的款项；期末余额如在贷方，表示企业尚需补付的款项。其账户结构如图表 1-25 所示。

本账户可按供货单位设置明细账进行明细核算。

图表 1-25　　预付账款——××公司

借方	贷方
因购货等业务预付、补付的款项	收到货物后应支付的款项、退回的多余款项
期末余额：实际预付的款项	期末余额：尚需补付的款项

1.7.2 预付账款会计核算

企业按照合同规定预付货款时，按预付金额，借记“预付账款”账户，贷记“银行存款”账户。企业收到所购货物时，根据发票账单所列明的应计入购入物资成本的金额，借记“原材料”“库存商品”等账户；按增值税专用发票上注明的增值税额，借记“应交税费——应交增值税（进项税额）”账户；按应付金额，贷记“预付账款”账户。企业补付货款时，借记“预付账款”账户，贷记“银行存款”账户；退回多付货款时，借记“银行存款”账户，贷记“预付账款”账户。

业务 1-21　预付账款的处理

2020 年 12 月 5 日，上海东方有限公司与海星公司签订协议，东方有限公司购入海星公司原材料一批，计价款 70 000 元，增值税额为 9 100 元。合同规定东方有限公司收货前先预付海星公司货款 20 000 元。12 月 15 日，东方有限公司收到海星公司发来的原材料和增值税专用发票，同时补付全部款项。问上海东方有限公司如何进行会计核算？

【业务解析】

审核原始凭证，编制会计分录如下：

（1）12 月 5 日，预付货款时：

借：预付账款——海星公司	20 000	
贷：银行存款		20 000

（2）12 月 15 日，收到材料时：

借：原材料	70 000	
应交税费——应交增值税（进项税额）	9 100	
贷：预付账款——海星公司		79 100

（3）12 月 15 日，补付货款时：

借：预付账款——海星公司	59 100	
贷：银行存款		59 100

需要指出的是，对于企业的预付账款，如有确凿证据表明其不符合预付账款性质，或者因供货单位破产、撤销等原因无望再收到所购货物的，应将原计入预付账款的金额转入其他应收款。企业应按预计不能收到所购货物的预付账款账面余额，借记“其他应收款——预付账款转入”账户，贷记“预付账款”账户。

1.7.3　认识预收账款

1.7.3.1　预收账款概述

1. 概念

预收账款是企业按照购销合同的规定，向购货单位和个人预先收取的购货定金或部分货款，用于弥补订单被取消时可能发生的损失。作为一项负债，预收账款需由企业在收款后在不超过 1 年或一个营业周期内，以提供货物或劳务来抵偿。企业如果在供货方合同规定的期限内没有发货，应当返还预收的款项，因为预收账款是销售环节产生的负债。

2. 预收账款与应付账款

预付账款与应付账款都属于企业的负债，但两者产生的原因不同。应付账款是企业应付的购货款，即应向供货方支付的款项；预收账款是企业预收的销货款，即预先向购货方收取的款项，将来要返还货物或者提供劳务。因此，两者应当分别设置账户进行核算。

3. 预收账款与应收账款

预收账款不多的企业，可以将预收的货款记入“应收账款”账户的贷方，但在编制会计报表时，要将“预收账款”和“应收账款”的金额分开报告，即：“预收款项”报表项目的金额为“预收账款”明细账的贷方余额与“应收账款”明细账的贷方余额之和；“应收账款”报表项目的金额为“预收账款”明细账的借方余额与“应收账款”明细账的借方金额之和。

1.7.3.2 账户设置

企业应设置“预收账款”账户，用来核算企业按照合同规定向购货单位预收的款项。本账户属于负债类账户，贷方登记企业向购货单位预收的款项等；借方登记销售实现时按实现的收入转销的预收款项等。期末余额在贷方，反映企业预收的款项；期末余额在借方，反映企业已转销但尚未收取的款项。其账户结构如图表 1-26 所示。

图表 1-26　　预收账款——××公司

借方	贷方
销售实现时按实现的收入转销的预收款项	向购货单位预收的款项
期末余额：已转销但尚未收取的款项	期末余额：预收的款项

本账户可按购货单位设置明细账进行明细核算。

1.7.4 预收账款会计核算

企业按规定向购货单位预收货款时，借记“银行存款”账户，贷记“预收账款”账户；将货物交给购货方时，按售价及增值税，借记“预收账款”账户，贷记“主营业务收入”“应交税费——应交增值税(销项税额)”账户；购货单位补付货款时，借记“银行存款”账户，贷记“预收账款”账户；向购货单位退回其多付的款项时，借记“预收账款”账户，贷记“银行存款”账户。

业务 1-22　预收账款的处理

2020 年 12 月 10 日，上海东方有限公司与蓝天公司签订供货合同，供货总售价为 120 000 元。蓝天公司当天即预付货款 20 000 元，剩余款项在东方有限公司交货后付清。12 月 15 日，东方有限公司将货物及专用发票交付给蓝天公司，增值税销项税额为 20 400 元，蓝天公司当即补齐货款。问上海东方有限公司如何进行会计核算？

【业务解析】

审核原始凭证，编制会计分录如下：

(1) 12 月 10 日，预收货款时：

借：银行存款　　20 000
　贷：预收账款——蓝天公司　　20 000

(2) 12 月 15 日，发出货物时：

借：预收账款——蓝天公司　　135 600
　贷：主营业务收入　　120 000
　　应交税费——应交增值税(销项税额)　　15 600

(3) 12 月 15 日，收到补付货款时：

借：银行存款　　115 600
　贷：预收账款——蓝天公司　　115 600

1.8　其他往来业务的核算

任务目标	
知识目标	• 能表述其他应收款及其他应付款的定义 • 能知道其他应收款及其他应付款的核算范围
能力目标	• 能进行其他应收款及其他应付款的会计核算

1.8.1　认识其他应收款

1.8.1.1　其他应收款概述

其他应收款是指除应收票据、应收账款、预付账款以外的其他应收、暂付款项。

其主要内容包括：

(1) 应收的各种赔款，如因职工失职造成损失而应向该职工收取的赔款，或因企业财产等遭受意外损失而应向有关保险公司收取的赔款等。

(2) 应收的各种罚款。

(3) 存出保证金，如租入包装物暂付的押金。

(4) 备用金，如暂付给企业有关部门或个人周转使用的款项。

(5) 应向职工收取的各种垫付的款项，如为职工垫付的水电费等。

(6) 不符合预付款项性质而按规定转入的预付账款。

(7) 其他各种应收、暂付款项。

1.8.1.2　账户设置

为了反映其他应收款的发生与结算情况，企业应设置“其他应收款”账户进行核算。本账户属于资产类账户，借方登记发生的各种其他应收款项；贷方登记收回的其他应收款项；期末余额在借方，反映企业尚未收回的其他应收款。其账户结构如图表 1-27 所示。

本账户应按不同的债务人设置明细账进行明细核算。

图表 1-27　　其他应收款——××

借方	贷方
发生的各种其他应收款项	收回的其他应收款项
期末余额：尚未收回的其他应收款	

1.8.2　其他应收款会计核算

1.8.2.1　备用金的会计核算

备用金是指为了满足企业内部各部门和职员个人生产经营活动的需要，而暂付给有关部门和人员使用的备用现金。

为了反映和监督备用金的领用和使用情况，应在“其他应收款”账户下设置“备用金”二级账户，或设置“备用金”一级账户。本账户借方登记备用金的领用数额；贷方登记备用金的收回数额；余额在借方，表示尚未收回而仍在周转使用的备用金数额。

根据备用金的管理制度，备用金的核算分为定额制和非定额制两种情况。

定额备用金是指用款部门或个人按照核定定额持有的备用金。在定额备用金管理方式下，财会部门根据用款部门或个人的实际需要核定备用金定额并拨出款项，同时规定备用金的用途和报销期限。待用款部门或个人实际支付款项后，凭有效单据向财会部门报销，财会部门对各项原始凭证进行审核后，再根据报销数用现金补足备用金定额。财会部门核定用款部门或个人备用金定额并拨出款项时，借记“备用金”或“其他应收款——备用金”账户，贷记“库存现金”“银行存款”等账户；用款部门或个人向财会部门报销，财会部门根据报销数补足备用金定额时，借记“管理费用”等账户，贷记“库存现金”“银行存款”等账户。

业务 1-23　定额制备用金

上海东方有限公司对总务部门的备用金实行定额管理。财会部门核定总务部门的备用金定额为 5 000 元，开出现金支票拨出款项。问上海东方有限公司如何进行会计核算？

【业务解析】

审核原始凭证，编制会计分录如下：

借：其他应收款——备用金（总务部门）	5 000	
贷：银行存款		5 000

总务部门向财会部门报销日常开支 3 800 元。财会部门审核有关单据后同意报销，并开出现金支票补足备用金定额。问此时东方有限公司如何进行会计核算？

【业务解析】

审核原始凭证，编制会计分录如下：

借：管理费用	3 800	
贷：银行存款		3 800

非定额备用金是指用款部门或个人所持有的备用金没有定额规定。当用款部门或个人由于零星采购、出差或其他日常开支需要使用备用金时，逐次向财会部门申请报批，经财会部门审核同意，逐次借用和报销。财会部门拨给用款部门或个人备用金时，借记“备用金”或“其他应收款——备用金”账户，贷记“库存现金”“银行存款”等账户。用款部门或个人向财会部门报销时，按报销金额借记“管理费用”等账户；按收回或补付的备用金，借记或贷记“库存现金”账户；按原先拨给用款部门或个人的备用金，贷记“备用金”或“其他应收款——备用金”账户。

业务 1-24　非定额制备用金

上海东方有限公司总经理王三出差预借差旅费 2 000 元，以现金支付。问东方有限公司如何进行会计核算？

【业务解析】

审核原始凭证，编制会计分录如下：

借：其他应收款——备用金（王三）　2 000
　贷：库存现金　2 000

上海东方有限公司总经理王三出差回来报销差旅费 2 100 元，差额以现金支付。问东方有限公司如何进行会计核算？

【业务解析】

审核原始凭证，编制会计分录如下：

借：管理费用　2 100
　贷：其他应收款——备用金（王三）　2 000
　　库存现金　100

1.8.2.2　备用金以外的其他应收款会计核算

企业发生备用金以外的其他应收款时，按应收金额，借记“其他应收款”账户，贷记“库存现金”“银行存款”等账户；收回其他应收款时，借记“库存现金”“银行存款”等账户，贷记“其他应收款”账户。

业务 1-25　支付押金

上海东方有限公司向 A 企业借用包装物，以银行存款支付包装物押金 1 000 元。2 个月后退还包装物，收回包装物押金。问上海东方有限公司如何进行会计核算？

【业务解析】

审核原始凭证，编制会计分录如下：

(1) 支付包装物押金时：

借：其他应收款——A 企业　1 000
　贷：银行存款　1 000

(2) 收回包装物押金时：

借：银行存款　1 000
　贷：其他应收款——A 企业　1 000

1.8.3　认识其他应付款

1.8.3.1　其他应付款概述

其他应付款是指与企业购销业务没有直接关系的应付、暂收款项，包括应付租入包装物的租金、经营租入固定资产的应付租金、存入保证金（出租或出借包装物收取的押金等）、应付及暂收其他单位的款项、职工未按期领取的工资等。

1.8.3.2　账户设置

为了反映其他应付款的发生与结算情况，企业应设置“其他应付款”账户进行核算。本账户属于负债类账户，贷方登记发生的各种应付、暂收款项；借方登记偿还或转销的各种应付、暂收款项；期末余额在贷方，表示应付而未付的款项。其账户结构如图表 1-28 所示。

图表 1-28　　其他应付款——××

借方	贷方
偿还或转销的应付、暂收款项	发生的应付、暂收款项
	期末余额：应付而未付的款项

本账户应按不同的债权人设置明细账进行明细核算。

1.8.4　其他应付款会计核算

企业发生各种应付、暂收款项时，借记“银行存款”等账户，贷记“其他应付款”账户；企业支付或退回有关款项时，借记“其他应付款”账户，贷记“银行存款”等账户。

业务 1-26　收到押金

上海东方有限公司出租给 A 公司包装箱一批，收取押金 3 000 元，存入银行。出租期满收回该批包装箱，并退还原收取的押金。问上海东方有限公司如何进行会计核算？

【业务解析】

审核原始凭证，编制会计分录如下：

(1) 收取包装箱押金时：

借：银行存款　　3 000
　　贷：其他应付款——A 公司　　3 000

(2) 收回包装箱，退还押金时：

借：其他应付款——A 公司　　3 000
　　贷：银行存款　　3 000

1.9　资金结算岗位的电算化操作

1.9.1　资金结算岗位功能简介

资金结算岗位模块的核算内容包括货币资金、应收账款和应付账款的核算，这三部分内容在信息化处理核算系统中分别由总账系统、应收管理系统和应付管理系统三个系统来完成。其中，现金和银行存款的收发业务在总账日常业务中完成；查询日记账、资金日报表，登记支票登记簿，进行银行对账，输出银行存款余额调节表等功能，在总账系统出纳管理子模块中完成。应收款管理系统主要实现企业与客户之间往来账款的核算与管理。应付款管理系统主要实现企业与供应商之间业务往来账款的核算与管理。

1.9.2　资金结算岗位管理系统操作流程

1.9.2.1　总账系统业务处理流程

总账系统业务处理流程如图表 1-29 所示。

图表 1-29　　总账系统业务处理流程

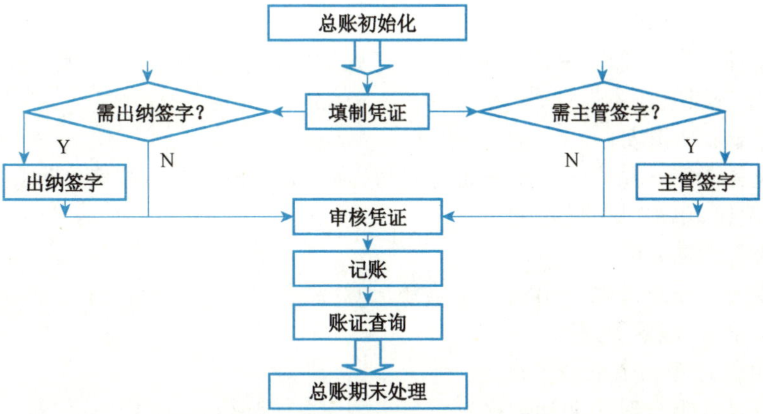

1.9.2.2　应收款管理单据处理流程

应收款管理单据处理流程如图表 1-30 所示。

图表 1-30　　应收款管理单据处理流程

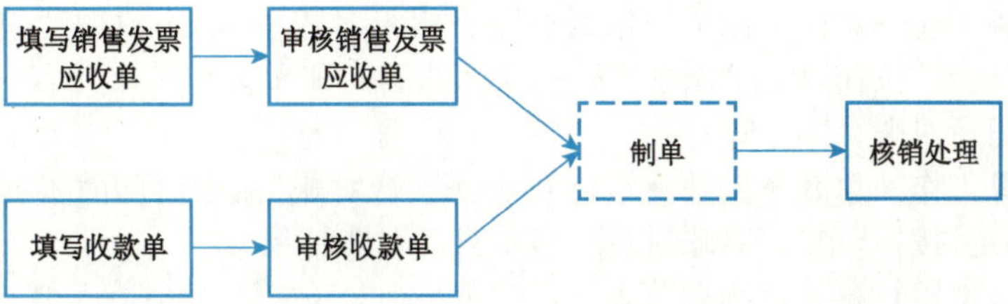

1.9.2.3　应付款管理单据处理流程

应付款管理单据处理流程如图表 1-31 所示。

图表 1-31　　应付款管理单据处理流程

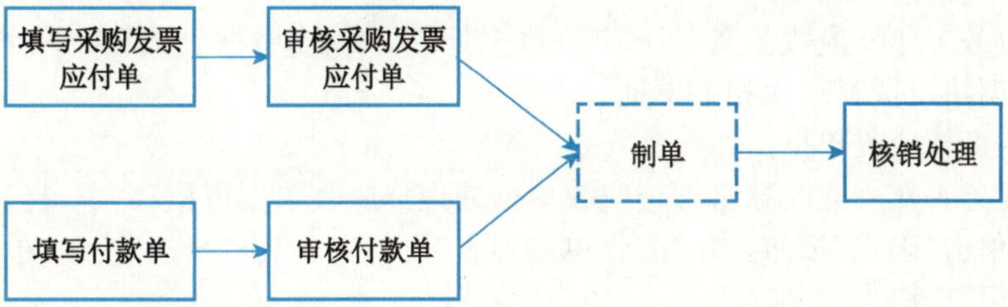

1.9.3　任务实施

【任务一】　货币资金的核算

1. 现金、银行存款的日常业务

执行"业务工作→总账→凭证→填制凭证"命令，根据经济业务选择相应凭证，单击"保存"按钮。更改操作员进行出纳签字和审核，并进行记账。

货币资金日常业务

2. 网上银行业务

网上银行又称网络银行、在线银行，是指银行利用 Internet 技术，通过 Internet 向客户提供开户、查询、对账、行内转账、跨行转账、信贷、网上证券、投资理财等传统服务项目，使客户可以足不出户就能够安全、便捷地管理活期和定期存款、支票、信用卡及个人投资等。可以说，网上银行是在 Internet 上的虚拟银行柜台。

网上银行业务的具体操作在《出纳实务》中作具体介绍。

3. 查询现金日记账

执行"业务工作→总账→出纳→现金日记账"命令，打开"现金日记账查询条件"对话框，单击"确定"按钮。

4. 查询资金日报表

执行"业务工作→总账→出纳→资金日报"命令，打开"资金日报表查询条件"对话框，选择"日期"按钮，单击"确定"按钮。

5. 登记支票登记簿

执行"业务工作→总账→出纳→支票登记簿"命令，打开"银行科目选择"对话框，选择"日期"按钮，单击"确定"按钮。

银行存款余额调节表的编制

6. 输出银行存款余额调节表

步骤一：录入银行对账期初数据。

执行"业务工作→总账→出纳→银行对账→银行对账期初录入"命令，进入"银行科目选择"对话框，选择"存款类别"，单击"确定"按钮。录入相应期初数据。

步骤二：录入银行对账单。

执行"业务工作→总账→出纳→银行对账→银行对账单"命令，打开"银行科目选择"对话框，单击"确定"按钮，单击"增加"按钮，录入银行对账单内容。

步骤三：银行对账。

执行"业务工作→总账→出纳→银行对账→银行对账"命令，打开"银行科目选择"对话框，单击"确定"按钮，单击"对账"按钮，显示自动对账结果。

步骤四：输出银行存款余额调节表。

执行"业务工作→总账→出纳→银行对账→余额调节表查询"命令，单击"查看"按钮，显示"银行存款余额调节表"。

【任务二】 应收账款的核算

应收账款的核算

步骤一：录入应收单据。

执行"业务工作→应收款管理→应收单据处理→应收单据录入"命令，打开"单据类别"窗口，根据给定资料录入相关单据。

步骤二：审核应收单据。

执行"业务工作→应收款管理→应收单据处理→应收单据审核"命令，打开"单据过滤条件"窗口，单击"确定"按钮。在"应收单据列表"窗口中，单击"全选"按钮，单击"审核"按钮，单击"确定"按钮。

步骤三：制单。

执行"业务工作→应收款管理→制单处理"命令，打开"制单查询"窗口，单击"应收单制单"和"发票制单"按钮，单击"确定"按钮，单击"制单"按钮，生成转账凭证，单击"保存"按钮。

【任务三】 应付账款的核算

应付账款的核算

步骤一：录入应付单据。

执行"业务工作→应付款管理→应付单据处理→应付单据录入"命令，打开"单据类别"窗口，根据给定资料录入相关单据。

步骤二：审核应付单据。

执行"业务工作→应付款管理→应付单据处理→应付单据审核"命令，打开"单据过滤条件"窗口，单击"确定"按钮。在"应付单据列表"窗口中，单击"全选"按钮，单击"审核"按钮，单击"确定"按钮。

步骤三：制单。

执行"业务工作→应付款管理→制单处理"命令，打开"制单查询"窗口，单击"发票制单"按钮，单击"确定"按钮，进入"采购发票制单"窗口，单击"制单"按钮，生成转账凭证，单击"保存"按钮。

项目小结

- 资金结算岗位核算
  - 货币资金的核算
    - 库存现金的会计核算
      - 现金收入业务
      - 现金支出业务
      - 发现现金短缺的处理
      - 发现现金溢余的处理
    - 银行存款的会计核算
      - 银行存款支付结算
      - 银行存款日记账的填制★
    - 其他货币资金的会计核算
      - 外埠存款业务
      - 银行汇票业务★
      - 信用卡业务
  - 应收应付的核算
    - 应收账款的会计核算
      - 一般的赊销业务
      - 现金折扣销售业务
      - 坏账准备的计提及处理★
    - 应付账款的会计核算
      - 一般的赊购业务
    - 应收票据的会计核算
      - 不带息应收票据业务
      - 带息应收票据的处理★
      - 应收票据到期款项未收回处理★
      - 应收票据的转让
    - 应付票据的会计核算
      - 开出和结清不带息应付票据
      - 带息应付票据的处理★
      - 逾期应付票据的处理★
  - 预收预付、其他应收应付的核算
    - 预付账款的会计核算
      - 购买商品预付货款
    - 预收账款的会计核算
      - 销售商品预收货款
    - 其他应收款的会计核算
      - 定额制下备用金的处理★
      - 非定额制下备用金的处理★
      - 支付押金的处理
    - 其他应付款的会计处理
      - 收取押金的处理

说明：全书加★的内容表示教学难点。以后各项目中的★不一一加以说明。

补充阅读

货币资金的内部控制制度

货币资金是企业内流动性最强、控制风险最高的资产，是企业生存和发展的基础。大多数贪污、诈骗、挪用公款等违法乱纪行为都与货币资金有关。所以，企业必须加强对货币资金的管理和控制。加强货币资金的内部控制，应结合企业生产经营特点，制定相应的控制制度，并监督实施。一般来说，货币资金的管理控制应当遵循下述原则。

1. 严格职责分工

涉及货币资金业务的不相容岗位由不同人员负责，形成严密的内部牵制，货币资金的不相容岗位至少包括：

(1) 货币资金的审批与支付。

(2) 货币资金的保管与盘点清查。

(3) 货币资金的会计记录与审计监督。

(4) 出纳不得兼任稽核、会计档案保管和收入、支出、费用、债权债务账目的登记工作。

(5) 单位不得由一人办理货币资金业务的全部过程。

2. 实行交易分开

企业应将现金支出业务和现金收入业务分开进行处理，防止将现金收入直接用于现金支出的坐支行为。

3. 实施内部稽核

企业应当设置内部稽核岗位并配备人员，建立内部稽核制度。

4. 实施定期轮岗

企业应当配备合格的人员办理货币资金业务，并结合企业实际情况，对办理货币资金业务的人员进行定期岗位轮换。

项目二　存货会计岗位核算操作

情境导入

上海美阳服装有限公司是一家专门从事服装生产和销售的企业。2×15年12月31日，年度决算后聘请会计师事务所进行审计，注册会计师在审计过程中发现存货管理存在以下几个问题：

存货存在的问题

1. 购入的存货未及时入账，财务人员解释尚未收到发票。

2. 采用计划成本核算原材料，但对于材料发出没有及时结转材料成本差异。

3. 对周转材料的划分和核算不正确。

4. 存货盘点中发现账实不符且没有及时查明原因进行处理。

注册会计师就审计中发现的问题与上海美阳服装有限公司财务经理进行了沟通，逐一指出如何进行更正。财务经理当即表示尽快更正，并表示在以后的工作中要严格按照相关制度进行会计核算。

问题：

（1）你了解存货吗？存货包含有哪些内容？会计相关制度对存货的核算都有哪些要求？

（2）企业存货会计岗位通常需要掌握哪些会计处理方法？

2.1　认识存货会计岗位

2.1.1　岗位职责

严格按照国家相关法律和公司财务制度规定进行存货业务核算，具体内容如下：

（1）建立存货业务的岗位责任制，明确内部相关部门和岗位的职责、权限、确保办理存货业务的不相容岗位相互分离、制约和监督。

（2）负责各项存货采购成本发生的核算及编制和录入相应凭证，关注存货请购依据是否充分适当，请购事项和审批程序应当明确。

(3) 负责入库存货的核算工作，检查订货合同、入库通知单、供货企业提供的材料证明、合格证、运单、提货通知单等原始单据与待验收货物之间是否相符，并关注入库存货质量与采购要求是否符合。

(4) 做好存货保管记录工作，对存货在企业内部部门间的流动及时办理出入库手续。

(5) 负责存货发出的核算及编制，录入相应凭证，登记有关账务，关注存货领用记录是否真实、手续是否齐全。

(6) 负责每月成本差异的计算和分摊，对存货减值准备进行分析。

(7) 定期组织存货的清查盘点工作，确保及时发现存货损坏、变质等情况，并对盘点结果进行分析、查找原因。

(8) 配合完成财务经理安排的其他工作。

2.1.2 岗位工作基本流程

基本流程如图表 2-1 所示。

图表 2-1 岗位工作基本流程

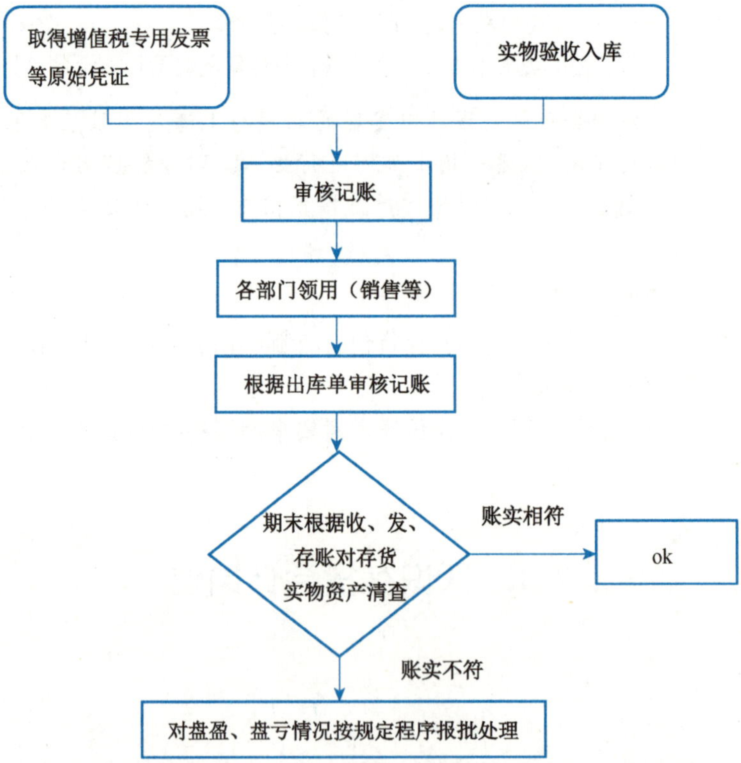

2.1.3 存货的核算范围

存货是指企业在日常活动中持有的以备出售的产品或商品，处在生产过程中的在产品、在生产过程或提供劳务过程中储备的材料或者物料等。

存货的经济内容表述如下：

(1) 原材料。它是指企业在生产过程中经加工改变其形态或性质并构成产品主要实体的各种原料及主要材料、辅助材料、燃料、修理用备件(备用备件)、包装材料、外购半成品(外购件)等。

(2) 在产品。它是指企业正在制造尚未完工的生产物，包括正在各个生产工序加工的产品和已加工完毕但尚未检验或已检验但尚未办理入库手续的产品。

(3) 半成品。它是指经过一定生产过程并已检验合格交付半成品仓库保管，但尚未制造完工成为产成品，仍需进一步加工的中间产品。

(4) 产成品。它是指工业企业已经完成全部生产过程并已验收入库，可以按照合同规定的条件送交订货单位，或者可以作为商品对外销售的产品。企业接受来料加工制造的代制品和为外单位加工修理的代修品，制造和修理完成验收入库，应视同企业的产成品。

(5) 商品。它是指商品流通企业外购或委托加工，完成验收入库用于销售的各种商品。

(6) 包装物。它是指为了包装本企业的商品而储备的各种包装容器，如桶、箱、瓶、坛、袋等。其主要作用是盛装、装潢产品或商品。

(7) 低值易耗品。它是指不能作为固定资产核算的各种用具物品，如工具、管理用具、玻璃器皿、劳动保护用品以及在经营过程中周转使用的容器等。其特点是单位价值较低，或使用期限相对于固定资产较短，在使用过程中保持其原有实物形态基本不变。包装物和低值易耗品构成了周转材料。周转材料是指企业能够多次使用，不符合固定资产定义，逐渐转移其价值但仍保持原有形态，不确认为固定资产的材料。

(8) 委托代销商品。它是指企业委托其他单位代销的商品。

2.1.4 存货的计量

2.1.4.1 存货的初始计量

存货应当按照成本进行初始计量。存货成本包括采购成本、加工成本和其他成本。

1. 存货的采购成本

存货的采购成本包括购买价款、相关税费、运输费、装卸费、保险费以及其他可归属于存货采购成本的费用。其中：

存货的购买价款是指企业购入的材料或商品的发票账单上列明的价款，但不包括按照规定可以抵扣的增值税额。

存货的相关税费是指企业购买存货发生的进口关税、消费税、资源税和不能抵扣的增值税进项税额以及相应的教育费附加等应计入存货采购成本的税费。

其他可归属于存货采购成本的费用是指采购成本中除上述各项以外的可归属于存货采购的费用，如在存货采购过程中发生的仓储费、包装费，运输途中的合理损耗，入库前的挑选整理费用等。

商品流通企业在采购商品过程中发生的运输费、装卸费、保险费以及其他可归属于存货采购成本的费用等进货费用，应当计入存货采购成本。对于已售商品的进货费用，计入当期损益；对于未售商品的进货费用，计入期末存货成本。企业采购商品的进货费用金额较小的，可以在发生时直接计入当期损益。

2. 存货的加工成本

存货的加工成本，是指在存货的加工过程中发生的追加费用，包括直接人工以及按照一定方法分配的制造费用。

直接人工，是指企业在生产产品和提供劳务过程中发生的直接从事产品生产人员和劳务提供人员的职工薪酬。

制造费用，是指企业为生产产品和提供劳务而发生的各项间接费用。企业应当根据制造费用的性质，合理地选择制造费用分配方法。在同一生产过程中，同时生产两种或两种以上的产品，并且每种产品的加工成本不能直接区分的，其加工成本应当按照合理的方法在各种产品之间进行分配。

3. 存货的其他成本

存货的其他成本是指除采购成本、加工成本以外的，使存货达到目前场所和状态所发生的其他支出。

存货的来源不同，其成本的构成内容也不同。原材料、商品、低值易耗品等通过购买而取得的存货的成本由采购成本构成；产成品、在产品、半成品等自制或需委托外单位加工完成的存货的成本由采购成本、加工成本以及使存货达到目前场所和状态所发生的其他支出构成。

存货成本的构成如图表 2-2 所示。

图表 2-2　　存货成本的构成

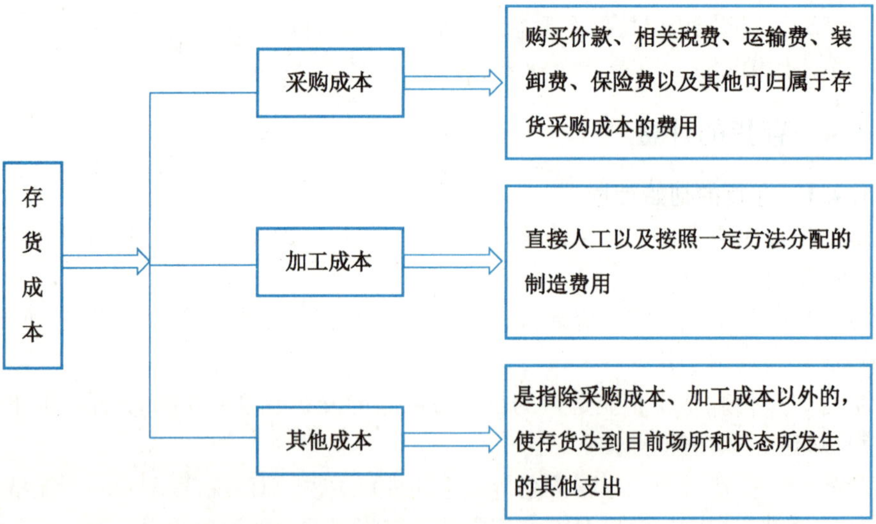

实务中，存货的成本具体按以下原则确定：

(1) 购入的存货，其成本包括：买价、运杂费（包括运输费、装卸费、保险费、包装费、仓储费等）、运输途中的合理损耗、入库前的挑选整理费用[包括挑选整理中发生的工、费支出和挑选整理过程中所发生的数量损耗（扣除回收的下脚废料）价值]以及按规定应计入成本的税费和其他费用。

(2) 自制的存货，包括自制原材料、自制包装物、自制低值易耗品、自制半成品及库存商品等，其成本包括直接材料、直接人工和制造费用等各项实际支出。

(3) 委托外单位加工完成的存货，包括加工后的原材料、包装物、低值易耗品、半成品、产成品等，其成本包括实际耗用的原材料或者半成品、加工费、装卸费、保险费、委托加工的往返运输费等费用以及按规定应计入成本的税费。

但是，下列费用不应计入存货成本，而应在其发生时计入当期损益：

(1) 非正常消耗的直接材料、直接人工和制造费用，应在发生时计入当期损益，不应计入存货成本。例如，由于自然灾害而发生的直接材料、直接人工和制造费用，由于这些费用的发生无助于使该存货达到目前场所和状态，不应计入存货成本，而应确认为当期损益。

(2) 仓储费用，指企业在存货采购入库后发生的储存费用，应在发生时计入当期损益。但是，在生产过程中为达到下一个生产阶段所必需的仓储费用应计入存货成本。

(3) 不能归属于使存货达到目前场所和状态的其他支出，应在发生时计入当期损益，不得计入存货成本。

2.1.4.2　存货的发出计价方法

实务中，企业发出的存货可以按实际成本核算，也可以按计划成本核算。如果用计划成本核算，在会计期末应将其调整为实际成本。

企业应当根据各类存货的实物流转方式、企业管理的要求、存货的性质等实际情况，合理地确定发出存货的计算方法，以及当期发出存货的实际成本。对于性质和用途相同的存货，应当采用相同的成本计算方法确定发出存货的成本。在实际成本核算方式下，企业可以采用的发出存货成本的计价方法包括个别计价法，先进先出法、月末一次加权平均法和移动加权平均法等(存货的发出方法计算，参照原材料发出章节的例题)。商品流通企业除了上述方法外，还可以采用售价金额法和毛利率法。

2.1.4.3　存货的期末计价

我国企业会计制度规定，企业期末存货应按成本与可变现净值孰低计量，对可变现净值低于存货成本的差额，应计提存货跌价准备，计入当期损益。

2.2　原材料的核算

任务目标	
知识目标	• 能说出原材料的定义 • 能掌握原材料核算账户的设置 • 能区分实际成本核算和计划成本核算的差别 • 能判别单据和货物到达企业时间不同的各种情况 • 能掌握实际成本核算和计划成本核算的账务处理
能力目标	• 能正确计算不同方法下材料发出成本和期末结存成本 • 能正确计算材料成本差异率以及发出材料、结存材料应分摊的材料成本差异 • 能进行原材料购进、发出业务的会计核算

2.2.1 认识原材料

2.2.1.1 原材料的核算范围

原材料是指企业在生产过程中经过加工改变其形态或性质并构成产品主要实体的各种原料、主要材料和外购半成品，以及不构成产品实体但有助于产品形成的辅助材料。原材料具体包括原料及主要材料、辅助材料、外购半成品（外购件）、修理用备件（备品备件）、包装材料、燃料等。

原材料的日常收发及结存，可以采用实际成本核算，也可以采用计划成本核算。

2.2.1.2 原材料的核算方法及账户设置

1. 原材料按实际成本法核算

原材料按实际成本法核算是指原材料的日常收、发、存核算均按实际成本进行。在实际成本法下，应设置“在途物资”和“原材料”两个账户来核算原材料。

“在途物资”账户用于企业采用实际成本（进价）进行材料、商品等物资的日常核算，用于核算货款已付尚未验收入库的各种物资（即在途物资）的采购成本。本账户应按供应单位和物资品种进行明细核算。本账户的借方登记企业购入的在途物资的实际成本；贷方登记验收入库的在途物资的实际成本；期末余额在借方，反映企业在途物资的采购成本。账户结构如图表 2-3 所示。

图表 2-3 在 途 物 资

借方	贷方
企业购入的在途物资的实际成本	验收入库的在途物资的实际成本
期末余额：企业在途物资的采购成本	

“原材料”账户用于核算库存各种材料的收发与结存情况。在原材料按实际成本核算时，本账户的借方登记入库材料的实际成本；贷方登记发出材料的实际成本；期末余额在借方，反映企业库存材料的实际成本。账户结构如图表 2-4 所示。

图表 2-4 原 材 料

借方	贷方
入库材料的实际成本	发出材料的实际成本
期末余额：企业库存材料的实际成本	

2. 原材料按计划成本法核算

原材料按计划成本法核算是指原材料的日常收、发、存核算均按计划成本进行。计划成本与实际成本的差额增设“材料成本差异”账户来反映，期末将原材料的计划成本调整为实际成本。

“材料采购”账户借方登记购入材料的实际成本，结转入库材料的实际成本小于计划成本的节约差异额；贷方登记结转入库材料的计划成本以及入库材料实际成本大于计划成本的差异额。月末，将入库材料物资实际成本大于计划成本的差额，由本账户贷方转入“材料成本差异”账户的借方；将入库材料物资实际成本小于计划成本的差额，由本账户的借方转入“材料成本差异”账户的贷方。本账户借方余额为月末在途材料的实际成本。账户结构如图表 2-5 所示。

图表 2-5　材料采购

借方	贷方
购入材料的实际成本 月末结转入库材料的实际成本小于计划成本的节约差异额	入库材料的计划成本 月末结转入库材料实际成本大于计划成本的超支差异额
期末余额：月末在途材料的实际成本	

“原材料”账户用于核算库存各种材料的收发与结存情况。在原材料按计划成本核算时，本账户的借方登记入库材料的计划成本；贷方登记发出材料的计划成本；期末余额在借方，反映企业库存材料的计划成本。账户结构如图表 2-6 所示。

图表 2-6　原　材　料

借方	贷方
入库材料的实际成本	发出材料的计划成本
期末余额：企业库存材料的计划成本	

“材料成本差异”账户核算企业材料物资的实际成本与计划成本的差异额。该账户借方登记入库材料实际成本大于计划成本的超支差异额；贷方登记入库材料实际成本小于计划成本的节约差异额及月末分配转出的发出材料应负担的差异额（超支差异额用蓝字，节约差异额用红字）；该账户月末余额可能在借方也可能在贷方，表示月末结存材料应负担的超支或节约的差异额。账户结构如图表 2-7 所示。

图表 2-7　材料成本差异

借方	贷方
入库材料实际成本大于计划成本的超支差异额	入库材料实际成本小于计划成本的节约差异额
期末余额：月末结存材料应负担的超支差异额	期末余额：月末结存材料应负担的节约差异额

原材料按计划成本法核算账户对应关系如图表 2-8 所示。

图表 2-8　原材料按计划成本核算账户对应关系

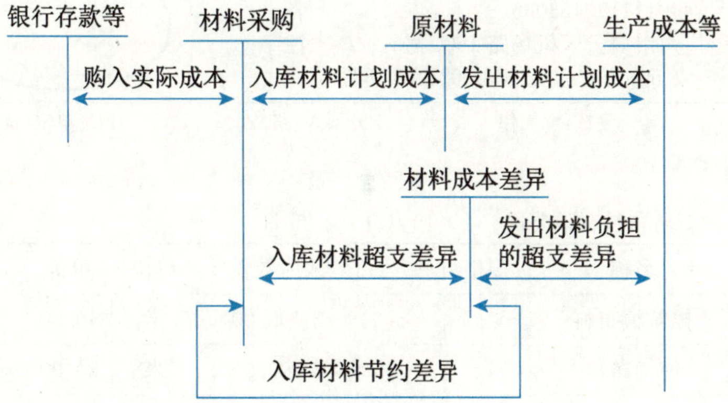

2.2.2　采用实际成本法核算原材料

2.2.2.1　采用实际成本购入原材料的核算

由于支付方式不同，原材料入库的时间与付款的时间可能一致，也可能不一致，在会计处理上也有所不同。

业务 2-1　货款已付，材料验收入库（实际成本法）

上海美阳服装有限公司（以下简称上海美阳）从广州新帛布料有限公司（简称广州新帛）购入摇粒绒布料一批，价值 80 000 元；购入纯棉布料一批，价值 90 000 元，增值税进项税额共计 22 100 元。经审核无误，价款以银行存款支付。当日布料已到，按实际成本结转入库。问上海美阳应如何做会计核算？

【业务解析】

（1）取得增值税专用发票、入库单、银行转账汇款凭证。本例属于发票账单与材料同时到达的采购业务，企业材料已验收入库，因此应通过"原材料"账户核算。对于增值税专用发票上注明的可抵扣的进项税额，应借记"应交税费——应交增值税（进项税额）"账户。增值税专用发票如图表 2-9 所示，入库单如图表 2-10 所示，银行转账汇款凭证如图表 2-11 所示。

图表 2-9

广东增值税专用发票

发票联

开票日期：2×15 年 10 月 24 日　　　　N<u>o</u>. 00017500

购货单位	名　　称：上海美阳服装有限公司 纳税人识别号：310226564847689 地 址、电 话：上海新奉公路 2018 号 021-123456 开户行及账号：工行奉贤支行 6222021001907340548	密码区	7/1≫61<98>8->＊5　加密版本号：01 3/9>3327867>383527567 97/>5-710079>-08/1312　440004314 ＊38426≫2-23/186≫49　00017500

货物及应税劳务名称	规格型号	单位	数量	单价	金额	税率	税额
摇粒绒布料	浅粉色	米	2 000	40	80 000	13%	10 400
纯棉布料	卡其色	米	3 000	30	90 000	13%	11 700
合计					170 000		22 100
价税合计（大写）	壹拾玖万贰仟壹佰元整　　（小写）¥192 100.00						

销货单位	名　　称：广州新帛布料有限公司 纳税人识别号：440111190453066 地 址、电 话：广州市白云区机场路 1600 号 开户行及账号：农行新市支行 6228481502101500682	备注	上海华悦公司 发票专用章

收款人：王静　　复核：罗大伟　　开票人：路易　　销货单位（章）：

第三联：发票联　购货方记账凭证

图表 2-10

入　库　单

供货单位：广州新帛布料有限公司　　2×15 年 10 月 25 日　　金额单位：元

编号	种类	名称	规格	型号	入库数量	单位	单价	成本总额
	布料	摇粒绒布料			2 000.00	米	40.00	80 000.00
	布料	纯棉布料			3 000.00	米	30.00	90 000.00
备注					合计			170 000.00

主管：罗长斌　　记账：李芸　　验收：高山　　制单：方圆

图表 2-11 中国工商银行 银行电汇凭证(回单) No. 10018571

委托日期：2×15 年 10 月 25 日

汇款人	全称	上海美阳服装有限公司	收款人	全称	广州新帛布料有限公司
	账号	6222021002907340000		账号	6228481502101500682
	汇出地点	省 上海 市/县		汇入地点	广东 省 广州 市/县
汇出行名称		工行上海分行奉贤支行	汇入行名称		农行广州新市支行
金额	人民币（大写）	壹拾玖万贰仟壹佰元整			百 十 万 千 百 十 元 角 分 ¥ 1 9 2 1 0 0 0 0
汇出行签章		中国工商银行 2×15.10.25 转讫	支付密码		
			附加信息及用途： 支付购料款 复核： 记账：		

(2) 编制会计分录如下：

借：原材料——摇粒绒布料 80 000

　　　　——纯棉布料 90 000

　应交税费——应交增值税(进项税额) 22 100

　贷：银行存款 192 100

思考与练习 2-1

根据业务 2-1，上海美阳为购买原材料支付了广州新帛公司代垫的运输费用 2 000 元，运费与上述货款一并以银行转账方式支付，假定不考虑运费抵扣增值税额。问题目中两种原材料的成本应如何计算？上海美阳公司如何进行会计处理？

业务 2-2 货款已付，材料尚未入库(实际成本法)

上海美阳 2×15 年 10 月 25 日从广州新帛购入布料，银行转来的增值税专用发票注明价款为 90 000 元；增值税进项税额共计 11 700 元。经审核无误，价款以银行存款支付。10 月 30 日收到布料，按实际成本结转入库。问上海美阳在 10 月 25 日收到增值税专用发票同时付款时应如何进行会计核算？在 10 月 30 日收到货物时又应该怎样进行会计核算？

【业务解析】

(1) 本例属于已经付款或已开出、承兑商业汇票，但材料尚未到达或尚未验收入库的采购业务，应通过"在途物资"账户核算；待材料到达、入库后，再根据材料单，由"在途物资"账户转入"原材料"账户核算。

(2) 编制会计分录如下：

10月25日购料付款时：

借：在途物资　　90 000
　　应交税费——应交增值税(进项税额)　　11 700
　　贷：银行存款　　101 700

10月30日材料结转入库时：

借：原材料　　90 000
　　贷：在途物资　　90 000

业务2-3　货款尚未支付,材料已经验收入库(实际成本法)

上海美阳10月26购入H材料一批,材料已验收入库。月末发票账单尚未收到也无法确定其实际成本,暂估价值为30 000元。问上海美阳应如何进行会计核算?

【业务解析】

(1) 在这种情况下,发票账单未到也无法确定其实际成本,期末应按照暂估价值先入账,但在次月初作相反的会计分录予以冲回,收到发票账单后再按照实际金额记账。即对于材料已到达并已验收入库,但发票账单等结算凭证未到,货款尚未支付的采购业务,应于期末按材料的暂估价值,借记"原材料"账户,贷记"应付账款——暂估应付账款"账户。次月初作相反的会计分录予以冲回,等该月付款或开出、承兑商业汇票后,按正常程序,借记"原材料""应交税费——应交增值税(进项税额)"账户,贷记"银行存款"或"应付票据"等账户。

(2) 编制会计分录如下：

10月26日收到材料时：

借：原材料——H材料　　30 000
　　贷：应付账款——暂估应付账款　　30 000

下月初作相反会计分录予以冲回：

借：应付账款——暂估应付账款　　30 000
　　贷：原材料——H材料　　30 000

上述购入H材料于次月收到发票账单,增值税专用发票上记载的货款为31 000元,增值税额为4 030元,对方代垫保险费2 000元,已用银行存款付讫。

借：原材料——H材料　　33 000
　　应交税费——应交增值税(进项税额)　　4 030
　　贷：银行存款　　37 030

业务2-4　货款已经预付,材料尚未验收入库(实际成本法)

根据与某布料厂商的购销合同规定,上海美阳购买J材料,向该布料厂预付100 000元货款的80%,计80 000元。已通过汇兑方式汇出。问上海美阳应如何进行会计核算?

【业务解析】

(1) 在这种情况下,预先支付了部分货款,发票账单和材料都未到达企业,所以应根据预付款项金额,借记"预付账款"账户,贷记"银行存款"等账户。等到发票账单到达企业,按正常程序,借记"原材料""应交税费——应交增值税(进项税额)"账户,贷记"预付账款”账户。对于预付金额小于实际结算金额的应补付货款，补付货款时，借记“预付账款”账户，贷记“银行存款”等账户；若预付款项比实际结算的款项多，则应由购货方退款。收到退款时借记“银行存款”账户，贷记“预付账款”账户。

(2) 编制会计分录如下：

预付货款时：

借：预付账款　　80 000

　　贷：银行存款　　80 000

上海美阳收到该厂发运来的J材料，已验收入库。有关发票账单记载，该批货物的货款为100 000元，增值税额为13 000元，对方代垫包装费3 000元，所欠款项以银行存款付讫。

借：原材料——J材料　　103 000

　　应交税费——应交增值税(进项税额)　　13 000

　　贷：预付账款　　116 000

补付货款时：

借：预付账款　　36 000

　　贷：银行存款　　36 000

2.2.2.2　采用实际成本发出的核算

针对原材料发出较频繁的企业，通常按材料领用部门及用途的不同，对材料耗用情况进行汇总，编制材料耗用汇总表；然后根据材料耗用汇总表，编制原材料发出的会计分录，借记有关成本费用账户，贷记“原材料”账户。其中，生产产品领用，借记“生产成本”账户；车间一般耗用，借记“制造费用”账户；销售部门领用，借记“销售费用”账户；行政部门领用，借记“管理费用”账户。

业务2-5　原材料按实际成本发出

上海美阳原材料采用实际成本法核算，2×15年5月份的原材料耗用情况如图表2-12所示。问上海美阳应如何进行会计核算？

图表2-12　原材料耗用汇总表

2×15年5月31日　　单位：元

材料用途	A材料	B材料	金额合计
生产甲产品	120 000	80 000	200 000
生产乙产品	100 000	50 000	150 000
车间一般耗用	6 000	4 000	10 000
行政管理部门耗用	2 000	3 000	5 000
销售机构耗用	7 000	5 000	12 000
合计金额	235 000	142 000	377 000

【业务解析】

(1) 企业应根据受益原则，按照领用材料的部门及用途进行核算。

(2) 编制会计分录如下：

借：生产成本——甲产品　　200 000
　　　　　　——乙产品　　150 000
　　制造费用　　10 000
　　管理费用　　5 000
　　销售费用　　12 000
　　贷：原材料——A 材料　　235 000
　　　　　　　——B 材料　　142 000

此外，发出材料成本的计算方法有多种。可以选择个别计价法、先进先出法、加权平均法等，但方法一经选定不得随意变更，即要遵守可比性的会计质量要求。

1. 个别计价法

个别计价法，亦称个别认定法、具体辨认法、分批实际法。采用这一方法是假设存货具体项目的实物流转与成本流转相一致，按照各种存货逐一辨认各批发出存货和期末存货所属的购进批别或生产批别，分别按其购入或生产时所确定的单位成本计算各批发出存货和期末存货成本的方法。在这种方法下，把每一种存货的实际成本作为计算发出存货成本和期末存货成本的基础。

个别计价法的成本计算准确，符合实际情况，但在存货收发频繁的情况下，其发出成本分辨的工作量较大。因此，这种方法适用于一般不能替代使用的存货、为特定项目专门购入或制造的存货以及提供的劳务，如珠宝、名画等贵重物品。

业务 2-6　个别计价法

上海美阳 2×15 年 5 月 A 材料的购入、发出及购进单位成本如图表 2-13 所示。问上海美阳对于 A 材料的发出金额应如何进行会计核算？

图表 2-13　　A 材料明细账　　数量单位：件
金额单位：元

日期		摘要	收入			支出			结存		
月	日		数量	单价	金额	数量	单价	金额	数量	单价	金额
5	1	期初结存							150	10	1 500
	5	购入	100	12	1 200				250		
	11	发出				200			50		
	16	购入	200	14	2 800				250		
	20	发出				100			150		
	23	购入	100	15	1 500				250		
	27	发出				100			150		
	31	本期合计	400	—	5 500	400	—		150		

【业务解析】

假设经过具体辨认，本期发出 A 材料的单位成本如下：5 月 11 日发出的 200 件 A 材料中，100 件系期初结存存货、单位成本为 10 元，另外 100 件为 5 月 5 日购入材料，单位成本为 12 元；5 月 20 日发出的 100 件 A 材料系 5 月 16 日购入，单位成本为 14 元；5 月 27 日发出的 100 件 A 材料中，50 件为期初结存，单位成本为 10 元，50 件为 5 月 23 日购入，单位成本为 15 元。则按照个别认定法，上海美阳 5 月份 A 材料收入、发出与结存情况如图表 2-14 所示。

图表 2-14　　A 材料明细账(个别计价法)　　数量单位:件 金额单位:元

日期		摘要	收入			支出			结存		
月	日		数量	单价	金额	数量	单价	金额	数量	单价	金额
5	1	期初结存							150	10	1 500
	5	购入	100	12	1 200				150 100	10 12	1 500 1 200
	11	发出				100 100	10 12	1 000 1 200	50	10	500
	16	购入	200	14	2 800				50 200	10 14	500 2 800
	20	发出				100	14	1 400	50 100	10 14	500 1 400
	23	购入	100	15	1 500				50 100 100	10 14 15	500 1 400 1 500
	27	发出				50 50	10 15	500 750	100 50	14 15	1 400 750
	31	本期合计	400	—	5 500	400	—	4 850	100 50	14 15	1 400 750

从图表 2-14 中可知，上海美阳本期发出 A 材料成本及期末结存 A 材料成本计算如下：

本期发出存货成本＝100×10＋100×12＋100×14＋50×10＋50×15＝4 850(元)

期末结存存货成本＝期初结存存货成本＋本期购入存货成本－本期发出存货成本

＝150×10＋100×12＋200×14＋100×15－4 850＝2 150(元)

2. 先进先出法

先进先出法是指以先购入的存货应先发出(销售或耗用)这样一种存货实物流动假设为前提，对发出存货进行计价的一种方法。采用这种方法，先购入的存货成本在后购入存货成本之前转出，据此确定发出存货和期末存货的成本。具体方法是：收入存货时，逐笔登记收入存货的数量、单价和金额；发出存货时，按照先进先出的原则逐笔登记存货的发出成本和结存金额。

先进先出法可以随时结转存货发出成本，但较繁琐。如果存货收发业务较多，且存货单价不稳定时，其工作量较大。在物价持续上升时，期末存货成本接近于市价，而发出成本偏低，会高估企业当期利润和库存存货价值；反之，会低估企业存货价值和当期利润。

业务 2-7　先进先出法

承业务 2-6，假设上海美阳 A 材料本期收入、发出和结存情况如图表 2-15 所示。从该表可以看出存货成本的计价顺序，如 5 月 11 日发出的 200 件存货，按先进先出的流转顺序，应先发出期初库存存货 1 500 元（150×10），然后再发出 5 月 5 日购入的 50 件存货 600 元（50×12），其他依次类推。问按照这种方法，上海美阳 5 月份 A 材料发出存货成本和期末存货成本分别为多少？

【业务解析】

图表 2-15　　A 材料明细账（先进先出法）　　数量单位：件
金额单位：元

日期		摘要	收入			支出			结存		
月	日		数量	单价	金额	数量	单价	金额	数量	单价	金额
5	1	期初结存							150	10	1 500
	5	购入	100	12	1 200				150 100	10 12	1 500 1 200
	11	发出				150 50	10 12	1 500 600	50	12	600
	16	购入	200	14	2 800				50 200	12 14	600 2 800
	20	发出				50 50	12 14	600 700	150	14	2 100
	23	购入	100	15	1 500				150 100	14 15	2 100 1 500
	27	发出				100	14	1 400	50 100	14 15	700 1 500
	31	本期合计	400	—	5 500	400	—	4 800	50 100	14 15	700 1 500

上海美阳日常账面记录显示，A 材料期初结存存货为 1 500 元（150×10），本期购入存货三批，按先后顺序分别为 100×12，200×14，100×15。假设经过盘点，发现期末库存 150 件，则本期发出存货为 400 件。发出存货成本为 4 800 元（150×10＋50×12＋50×12＋50×14＋100×14）；期末存货成本为 2 200 元（50×14＋100×15）。

3. 月末一次加权平均法

月末一次加权平均法是指以本月全部进货数量加上月初存货数量作权数，去除本月全部进货成本加上月初存货成本，计算出存货的加权平均单位成本，以此为基础计算本月发出存货的成本和期末存货的成本的一种方法。其计算公式如下：

$$加权平均单位成本=\frac{本月全部进货成本+上月初存货成本}{本月全部进货数量+上月初存货数量}$$

加权平均单价若能整除，则

$$发出材料成本=发出材料数量\times加权平均单价$$

加权平均单价若不能整除，则

$$发出材料成本=期初结存材料成本+本期收入材料成本-期末结存材料成本$$

其中：

$$期末结存材料成本=期末结存材料数量\times加权平均单价$$

采用月末一次加权平均法只在月末一次计算加权平均单价，比较简单，有利于简化成本计算工作。但由于平时无法从账上提供发出和结存存货的单价及金额，因此不利于存货成本的日常管理与控制。

业务 2-8 月末一次加权平均法

承业务 2-6，假设上海美阳采用月末一次加权平均法，根据图表 2-16，则 5 月份 A 材料的平均单位成本，以及当月发出存货成本和期末存货成本分别多少？

图表 2-16 A 材料明细账(月末一次加权平均法) 数量单位:件 金额单位:元

日期		摘要	收入			支出			结存		
月	日		数量	单价	金额	数量	单价	金额	数量	单价	金额
5	1	期初结存							150	10	1 500
	5	购入	100	12	1 200				250		
	11	发出				200			50		
	16	购入	200	14	2 800				250		
	20	发出				100			150		
	23	购入	100	15	1 500				250		
	27	发出				100			150		
	31	本期合计	400	—	5 500	400		5 090.95	150	12.727	1 909.05

【业务解析】

$$5月份A材料的平均单位成本=\frac{期初存货结存金额+本期购入存货金额}{期初存货结存数量+本期购入存货数量}$$

$$=\frac{150\times10+100\times12+200\times14+100\times15}{150+100+200+100}$$

$$\approx12.727(元)$$

5 月份 A 材料的发出成本与期末结存成本分别为：

$$5月份A材料的结存成本=150\times12.727=1\ 909.05(元)$$

$$5月份A材料的发出成本=[150\times10+100\times12+200\times14+100\times15]-1\ 909.05$$

$$=7\ 000-1\ 909.05=5\ 090.95(元)$$

4. *移动加权平均法*

移动加权平均法是指以每次进货的成本加上原有库存存货的成本的合计额，除以每次进货数量加上原有库存存货的数量的合计数，据以计算加权平均单位成本，并以此作为在下次进货前计算各次发出存货成本依据的一种方法。其计算公式如下：

$$存货加权平均单位成本=\frac{原有库存存货的实际成本+每次进货的实际成本}{原有库存存货数量+每次进货数量}$$

本次发出存货的成本＝本次发出存货数量×本次发货前存货的单位成本

本月月末库存存货成本＝月末库存存货的数量×本月月末存货单位成本

采用移动加权平均法能够使企业管理层及时了解存货的结存情况，计算的平均单位成本以及发出和结存的存货成本比较客观。但由于每次收货都要计算一次平均单位成本，计算工作量较大，对收发货较频繁的企业不适用。

业务 2-9　移动加权平均法

承业务 2-6，假设上海美阳采用移动加权平均法核算存货。5 月份 A 材料本期收入、发出和结存情况如图表 2-17 所示，则 A 材料当月发出存货成本和期末存货成本分别为多少？

图表 2-17　A 材料明细账(移动加权平均法)　数量单位:件　金额单位:元

日期		摘要	收入			支出			结存		
月	日		数量	单价	金额	数量	单价	金额	数量	单价	金额
5	1	期初余额							150	10	1 500.00
	5	购入	100	12	1 200				250	10.80	2 700.00
	11	发出				200	10.80	2 160.00	50	10.80	540.00
	16	购入	200	14	2 800				250	13.36	3 340.00
	20	发出				100	13.36	1 336.00	150	13.36	2 004.00
	23	购入	100	15	1 500				250	14.016	3 504.00
	27	发出				100	14.016	1 401.60	150	14.016	2 102.40
	31	本期合计	400	—	5 500	400	—	4 897.60	150	14.016	2 102.40

【业务解析】

从图表 2-17 可以看出，存货的平均成本从期初的 10 元变为期中的 10.80 元、13.36 元，再变为期末的 14.016 元。各平均单位成本分别计算如下：

$$5月5日购入存货后的平均单位成本=\frac{150\times10+100\times12}{150+100}=10.80(元)$$

$$5月16日购入存货后的平均单位成本=\frac{50\times10.8+200\times14}{50+200}=13.36(元)$$

$$5月23日购入存货后的平均单位成本=\frac{150\times13.36+100\times15}{150+100}=14.016(元)$$

如图表 2-17 所示，采用移动加权平均成本法得出的本期发出存货成本和期末结存存货成本分别为 4 897.6 元和 2 102.4 元。

2.2.3　采用计划成本法核算材料

在计划成本法下,“原材料”账户核算购入材料的计划成本,“材料采购”账户核算购入材料的实际成本。购入的材料无论是否验收入库,都要先通过“材料采购”账户进行核算,以反映企业所购材料的实际成本,从而将其与“原材料”账户相比较,计算确定材料差异成本。

2.2.3.1　采用计划成本购入材料的核算

业务 2-10　货款已付,材料验收入库(计划成本法)

上海美阳 11 月月初结存 L 材料的计划成本为 1 000 000 元,成本差异为超支 30 740 元。11 月 2 日,购入 L 材料一批,增值税专用发票上注明的价款为 300 000 元,增值税额为 39 000 元。发票账单已收到,计划成本为 320 000 元,材料已验收入库,全部款项以银行存款支付。问上海美阳应如何进行会计核算?

【业务解析】

(1) 该笔业务属于按计划成本核算,单货同时到达企业的核算。

(2) 编制会计分录如下:

借:材料采购——L 材料	300 000	
应交税费——应交增值税(进项税额)	39 000	
贷:银行存款		339 000

同时结转材料成本差异:

借:原材料——L 材料	320 000	
贷:材料采购——L 材料		300 000
材料成本差异——L 材料		20 000

业务 2-11　货款已付,材料尚未验收入库(计划成本法)

上海美阳 11 月 5 日购进 L 材料一批,银行转来的增值税专用发票上注明价款 50 000 元,增值税额 6 500 元,价税合计 56 500 元。经审核无误,以商业汇票支付。11 月 8 日,收到 L 材料,验收并结转入库。该批 L 材料计划成本为 60 000 元。问上海美阳应如何进行会计核算?

【业务解析】

(1) 该笔业务属于按计划成本核算,单先到货后到的核算。

(2) 编制会计分录如下:

11 月 5 日,购货承付时:

借:材料采购——L 材料	50 000	
应交税费——应交增值税(进项税额)	6 500	
贷:应付票据		56 500

11 月 8 日,材料验收结转入库时:

借：原材料——L材料　　60 000
　　贷：材料采购——L材料　　50 300
　　　　材料成本差异——L材料　　9 700

L材料的实际成本为买价50 000元，计划成本为60 000元，实际成本50 000元小于计划成本60 000元的差异为节约差异，记入“材料成本差异”账户的贷方。

业务2-12　货款尚未支付，材料已经验收入库（计划成本法）

上海美阳11月25日购入L材料一批，L材料已到但有关的发票等结算凭证尚未收到，货款尚未支付。11月30日，发票等结算凭证仍然未到。12月2日，收到增值税专用发票，L材料买价20 000元，增值税额为2 600元，经审核，以支票支付。同时L材料按计划成本结转入库，该批L材料的计划成本为18 000元。问上海美阳在材料到达时、月末和结算凭证到达企业时分别应如何进行会计核算？

【业务解析】

（1）该业务属于货物先到达企业，单据后到的情况。在这种情况下收到货物时暂不作处理，月末应按计划成本暂估入账，借记“原材料”等账户，贷记“应付账款——暂估应付账款”账户，次月月初作相反分录予以冲回，借记“应付账款——暂估应付账款”账户，贷记“原材料”账户，等结算单据到达企业后按单货同到进行核算。

（2）编制会计分录如下：

11月25日，购入L材料时：

购入的L材料已到，但发票等结算凭证尚未收到，暂不做账。

11月30日（月末），暂估入账时：

借：原材料　　18 000
　　贷：应付账款——暂估应付账款　　18 000

12月1日，用红字将月末暂估账冲回时：

借：原材料　　[18 000]
　　贷：应付账款——暂估应付账款　　[18 000]

12月2日，收到有关结算凭证时：

借：材料采购——L材料　　20 000
　　应交税费——应交增值税（进项税额）　　2 600
　　贷：银行存款　　22 600

借：原材料——L材料　　18 000
　　材料成本差异——L材料　　2 000
　　贷：材料采购——L材料　　20 000

2.2.3.2　采用计划成本发出材料的核算

在计划成本法中由于原材料按计划成本入库，所以原材料发出时，先按计划成本根据不同用途，借记“生产成本”“制造费用”“管理费用”“销售费用”等账户，贷记“原材料”账户。到期末计算材料成本差异率，并将原材料发出成本由计划成本调整为实际成本。

$$本期材料成本差异率=\frac{期初结存材料的成本差异+本期验收入库材料的成本差异}{期初结存材料的计划成本+本期验收入库材料的成本差异}$$

发出材料应负担的成本差异=发出材料的计划成本×本期材料成本差异率

业务 2-13　计划成本发出材料

2×15 年 11 月月末，上海美阳根据“发料凭证汇总表”的记录，当月 L 材料的计划成本消耗为：基本生产车间领用 2 000 000 元，辅助生产车间领用 600 000 元，车间管理部门领用 250 000 元，企业行政管理部门领用 50 000 元。问上海美阳应如何进行会计核算？

【业务解析】

(1) 取得原始凭证“发料凭证汇总表”(如图表 2-18 所示)。该例中上海美阳应根据发出材料的用途，按计划成本分别记入“生产成本”“制造费用”“销售费用”“管理费用”等账户。

图表 2-18　　发料凭证汇总表　　金额单位：元

领用部门	名称	发出			备注
		数量	单位	金额	
基本生产车间	L 材料	40 000	千米	2 000 000	
辅助生产车间	L 材料	12 000	千米	600 000	
车间管理部门	L 材料	5 000	千米	250 000	
行政管理部门	L 材料	1 000	千米	50 000	
合计		58 000		2 900 000	

(2) 编制会计分录如下：

借：生产成本——基本生产成本　　2 000 000
　　　　　　——辅助生产成本　　600 000
　　制造费用　　250 000
　　管理费用　　50 000
　　贷：原材料——L 材料　　2 900 000

(3) 对于发出材料计划成本与实际成本的差异，需要同时结转材料成本差异。上海美阳 11 月月初结存 L 材料的计划成本为 1 000 000 元，成本差异为超支 30 740 元；当月入库 L 材料的计划成本为 3 200 000 元，成本差异为节约 200 000 元。则

材料成本差异率=(30 740−200 000)÷(1 000 000+3 200 000)×100%=−4.03%

(4) 结转发出材料的成本差异，编制如下会计分录：

借：生产成本——基本生产成本　　80 600
　　　　　　——辅助生产成本　　24 180
　　制造费用　　10 075
　　管理费用　　2 015
　　贷：材料成本差异——L 材料　　116 870

本例中，基本生产成本应分摊的材料成本差异节约额为 80 600 元(2 000 000×4.03%)，辅助生产成本应分摊的材料成本差异节约额为 24 180 元(600 000×4.03%)，制造费用应分摊的材料成本差异节约额为 10 075 元(250 000×4.03%)，管理费用应分摊的材料成本差异节约额为 2 015 元(50 000×4.03%)。

2.3 周转材料的核算

任务目标	
知识目标	• 能说出包装物、低值易耗品的定义 • 能明确包装物、低值易耗品的核算范围 • 能掌握包装物、低值易耗品核算账户的设置 • 能区分包装物、低值易耗品与固定资产、原材料的差别
能力目标	• 能根据包装物的业务及管理需要选择合适的方法，进行正确的核算 • 能进行包装物购进、领用与摊销、报废以及盘盈盘亏的核算 • 能根据经济业务进行低值易耗品相关业务的核算

2.3.1 认识周转材料

周转材料是指企业能够多次使用，但不符合固定资产定义的材料。

例如，包装物是为了包装本企业的商品而储备的各种包装容器，如桶、箱、坛、瓶、袋等。其主要作用是盛装、装潢产品或商品。

例如，低值易耗品是不能作为固定资产核算的各种用具物品，如工具、管理用具、玻璃器皿、劳动保护用品以及在经营过程中周转使用的容器等。其特点是：单位价值较低或使用期限相对于固定资产较短，在使用过程中保持其原有实物形态基本不变。

周转材料符合固定资产定义的，应当作为固定资产处理。

2.3.2 包装物的核算

2.3.2.1 认识包装物

1. 包装物的核算范围

包装物，是指为了包装本企业商品而储备的各种包装容器，如桶、箱、瓶、坛、袋等。其核算内容包括：

(1) 生产过程中用于包装产品作为产品组成部分的包装物。

(2) 随同商品出售而不单独计价的包装物。

(3) 随同商品出售单独计价的包装物。

(4) 出租或出借给购买单位使用的包装物。

2. 包装物的账户设置

为了反映和监督包装物的增减变动及其价值损耗、结存等情况，企业应当设置“周转材料——包装物”账户进行核算。本账户借方登记包装物的增加；贷方登记包装物的减少；期末余额在借方，通常反映企业期末结存包装物的金额。

对于生产领用的包装物，应根据领用包装物的实际成本或计划成本，借记“生产成本”账户，贷记“周转材料——包装物”“材料成本差异”等账户。随同商品出售而不单独计价的包装物，应于包装物发出时，按其实际成本计入销售费用。随同商品出售而单独计价的包装物，一方面应反映其销售收入，计入其他业务收入；另一方面应反映其实际销售成本，计入其他业务成本。

包装物领用后在使用过程中会因磨损而逐渐减少价值，这部分减少的价值称为包装物摊销。在会计实务中，包装物摊销应当采用一次摊销法和五五摊销法，摊销额计入相关资产的成本或当期损益。生产领用摊销记入“生产成本”账户；出借包装物摊销记入“销售费用”账户；出租包装物摊销记入“其他业务成本”账户。账户对应关系如图表 2-19 所示。

图表 2-19　　账户对应关系

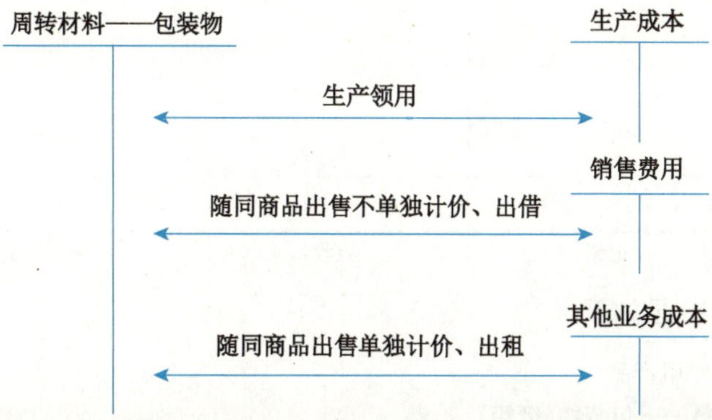

企业出租、出借包装物频繁、数量多、金额大时，其包装物成本的摊销也可采用一次摊销法、五五摊销法。此时，在“包装物”总账下应设置“库存未用包装物”“库存已用包装物”“出租包装物”“出借包装物”“包装物摊销”等几个明细账户。

3. 包装物的会计核算

业务 2-14　包装物购进的核算

上海美阳购进包装商品用纸箱一批 1 000 只，单价 2 元，增值税额 260 元，运杂费 100 元。所有款项尚未支付。纸箱已到，按实际成本核算，验收结转入库。问上海美阳对该项经济业务应如何进行会计核算？

【业务解析】

(1) 包装物购进的核算与原材料购进的核算类似，根据买价和采购费用确认采购成本，记入“周转材料——包装物”账户。本题目采用实际成本核算，无需考虑材料成本差异。

(2) 编制会计分录如下：

借：周转材料——包装物(纸箱)	2 100	
应交税费——应交增值税(进项税额)	260	
贷：应付账款		2 360

业务 2-15　生产领用包装物的核算

上海美阳一车间在生产过程中领用纸箱一批 400 只，实际成本为 3 000 元，用于生产甲产品。问上海美阳应如何进行会计核算？

【业务解析】

(1) 取得原始凭证“出库单”(如图表 2-20 所示)，该业务属于生产领用包装物，应将领用包装物的价值计入产品的成本。

图表 2-20　　出　库　单

收货单位：生产车间　　2×15 年 08 月 21 日　　金额单位：元

编号	种类	名称	规格	型号	出库数量	单位	单价	成本总额
	包装物	纸箱	中		400.00	个	7.50	3 000.00
备注						合计		3 000.00

主管：　　记账：　　验收：　　制单：方圆

(2) 编制会计分录如下：

借：生产成本——甲产品　　3 000

　　贷：周转材料——包装物(纸箱)　　3 000

企业在生产过程中，往往由于产品生产需要而领用包装物，其包装物价值构成产品成本的一部分，应计入产品的生产成本。如果包装物是按计划成本计价，应按照领用包装物的实际成本，借记“生产成本”账户；按照领用包装物的计划成本，贷记“周转材料——包装物”账户；按照其差额，借记或贷记“材料成本差异”账户。

思考与练习 2-2

如果上海美阳采用计划成本核算包装物，8 月份共领用“包装物——纸箱”的计划成本为 100 000 元，材料成本差异率为－0.3%。问上海美阳如何进行会计处理？

业务 2-16　销售不单独计价包装物的核算

上海美阳在销售服装中领用随商品出售不单独计价的塑料包装袋 1 000 只，每只 25 元，共 25 000 元。问上海美阳应如何进行会计核算？

【业务解析】

(1) 该业务属于随同商品出售不单独计价的包装物，应按其实际成本记入“销售费用”账户。

(2) 编制会计分录如下：

借：销售费用　　25 000

　　贷：周转材料——包装物(塑料袋)　　25 000

思考与练习 2-3

上海美阳 2×15 年 9 月销售商品领用不单独计价包装物，其计划成本为 50 000 元，材料成本差异率为－3%。问上海美阳应如何进行会计核算？

业务 2-17　销售单独计价包装物的核算

上海美阳 2×15 年 9 月销售商品，领用单独计价包装物一批，价值 80 000 元，开出的增值税专用发票上注明价款为 100 000 元，增值税额为 13 000 元，款项已存入银行。问上海美阳应如何进行会计核算？

【业务解析】

(1) 该业务属于随同商品出售单独计价的包装物，应单独确认包装物的收入并结转其成本。

(2) 编制会计分录如下：

出售单独计价包装物时：

借：银行存款	113 000	
贷：其他业务收入		100 000
应交税费——应交增值税(销项税额)		13 000

结转所售单独计价包装物的成本：

借：其他业务成本	80 000	
贷：周转材料——包装物		80 000

思考与练习 2-4

上海美阳 2×15 年 9 月销售商品，领用单独计价包装物的计划成本为 40 000 元，增值税专用发票上注明的价款为 50 000 元，增值税额为 6 500 元，款项已存入银行。该包装物的材料成本差异率为 3%。问上海美阳如何进行会计核算？

业务 2-18　出租、出借包装物的核算

2×15 年 5 月 18 日，上海美阳出租给明丽公司包装物一批，价值 2 400 元，出租期为 6 个月。出租时收取押金 2 000 元。合同规定每月收取租金 500 元，按现金支付。上海美阳对包装物成本采用五五摊销法摊销。问上海美阳应如何进行会计核算？

【业务解析】

(1) 取得原始凭证收据、出库单(分别如图表 2-21 至图表 2-23 所示)等。该业务属于出租包装物的核算。经营中因销售商品往往需要将包装物出租给购货方暂时使用。出租包装物要收取一定数额的押金和租金，使用中还可能发生修理费用，使用完毕归还。收取押金时，借记“银行存款”账户，贷记“其他应付款”账户；收到租金时，借记“银行存款”账户，贷记“其他业务收入”账户。此外，包装物成本要利用一定的摊销方法进行结转，摊销额最终记入“其他业务成本”账户。出租包装物发生修理，该修理费若须由出租方负担，则借记“其他业务成本”账户，贷记“库存现金”等账户。

图表 2-21 收　据

2×15 年 05 月 18 日　　NO. 0011488

今收到　明丽公司

交来　包装物押金

人民币(大写)贰仟元整　　¥2 000.00

收款人:王晶　　交款人:潘文青

(签单)

第三联　记账联

图表 2-22 出　库　单

收货单位:明丽公司　　2×15 年 05 月 18 日　　金额单位:元

编号	种类	名称	规格	型号	出库数量	单位	单价	成本总额
	包装物	塑料箱			100.00	个	24.00	2 400.00
备注						合计		2 400.00

主管:　　记账:　　验收:　　制单:张雯

图表 2-23 收　据

2×15 年 05 月 18 日　　NO. 0011489

今收到　明丽公司

交来　包装物租金

人民币(大写)伍佰元整　　¥500.00

收款人:王晶　　交款人:潘文青

(签单)

第三联　记账联

(2) 编制会计分录如下:

a. 收到押金时:

借:银行存款　　2 000

　贷:其他应付款——明丽公司　　2 000

b. 领用包装物时:

借:周转材料——包装物(出租)　　2 400

　贷:周转材料——包装物(未用)　　2 400

c. 摊销包装物时：

借：其他业务成本　　1 200
　　贷：周转材料——包装物(摊销)　　1 200

d. 收到租金时：

借：银行存款　　565
　　贷：其他业务收入　　500
　　　　应交税费——应交增值税(销项税额)　　65

e. 到期收回包装物时：

借：周转材料——包装物(已用)　　2 400
　　贷：周转材料——包装物(出租)　　2 400

f. 退还押金时：

借：其他应付款——明丽公司　　2 000
　　贷：银行存款　　2 000

g. 如果明丽公司将包装物损毁，则没收押金：

借：其他应付款——明丽公司　　2 000.00
　　贷：其他业务收入　　1 769.91
　　　　应交税费——应交增值税(销项税额)　　230.09

h. 收回的包装物发生修理费支出 1 000 元：

借：其他业务成本　　1 000
　　贷：银行存款　　1 000

i. 出租收回的包装物报废，收回残料价值 100 元：

借：其他业务成本　　1 200
　　贷：周转材料——包装物(摊销)　　1 200

借：周转材料——包装物(摊销)　　2 400
　　贷：周转材料——包装物(已用)　　2 400

借：原材料　　100
　　贷：其他业务成本　　100

上述会计分录账户关系如图表 2-24 所示。

图表 2-24　各账户关系

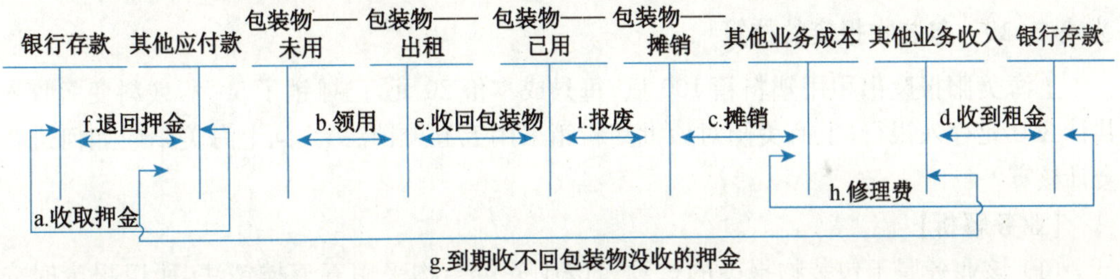

思考与练习 2-5

根据业务 2-18，如果上海美阳将上述价值 2 400 元的包装物出借给明丽公司暂时使用，收取押金 2 000 元，包装物采用五五摊销法进行摊销，则上海美阳应如何进行会计核算？

企业经营中也可能将包装物出借给其他企业暂时使用，出借包装物要收取一定数额的押金，在使用中还可能发生修理费用。收押金时处理方法与出租包装物相同。发生修理费用，若由出借方负责，则借记“销售费用”账户，贷记“银行存款”账户。此外，出借包装物的成本也要利用一定的方法进行摊销，但摊销时转入“销售费用”账户。

业务 2-19 包装物摊销的核算

根据《企业会计准则第 1 号——存货》规定，企业应当采用一次摊销法或者五五摊销法对低值易耗品和包装物进行摊销，计入相关资产的成本或者当期损益。一次摊销法是指周转材料领用时一次性转入相关的成本费用账户。对于周转次数较多、使用时间较长的包装物，在采用一次摊销法的同时，应在备查簿上进行登记，以便加强对包装物的管理。五五摊销法是指周转材料在领用时摊销 50%，在报废时再摊销 50%的方法。因还剩余 50%的账面价值，所以不需要登记备查账簿。

上海美阳销售部门于 2×15 年 8 月 26 日领用包装物一批，该批包装物准备用于出租业务，包装物的实际成本为 3 600 元，企业采用一次摊销法摊销。问上海美阳应如何进行会计核算？

【业务解析】

(1) 该业务属于出租包装物一次性摊销的核算。

(2) 编制会计分录如下：

领用包装物时：

借：周转材料——包装物(出租)	3 600	
贷：周转材料——包装物(未用)		3 600

摊销包装物时：

借：其他业务成本	3 600	
贷：周转材料——包装物(摊销)		3 600

思考与练习 2-6

根据业务 2-19，如果上海美阳采用五五摊销法对包装物进行摊销，问上海美阳应如何进行会计核算？

业务 2-20 包装物报废的核算

上海美阳报废出租用塑料箱 100 只，每只成本价 20 元，已摊销了 50%，残料变卖收入共计 800 元存入银行(上海美阳对该批塑料箱采用五五摊销法)。问上海美阳应如何进行会计核算？

【业务解析】

(1) 该业务属于包装物报废的核算。该业务包装物采用五五摊销法，所以报废时先将剩余的50%的账面价值进行摊销，根据残料收入冲减当期的成本费用。

（2）编制会计分录如下：

将剩余账面价值进行摊销时：

借：其他业务成本　　1 000

　　贷：周转材料——包装物（摊销）　　1 000

收到残料款时：

借：银行存款　　800

　　贷：其他业务成本　　800

将包装物（出租）转入（摊销）时：

借：周转材料——包装物（摊销）　　2 000

　　贷：周转材料——包装物（出租）　　2 000

思考与练习 2-7

根据业务 2-20，若将“残料变卖收入共计 800 元，存入银行”改为“报废时残料价值为 800 元，验收入库”，问上海美阳应如何进行会计核算？

2.3.3　低值易耗品的核算

2.3.3.1　认识低值易耗品

1. 低值易耗品的核算范围

低值易耗品是指单位价值较低，使用年限较短，不能作为固定资产的有形物品。作为存货核算和管理的低值易耗品，可划分为一般工具、专用工具、替换设备、管理用具、劳动保护用品和其他用具等。

2. 低值易耗品的账户设置及核算

为了反映和监督低值易耗品的增减变动及其结存情况，企业应当设置“周转材料——低值易耗品”账户。本账户借方登记低值易耗品的增加；贷方登记低值易耗品的减少，期末余额在借方，通常反映企业期末结存低值易耗品的金额。

企业内部领用低值易耗品进行使用时，低值易耗品在使用中也会因磨损使其价值不断减少。我们把减少的那部分价值称为低值易耗品摊销。在会计实务中，应采用的摊销方法有一次摊销法、五五摊销法。低值易耗品的摊销核算与包装物的摊销核算类似。

低值易耗品需要单独设置“周转材料——低值易耗品——在用”“周转材料——低值易耗品——在库”和“周转材料——低值易耗品——摊销”明细账户进行核算。账户对应关系如图表 2-25 所示。

图表 2-25　　账户对应关系

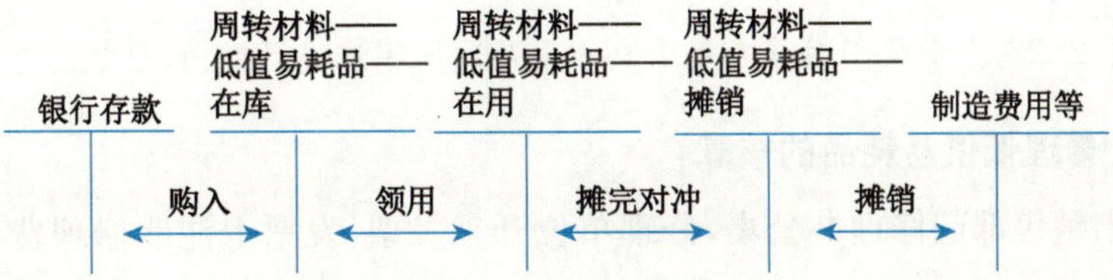

2.3.4 低值易耗品的会计核算

业务 2-21 低值易耗品购进的核算

上海美阳购入办公椅 20 张，增值税专用发票上注明买价 20 000 元，增值税额 2 600 元，价税合计 22 600 元；另，运杂费单据一张 40 元。办公椅运到，验收入库。所有款项一并以支票付讫。问上海美阳应如何进行会计核算？

【业务解析】

(1) 低值易耗品购入核算方法与原材料、包装物购进的核算类似。

(2) 编制会计分录如下：

借：周转材料——低值易耗品(办公椅)	20 040	
应交税费——应交增值税(进项税额)	2 600	
贷：银行存款		22 640

业务 2-22 低值易耗品领用和摊销的核算

上海美阳基本生产车间领用专用工具一批，实际成本为 100 000 元，采用五五摊销法进行摊销。问上海美阳应如何进行会计核算？

【业务解析】

(1) 该项业务按五五摊销计入成本费用。

(2) 编制会计分录如下：

领用专用工具时：

借：周转材料——低值易耗品——在用	100 000	
贷：周转材料——低值易耗品——在库		100 000

领用时摊销其价值的一半：

借：制造费用	50 000	
贷：周转材料——低值易耗品——摊销		50 000

报废时摊销其价值的另一半：

借：制造费用	50 000	
贷：周转材料——低值易耗品——摊销		50 000

同时：

借：周转材料——低值易耗品——摊销	100 000	
贷：周转材料——低值易耗品——在用		100 000

思考与练习 2-8

根据业务 2-22，上海美阳对该专用工具采用一次摊销法进行摊销，应如何进行会计处理？

业务 2-23 修理低值易耗品的核算

上海美阳销售部门修理办公桌，修理单位开来发票，发票上注明修理费用 58.50 元，财务科以现金支付。问上海美阳应如何进行会计核算？

【业务解析】

（1）该项业务属于低值易耗品修理业务。

（2）编制会计分录如下：

借：销售费用 58.50

　贷：库存现金 58.50

为了延长低值易耗品的寿命，充分发挥其效能，企业应加强对低值易耗品的维修和保养。低值易耗品修理发生的费用，按使用部门的不同，借记“管理费用”“制造费用”“销售费用”等账户。

业务 2-24 低值易耗品报废的核算

上海美阳对一批行政管理部门在用的文件柜予以报废。该批文件柜原实际成本 1 500 元，采用五五摊销法核算。现报废文件柜，变卖残料得现金 200 元。问上海美阳应如何进行会计核算？

【业务解析】

（1）该项业务属于低值易耗品报废业务。企业对因磨损程度过大等原因不能使用的低值易耗品可按规定程序予以报废。报废时按残料价值，借记“原材料”账户或“库存现金”账户或“银行存款”账户，贷记“管理费用”或“制造费用”或“销售费用”等账户。

（2）编制会计分录如下：

先将剩余账面价值进行摊销：

借：管理费用 750

　贷：周转材料——低值易耗品（摊销） 750

收到变卖残料款时：

借：库存现金 200

　贷：管理费用 200

同时：

借：周转材料——低值易耗品（摊销） 1 500

　贷：周转材料——低值易耗品（在用） 1 500

2.4 库存商品的核算

任务目标	
知识目标	• 能说出库存商品的定义 • 能理解库存商品的内容、核算范围 • 能掌握库存商品核算账户的设置
能力目标	• 能掌握商品流通企业毛利率法、售价金额法的核算 • 能根据经济业务进行库存商品入库、发出业务的会计核算

2.4.1 认识库存商品

2.4.1.1 库存商品的核算范围

库存商品是指企业完成全部生产过程并已验收入库、合乎标准规格和技术条件，可以按照合同规定的条件送交订货单位，或可以作为商品对外销售的产品以及外购或委托加工完成验收入库用于销售的各种商品。商品流通企业的库存商品主要是指企业为转卖或加工后转卖而购入或委托加工完成、验收入库、用于销售的各种商品。

库存商品具体包括库存产成品、外购商品、存放在门市部准备出售的商品、发出展览的商品、寄存在外的商品、接受来料加工制造的代制品和为外单位加工修理的代修品等。已完成销售手续、但购买单位在月末未提取的产品，不应作为企业的库存商品，而应作为代管商品处理，单独设置代管商品备查簿进行登记。

2.4.1.2 库存商品的核算方法及账户设置

库存商品可以采用实际成本核算，也可以采用计划成本核算，其方法与原材料相似。采用计划成本核算时，库存商品实际成本与计划成本的差异，可单独设置“产品成本差异”账户核算。

为了反映和监督库存商品的增减变动及其结存情况，企业应当设置“库存商品”账户。本账户借方登记验收入库的库存商品成本；贷方登记发出的库存商品成本；期末余额在借方，反映各种库存商品的实际成本或计划成本。

商品流通企业购入商品的成本，主要包括按照进价和按规定应计入商品成本的税金。在采购过程中发生的运输费、装卸费、保险费、包装费、仓储费，运输途中的合理损耗，入库前的挑选整理费等费用，应当计入存货采购成本，采购商品的进货费用金额较小的，可以在发生时直接计入当期损益。

商品流通企业对购入的商品可以采用进价或售价核算。采用进价核算的，其核算原理与“原材料”账户按实际成本核算的原理基本相同。采用售价核算的，商品售价和进价的差额可以通过“商品进销差价”账户核算。月末，应分摊已销商品的进销差价，将已销商品的销售成本调整为实际成本。

2.4.2 库存商品的会计核算

2.4.2.1 工业企业库存商品的核算

业务 2-25 工业企业产成品验收入库的核算

上海美阳“商品入库汇总表”记载，11 月已验收入库大衣 10 000 件，实际单位成本 120 元，共计 1 200 000 元；毛衣 8 000 件，实际单位成本 80 元，共计 640 000 元。问上海美阳应如何进行会计核算？

【业务解析】

(1) 取得原始凭证“商品入库汇总表”(如图表 2-26 所示)。本业务采用实际成本核算，当库存商品生产完成并验收入库时，应按实际成本，借记“库存商品”账户，贷记“生产成本——基本生产成本”账户。

图表 2-26　　　　商品入库汇总表　　　　数量单位:件
金额单位:元

商品名称	规格型号	数量	单位成本	总成本
大衣	长款摇粒绒	10 000	120	1 200 000
毛衣	开衫 V 型领口	8 000	80	640 000

(2) 编制会计分录如下：

借：库存商品——大衣　　1 200 000
　　　　　　——毛衣　　640 000
　贷：生产成本——基本生产成本——大衣　　1 200 000
　　　　　　　——基本生产成本——毛衣　　640 000

业务 2-26　销售库存商品的核算

上海美阳 10 月 24 日销售给好运来公司一批库存商品，当月已实现销售的女士套装有 5 000 套，男款羊毛衫有 8 000 件。女士套装售价 600 元/套，实际成本 500 元/套；男士羊毛衫售价 150 元/件，实际成本 100 元/件，款项尚未收到。问上海美阳应如何进行会计核算？

【业务解析】

(1) 取得原始凭证“增值税专用发票”“出库单”，分别如图表 2-27，图表 2-28 所示。

图表 2-27

上海市增值税专用发票

记账联

开票日期：2×15 年 10 月 24 日　　　　No. 00017500

购货单位：
名　　　称：好运来公司
纳税人识别号：101401348211005
地 址、电 话：北京朝阳区十八里店
开户行及账号：邮政储蓄六里支行 010710061001500289

密码区：
7/1≫61<98>8->*5　　加密版本号：01
3/9>3327867>383527567
97/>5-710079>-08/1312　　440004314
*38426>>2-23/186>>49　　017500

货物及应税劳务名称	规格型号	单位	数量	单价	金额	税率	税额
女士套装	NVK-2	套	5 000	600	3 000 000	13%	390 000
男士羊毛衫	MRT	件	8 000	150	1 200 000	13%	156 000
合计							546 000
价税合计(大写)	肆佰柒拾肆万陆仟元整				(小写)¥4 746 000.00		

销货单位：
名　　　称：上海美阳服装有限公司
纳税人识别号：310226564847689
地 址、电 话：上海新奉公路 2018 号 021-123456
开户行及账号：工行奉贤支行 622202100907340548

备注：（印章：上海美阳服装有限公司 40511190453066 发票专用章）

收款人：　　复核：　　开票人：吴强　　销货单位(章)：

第三联：记账联　销货方记账凭证

图表 2-28　　出　库　单

收货单位:好运来公司　　2×15 年 10 月 24 日　　金额单位:元

编号	种类	名称	规格	型号	出库数量	单位	单价	成本总额
	库存商品	女士套装	NVK-2		5 000	套	500	2 500 000
	库存商品	男士羊毛衫	MRT		8 000	件	100	800 000
备注						合计		3 300 000

主管:　　记账:　　验收:　　制单:方圆

(2) 编制会计分录如下:

确认收入:

借:应收账款——好运来公司　　4 746 000

　贷:主营业务收入　　4 200 000

　　应交税费——应交增值税(销项税额)　　546 000

结转成本:

借:主营业务成本　　3 300 000

　贷:库存商品——女士套装　　2 500 000

　　　　——男士羊毛衫　　800 000

2.4.2.2 商品流通企业库存商品的核算

商品流通企业对购入的商品可以采用进价或售价核算。采用进价核算的,其核算原理与“原材料”账户实际成本核算的原理基本相同。采用售价核算的,商品售价和进价的差额,可通过“商品进销差价”账户核算。月末,应分摊已销商品的进销差价,将已销商品的销售成本调整为实际成本,借记“商品进销差价”账户,贷记“主营业务成本”账户。

商品流通企业的库存商品可以采用售价金额核算法和毛利率法进行日常核算。

1. 售价金额核算法

售价金额核算法是指平时商品的购入、加工收回、销售均按售价记账,售价与进价的差额通过“商品进销差价”账户核算,期末计算进销差价率和本期已售商品应分摊的进销差价,并据以调整本期销售成本的一种方法。计算公式如下:

$$\text{商品进销差价率}=\left(\text{期初库存商品进销差价}+\text{本期购入商品进销差价}\right)\div\left(\text{期初库存商品售价}+\text{本期购入商品售价}\right)\times 100\%$$

$$\text{本期销售商品应分摊的商品进销差价}=\text{本期商品销售收入}\times\text{商品进销差价率}$$

$$\text{本期销售商品的成本}=\text{期初库存商品的进价成本}+\text{本期购进商品的进价成本}-\text{本期销售商品的成本}$$

$$\text{期末结存商品的成本}=\text{期初库存商品的进价成本}+\text{本期购进商品的进价成本}-\text{本期销售商品的成本}$$

如果企业的商品进销差价率各期之间是比较均衡的,也可以采用上期商品进销差价率分摊本期的商品进销差价。年度终了,应对商品进销差价进行核实调整。

对于从事商品零售业的企业（如百货公司、超市等），由于经营商品种类、品种、规格等繁多，而且要求按商品零售价格标价，采用其他成本计算结转方法均较困难，因此广泛采用这一方法。

业务 2-27　购进商品的核算

上海东方商厦 2×15 年 9 月 18 日向深圳博新服装有限公司购进女时装 120 套，每套 370 元，计货款 44 400 元，增值税额 5 772 元，款项均以银行转账方式结清。该批服装按零售价计算每套 565 元，合计 67 800 元（含增值税）。上海东方商厦对购入的商品采用售价核算。问上海东方商厦应如何进行会计核算？

【业务解析】

(1) 取得原始凭证“增值税专用发票”“入库单”等，分别如图表 2-29、图表 2-30 所示。

图表 2-29

上海增值税专用发票

发票联

开票日期：2×15 年 09 月 18 日　　　　N o. 00187967

购货单位	名　　称：上海东方商厦 纳税人识别号：215280104013105 地 址、电 话：上海市海天路 58 号　021-12354760 开户行及账号：宁波银行黄浦支行 6200029401003636532	密码区	7/1≫61<98>8->*5　加密版本号：01 3/9>3327867>383527567 97/>5-710079>-08/1312　440004314 *38426≫2-23/186≫49　00187967

货物及应税劳务名称	规格型号	单位	数量	单价	金额	税率	税额
女时装		套	120	370	44 400	13%	5 772
合计					44 400		5 772
价税合计（大写）	伍万零壹佰柒拾贰元整				（小写）¥50 172.00		

销货单位	名　　称：深圳博新服装有限公司 纳税人识别号：101401348211005 地 址、电 话：深圳市福田区 0755-7804302 开户行及账号：农行深圳支行 0107829401003634289	备注	深圳博新服装有限公司 440111190453066 发票专用章

第二联：发票联　购货方记账凭证

收款人：李原　　复核：　　开票人：路易　　销货单位（章）：

图表 2-30

入　库　单

供货单位：深圳博新服装有限公司　　2×15 年 09 月 18 日　　金额单位：元

编号	种类	名称	规格	数量	单位	单价（售价）	售价总额
	商品	女时装		120	套	565.00	67 800.00
备注				合计			67 800.00

主管：　　记账：　　验收：　　制单：曹原

（2）编制会计分录如下：

借：在途物资——女时装　　44 400
　　应交税费——应交增值税（进项税额）　　5 772
　　贷：银行存款　　50 172

同时，结转商品进销差价：

借：库存商品——女时装　　67 800
　　贷：在途物资——女时装　　44 400
　　　　商品进销差价　　23 400

业务 2-28　售价金额法核算库存商品

业务 2-28-1　上海东方商厦采用售价金额核算法进行核算，2020 年 9 月 25 日的销售商品日结清单所列女时装销售金额为 90 400 元（含增值税），货款全部存入银行。问上海东方商厦如何进行会计核算？

【业务解析】

（1）采用售价金额法核算在商品销售后，按含税销售价格借记“银行存款”等账户，贷记“主营业务收入”账户；销售时，将增值税额记入在“主营业务收入”账户中，并按含税售价结转已售商品成本，借记“主营业务成本”账户，贷记“库存商品”账户。

（2）编制会计分录如下：

借：银行存款　　90 400
　　贷：主营业务收入　　90 400

同时，结转已销商品成本：

借：主营业务成本　　90 400
　　贷：库存商品　　90 400

业务 2-28-2　上海东方商厦 9 月 30 日根据当月发生的含税销售收入 1 469 000 元，依 13%的税率计算增值税销项税额为 169 000 元。问上海东方商厦如何进行会计核算？

【业务解析】

（1）由于销售时已经将增值税记入“主营业务收入”账户，因此月末需要将其转出。月末计算出已销商品的增值税额后，将其冲减主营业务收入并反映企业当月实现的销项税额，借记“主营业务收入”账户，贷记“应交税费——应交增值税（销项税额）”账户。本题不含税收入为 1 300 000 元[1 469 000÷(1+13%)]，增值税销项税额为 169 000 元（1 300 000×13%）。

（2）编制会计分录如下：

借：主营业务收入　　169 000
　　贷：应交税费——应交增值税（销项税额）　　169 000

业务 2-28-3　上海东方商厦 2015 年 9 月月末结转当月已销商品进销差价。月初某类库存商品的进价成本为 900 000 元，售价总额为 1 200 000 元；本月购进该类商品的进价为 620 000 元,售价总额为 827 000 元。本月销售收入为 1 530 000 元。问上海东方商厦如何进行会计核算?

【业务解析】

(1) 月末计算已销商品的含税进销差价,将其冲减按含税售价记入的"主营业务成本"账户,并调整为已销商品的进价成本,即借记"商品进销差价"账户,贷记"主营业务成本"账户。

商品进销差价率=(300 000+207 000)÷(1 200 000+1 530 000)×100%=18.57%
已销商品应分摊的商品进销差价=1 530 000×18.57%=284 121(元)
本期销售商品的实际成本=1 530 000-284 121=1 245 879(元)
期末结存商品的实际成本=900 000+620 000-1 245 879=274 121(元)

(2) 编制会计分录如下:

借:商品进销差价　284 121
　贷:主营业务成本　284 121

2. 毛利率法

毛利率法是指根据本期销售金额乘以上期实际(或本期计划)毛利率匡算本期销售毛利,并据以计算发出存货和期末存货成本的一种方法。其计算公式如下:

毛利率=(销售毛利÷销售额)×100%
销售毛利=销售额×毛利率
销售成本=销售额-销售毛利
期末存货成本=期初存货成本+本期购货成本-本期销售成本

这一方法是商品流通企业,尤其是商业批发企业常用的计算本期商品销售成本和期末库存商品成本的方法。商品流通企业由于经营商品的品种繁多,如果分品种计算商品成本,工作量将大大增加,而且一般来讲,商品流通企业同类商品的毛利率大致相同,采用这种存货计价方法既能减轻工作量,也能满足对存货管理的需要。在采用该方法时,一般只在季度的头 2 个月使用,季末则必须用"加权平均法"等其他成本计算方法来计算和调整,以便在一个季度范围内使商品销售成本和期末结存商品金额符合实际。

业务 2-29　采用毛利率法核算库存商品

上海东方商厦采用毛利率法进行库存商品核算。2020 年 8 月,针织品库存金额为 1 300万元,本月购进 8 000 万元商品,本月销售收入 6 700 万元,上季度该商品毛利率为 25%。问上海东方商厦对本月已销商品和月末库存商品的成本如何计算?

【业务解析】

(1) 销售毛利=6 700×25%=1 675(万元)

本月销售成本=6 700-1 675=5 025(万元)

月末库存商品成本=1 300+8 000-5 025=4 275(万元)

(2) 编制会计分录如下:

借:主营业务成本　5 025
　贷:库存商品　5 025

2.5 委托加工物资的核算

任务目标	
知识目标	• 能说出委托加工物资的定义 • 能理解委托加工物资的内容、核算范围 • 能掌握委托加工物资核算账户的设置
能力目标	• 能计算委托加工物资的实际成本 • 能根据经济业务进行委托加工物资业务的会计核算

2.5.1 认识委托加工物资

2.5.1.1 委托加工物资的内容和成本

委托加工物资是指由委托方提供原料和主要材料，委托其他单位加工的材料物资。委托其他单位加工物资时，受托方只收取手续费和代垫部分辅助材料费。

企业委托其他单位加工的物资，其实际成本应包括如下内容：

(1) 加工中耗用材料物资的实际成本。

(2) 支付的加工费用。

(3) 支付加工物资的往返运杂费。

一般地，增值税一般纳税人企业为委托加工物资支付的增值税不属于委托加工物资成本，应作为进项税额抵扣。但是，凡属加工物资用于非应纳增值税(或用于免税)项目的，以及未取得增值税专用发票的一般纳税人企业和小规模纳税人企业的加工物资，应将支付的增值税额计入加工物资的成本。

需要缴纳消费税的委托加工应税消费品，其由受托方代扣代缴的消费税应区别情况处理：

第一，委托加工的物资收回后直接用于销售的，委托方应将受托方代扣代缴的消费税计入委托加工物资的成本。

第二，委托加工的物资收回后用于连续生产应税消费品的，委托方应按准予抵扣的受托方代扣代缴的消费税额，记入“应交税费——应交消费税”借方，不得列入委托加工应税消费品的成本，待该委托加工物资连续生产完工并销售后，抵减其应缴纳的消费税。

2.5.1.2 委托加工物资的账务处理

为了反映和监督委托加工物资增减变动及其结存情况，企业应当设置“委托加工物资”账户。本账户借方登记委托加工物资的实际成本、支付的加工费、应负担的运杂费和应计入委托加工物资成本的各种税金等；贷方登记加工完成验收入库的物资的实际成本和剩余物资的实际成本；期末余额在借方，反映企业尚未完工的委托加工物资的实际成本等。委托加工物资也可以采用计划成本或售价进行核算，其方法与库存商品核算方法相似。账户对应关系如图表 2-31 所示。

图表 2-31　　账户对应关系

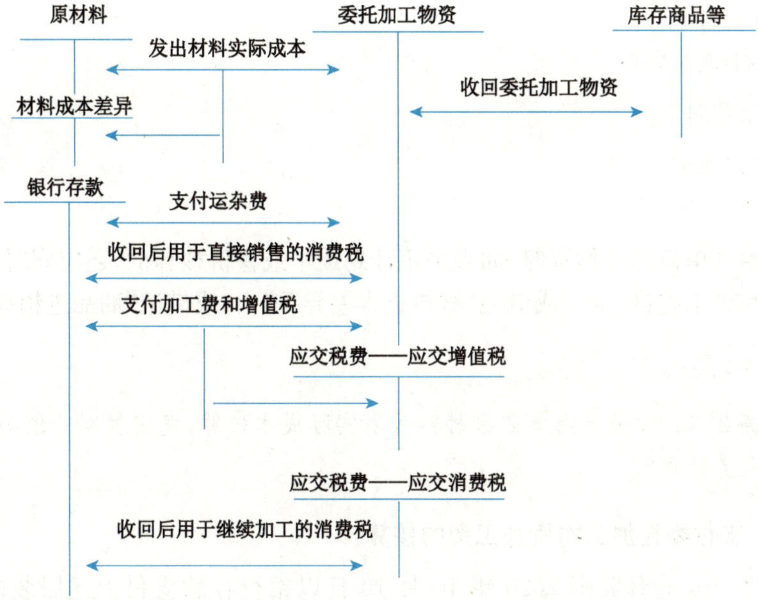

2.5.2 委托加工物资的核算

业务 2-30　发出委托加工物资的核算

上海美阳 2020 年 10 月 8 日接到一份 200 套工装订单，但是由于设备生产能力有限，决定委托江苏天天服装厂加工该批货物。10 月 9 日，发出材料的计划成本为 70 000 元，材料成本差异率为 4%，以银行存款支付运杂费 2 200 元。假定不考虑相关税费。问上海美阳应如何进行会计核算？

【业务解析】

(1) 取得原始凭证"出库单"，如图表 2-32 所示。

图表 2-32　　出　库　单

收货单位：江苏天天服装厂　　2020 年 10 月 9 日　　金额单位：元

编号	种类	名称	规格	型号	出库数量	单位	单价	成本总额
	原料	原料 A			3 500	米	20.00	70 000.00
备注						合计		70 000.00

主管：　　记账：　　验收：　　制单：方圆

(2) 编制会计分录如下：

发出材料时：

借：委托加工物资　　　　72 800
　　贷：原材料　　　　70 000
　　　　材料成本差异　　　　2 800

支付运杂费时：

借：委托加工物资　　　　2 200
　　贷：银行存款　　　　2 200

企业发给外单位加工物资时，如果采用计划成本或售价核算的，还应同时结转材料成本差异或商品进销差价，贷记或借记“材料成本差异”账户，或借记“商品进销差价”账户。

思考与练习 2-9

根据业务 2-30，如果上海美阳原材料采用实际成本核算，发出材料价值 70 000 元，则应如何进行业务处理？

业务 2-31　支付委托加工物资加工费的核算

承业务 2-30，上海美阳 2020 年 10 月 10 日以银行存款支付上述服装的加工费用 20 000 元，假定不考虑相关税费。问上海美阳应如何进行会计核算？

【业务解析】

(1) 委托加工物资支付的加工费计入委托加工物资成本。

银行电汇凭证如图表 2-33 所示。

图表 2-33　中国工商银行 银行电汇凭证(回单)　NO. 10018571

汇款人	全　称	上海美阳服装有限公司	收款人	全　称	江苏天天服装厂
	账　号	6222021002907340000		账　号	622034818709800682
	汇出地点	省　上海　市/县		汇入地点	江苏　省　南京　市/县
汇出行名称		工行上海分行奉贤支行	汇入行名称		农行南京雨花台支行
金额	人民币(大写)	贰万元整		百 十 万 千 百 十 元 角 分	¥ 2 0 0 0 0 0 0
汇出行签章		中国工商银行 2020.10.10 转讫	支付密码		
			附加信息及用途：支付加工费		复核：　记账：

(2) 编制会计分录如下：

借：委托加工物资　　　　20 000
　　贷：银行存款　　　　20 000

业务 2-32 委托加工物资完工验收入库的核算

承业务 2-30 和业务 2-31，2020 年 10 月 20 日上海美阳收回由江苏天天服装厂代加工的 200 套服装，以银行存款支付运杂费 2 500 元。该服装已验收入库，计划单位成本为 550 元/套，计划总成本为 110 000 元。问上海美阳应如何进行会计核算？

【业务解析】

(1) 取得原始凭证"入库单"，如图表 2-34 所示。

图表 2-34　　入 库 单

供货单位：江苏天天服装厂　　2020 年 10 月 20 日　　金额单位：元

编号	种类	名称	规格	型号	入库数量	单位	单价	成本总额
	商品	服装			200	套	550	110 000
备注						合计		110 000

主管：罗长斌　　记账：李芸　　验收：高山　　制单：方圆

(2) 编制会计分录如下：

支付运杂费时：

借：委托加工物资　　2 500
　贷：银行存款　　2 500

服装入库时：

借：库存商品　　110 000
　贷：委托加工物资　　97 500
　　材料成本差异　　12 500

本例中，加工完成的委托加工物资的实际成本为 97 500 元[(72 800+2 200)+20 000+2 500]，计划成本为 110 000 元，成本差异为−12 500 元(97 500−110 000)。

业务 2-33 委托加工物资属于应税消费品的核算

甲公司委托丁公司加工材料一批(属于应税消费品)100 000 件，1 月 20 日，发出材料一批，计划成本为 6 000 000 元，材料成本差异率为−3%。2 月 20 日，支付加工费120 000 元，支付应当缴纳的消费税 660 000 元，该材料收回后用于连续生产，消费税可抵扣。甲公司和丁公司均为一般纳税人企业，适用增值税税率为 13%。3 月 4 日，用银行存款支付往返运费 10 000 元，适用增值税税率为 9%。3 月 5 日，上述商品 100 000 件(每件计划成本为 65 元)加工完毕，甲公司已办理验收入库手续。问甲公司应如何进行会计核算？

【业务解析】

发出委托加工材料时：

借：委托加工物资　　6 000 000
　贷：原材料　　6 000 000

转发出材料应分摊的材料成本差异时：

借：材料成本差异　　180 000
　　贷：委托加工物资　　180 000

支付加工费、消费税时：

借：委托加工物资　　120 000
　　应交税费——应交消费税　　660 000
　　　　——应交增值税(进项税额)　　15 600
　　贷：银行存款　　795 600

用银行存款支付往返运费时：

借：委托加工物资　　10 000
　　应交税费——应交增值税(进项税额)　　900
　　贷：银行存款　　10 900

办理验收入库时：

借：原材料　　6 500 000
　　贷：委托加工物资　　5 950 000
　　　　材料成本差异　　550 000

本例中，加工完成的委托加工物资的实际成本为 5 950 000 元[(6 000 000－180 000)＋120 000＋10 000]，计划成本为 6 500 000 元(100 000×65)，材料成本差异为－550 000 元(5 950 000－6 500 000)(节约额)。

思考与练习 2-10

根据业务 2-33，如果甲公司将委托加工物资收回后直接用于销售，应如何进行会计核算？

2.6　存货清查的核算

任务目标	
知识目标	• 能说出存货清查的概念、意义 • 能理解账实不符的原因、存货清查的方法
能力目标	• 能进行存货盘盈的会计核算 • 能进行存货盘亏、毁损等业务的会计核算

2.6.1　认识存货清查

存货清查是指通过对存货的实地盘点，确定存货的实有数量，并将其与账面结存数核对，从而确定存货实存数与账面结存数是否相符的一种专门方法。

在永续盘存制下，虽然通过存货的明细账，可以随时反映出各种存货的收、发、存情况，但由于存货种类繁多、收发频繁，在日常收发过程中可能发生计量错误、计算错误，在库存管理中，也有可能发生自然损耗、毁损，还可能发生损坏变质以及贪污、盗窃等情况，从而造成存货的实际库存数量与账面结存数量不相符。因此，企业有必要定期或不定期地对存货进行清点，做到实际库存数量与账面结存数量相符。

在实际工作中，需要清查财产来确定财产物资的实际结存数量，并将其与账面结存数核对，账实不符，便形成存货的盘盈、盘亏。对于存货的盘盈、盘亏，应填写存货盘点报告（如实存、账存对比表），及时查明原因，按照规定程序报批处理。

为了反映和监督企业在财产清查中查明的各种存货的盘盈、盘亏和毁损情况，企业应当设置"待处理财产损溢"账户。本账户借方登记存货的盘亏、毁损金额及盘盈的转销金额；贷方登记存货的盘盈金额及盘亏的转销金额。企业清查的各种存货损溢，应在期末结账前处理完毕，期末处理后，"待处理财产损溢"账户应无余额。

2.6.1.1　存货清查种类

(1) 按清查范围可分为全面清查和局部清查。①全面清查，是指在年终结账前和企业关、停、并、转，开展清产核资时，对企业全部存货所进行的盘点和核对。②局部清查，是指根据需要对企业的部分存货所进行的盘点和核对。

(2) 按清查时间可分为定期清查和不定期清查。①定期清查，是指按预先确定的或制度要求的时间对存货进行的盘点和核对。②不定期清查，是指根据需要对存货进行的临时性的盘点和核对。

(3) 按参加清查的人员可分为专业清查、群众清查和联合清查。①专业人员清查是指由有关存货的责任和财会人员组成清查组的清查。②非上述人员的清查是指群众清查。③两者共同完成的清查为联合清查。

存货清查一般可分为事前准备、事中清查和事后处理三个阶段。

2.6.1.2　存货清查的方法

由于存货的实物形态、体积重量、堆放方式、存放地点等不尽相同，在清查中采用的方法也会不同，比较常用的方法有以下三种：

(1) 实地盘存法。它是指通过点数、过磅、测量、计算等方法点清存货的数量，并鉴定其质量的方法。

(2) 抽样评估法。它是指对于大堆、笨重和价廉的存货，如露天堆放的沙石、煤炭等，不便于点磅过数的，可以在抽样盘点的基础上进行评估的方法。

(3) 技术测定法。它是指通过技术推算确定实存数量的一种方法。对有些价值低、数量大的物资，如露天堆放的原煤、沙石等，不便于逐一过磅、点数的，可以在抽样盘点的基础上进行技术测定，从而确定其实存数量。

2.6.1.3　存货的盘存制度

存货计量的正确与否，取决于存货计量方法的选择和存货数量的确定。存货的数量通过盘存来确定，常用的盘存制度有两种：永续盘存制和实地盘存制。

1. 永续盘存制

永续盘存制也称账面盘存制，是指平时在存货明细账上既反映各种存货的收入数量和金额，也反映各种存货的发出数量和金额，并随时可以结出存货结存数量和金额的一种方法。采用这种方法时，为使账面数额与实际库存数额保持一致，需定期或不定期地进行实地盘点。

具体计算公式如下：

期末结存存货数额＝期初存货数额＋本期收入存货数额－本期发出存货数额

2. 实地盘存制

实地盘存制也称定期盘存制度，是指企业平时只在存货明细账中登记存货收入的数量和金额，不计发出数量，期末通过实地盘点确定存货的实际结存数量，然后倒计出本期发出存货数量和金额的一种方法，即以存计销、以存计耗。该盘存方法无法随时提供存货收、发、存情况，浪费、盗窃和自然损耗易隐藏在存货发出成本中。

具体计算公式如下：

本期发出存货数额＝期初存货数额＋本期收入存货数额－期末结存存货数额

2.6.2 存货清查的核算

业务 2-34 存货盘盈的核算

上海美阳在财产清查中盘盈 J 材料 1 000 米，实际单位成本为 60 元。经查，属于材料收发计量方面的错误。问上海美阳应如何进行会计核算？

【业务解析】

(1) 取得原始凭证"实存账存对比表"，如图表 2-35 所示。

图表 2-35　实存账存对比表　金额单位：元

实存			账面		
名称	数量(米)	金额	数量(米)	单价	金额
J 材料	15 000	900 000	14 000	60	840 000
合计		900 000			840 000

(2) 编制会计分录如下：

批准处理前：

借：原材料　　60 000
　　贷：待处理财产损溢　　60 000

批准处理后：

借：待处理财产损溢　　60 000
　　贷：管理费用　　60 000

业务 2-35 存货盘亏的核算

业务 2-35-1 上海美阳在财产清查中发现盘亏 K 材料 50 千克，实际单位成本为 200

元，相关增值税税率为13%。经查，属于材料保管员的过失造成，由材料保管员张亮个人赔偿8 000元。问上海美阳应如何进行会计核算？

【业务解析】

(1) 取得原始凭证“实存账存对比表”，如图表2-36所示。

图表2-36　　实存账存对比表　　金额单位：元

	实存		账面		
名称	数量(千克)	金额	数量(千克)	单价	金额
K材料	50	10 000	100	200	20 000
合计		10 000			20 000

(2) 编制会计分录如下：

批准处理前：

借：待处理财产损溢　　11 300
　贷：原材料　　10 000
　　应交税费——应交增值税(进项税额转出)　　1 300

批准处理后：

借：其他应收款——张亮　　8 000
　管理费用　　3 300
　贷：待处理财产损溢　　11 300

业务2-35-2　甲公司因台风造成一批库存材料毁损，实际成本为70 000元。根据保险责任范围及保险合同规定，应由保险公司赔偿50 000元。相关增值税税率为13%。问甲公司应如何进行会计核算？

【业务解析】

(1) 该业务属于自然原因造成的存货毁损业务。

(2) 编制会计分录如下：

批准处理前：

借：待处理财产损溢　　70 000
　贷：原材料　　70 000

批准处理后：

借：其他应收款　　50 000
　营业外支出——非常损失　　20 000
　贷：待处理财产损溢　　70 000

值得注意的是由于自然灾害导致的库存材料毁损，其进项税额可以抵扣，不需要转出。

2.7 存货岗位的电算化操作

2.7.1 存货核算岗位功能简介

存货核算系统主要针对企业存货的收、发、存业务进行核算，掌握存货的耗用情况，及时准确地把各类存货成本归集到各成本项目和成本对象上，为企业的成本核算提供基础数据。

存货核算系统的主要功能包括：存货出入库成本的核算、暂估入库业务处理、出入库成本的调整、存货跌价准备的处理等。

2.7.2 存货核算系统与其他系统的数据关系

存货核算系统与其他系统的数据关系如图表 2-37 所示。

图表 2-37 存货核算系统与其他系统的数据关系

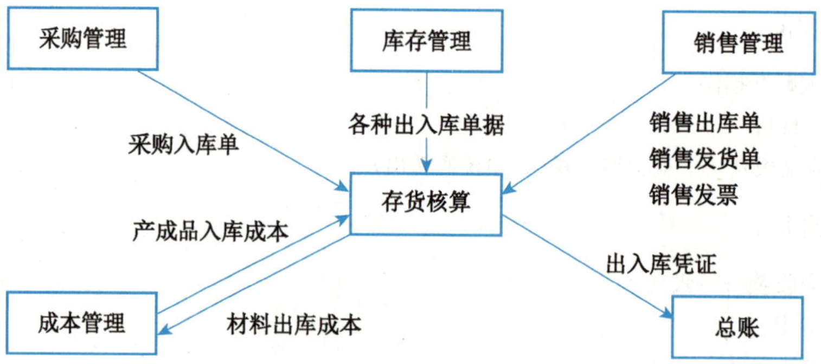

2.7.3 存货核算日常业务任务实施

【任务一】 入库业务处理

入库业务

(1) 采购入库。采购入库单在库存管理系统中录入，在存货核算系统中可以修改采购入库单上的入库金额，采购入库单上“数量”的修改只能在该单据填制的系统进行。

(2) 产成品入库。产成品入库单在填制时一般只填写数量，单价与金额既可以通过修改产成品入库单直接填入，也可以由存货核算系统的产成品成本分配功能自动计算填入。

(3) 其他入库。大部分其他入库单都是由相关业务直接生成的，如果与库存管理系统集成使用，可以通过修改其他入库单的操作，对盘盈入库业务生成的其他入库单的单价进行输入或修改。

【任务二】 出库业务处理

出库业务

(1) 销售出库。

(2) 材料领用出库。

(3) 其他出库。

(4) 在存货核算系统可以修改出库单据上的单价或金额。

【任务三】 生成凭证

(1) 在存货核算系统中,可以将各种出入库单据中涉及存货增减和价值变动的单据生成凭证传递到总账。

(2) 对比较规范的业务,在存货核算系统的初始设置中可以事先设置好凭证上的存货账户和对方账户,系统将自动采用这些账户生成相应的出入库凭证,并传送到总账。

【任务四】 月末处理

1. 期末处理

当存货核算系统日常业务全部完成后,进行期末处理,系统自动计算全月平均单价及本会计月出库成本,自动计算差异率(差价率)以及本会计月的分摊差异/差价,并对已完成日常业务的仓库/部门做处理标志。

2. 与总账对账

为保证业务与财务数据的一致性,需要进行对账。将存货核算系统记录的存货明细账数据与总账系统存货账户和差异账户的结存金额和数量进行核对。

3. 期末结账

存货核算系统期末处理完成后,就可以进行月末结账。如果是集成应用模式,必须在采购管理、销售管理、库存管理全部结账后,存货核算系统才能结账。

项目小结

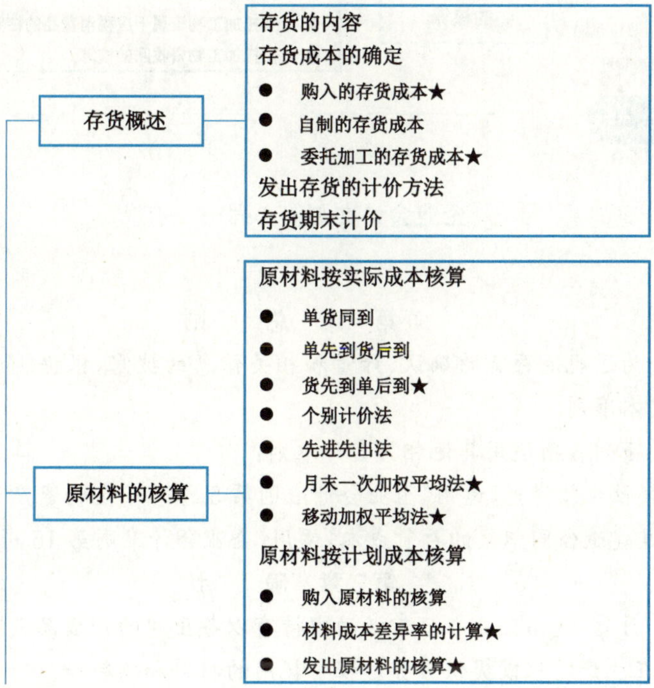

- 存货会计岗位核算
  - 周转材料的核算
    - 包装物的核算
      - 包装物购进
      - 生产领用包装物
      - 销售领用包装物★
      - 出租、出借包装物★
      - 包装物的摊销
      - 包装物的报废
    - 低值易耗品的核算
      - 低值易耗品购进
      - 低值易耗品领用和摊销★
      - 低值易耗品修理
      - 低值易耗品报废
  - 库存商品的核算
    - 工业企业的会计核算
      - 产成品入库
      - 产品销售/结转成本
    - 商品流通企业的会计核算
      - 毛利率法★
      - 售价金额法★
  - 委托加工物资的核算
    - 发出加工材料的核算
    - 支付加工费的核算
    - 委托加工物资属于应税消费品的核算★
    - 委托加工物资收回的核算

补充阅读

企业会计准则第 1 号——存货

第一章 总 则

第一条 为了规范存货的确认、计量和相关信息的披露，根据《企业会计准则——基本准则》，制定本准则。

第二条 下列各项适用其他相关会计准则：

（一）消耗性生物资产，适用《企业会计准则第 5 号——生物资产》。

（二）通过建造合同归集的存货成本，适用《企业会计准则第 15 号——建造合同》。

第二章 确 认

第三条 存货，是指企业在日常活动中持有以备出售的产成品或商品、处在生产过程中的在产品、在生产过程或提供劳务过程中耗用的材料和物料等。

第四条 存货同时满足下列条件的，才能予以确认：

（一）与该存货有关的经济利益很可能流入企业。

(二) 该存货的成本能够可靠地计量。

第三章 计 量

第五条 存货应当按照成本进行初始计量。存货成本包括采购成本、加工成本和其他成本。

第六条 存货的采购成本,包括购买价款、相关税费、运输费、装卸费、保险费以及其他可归属于存货采购成本的费用。

第七条 存货的加工成本,包括直接人工以及按照一定方法分配的制造费用。制造费用,是指企业为生产产品和提供劳务而发生的各项间接费用。企业应当根据制造费用的性质,合理地选择制造费用分配方法。在同一生产过程中,同时生产两种或两种以上的产品,并且每种产品的加工成本不能直接区分的,其加工成本应当按照合理的方法在各种产品之间进行分配。

第八条 存货的其他成本,是指除采购成本、加工成本以外的,使存货达到目前场所和状态所发生的其他支出。

第九条 下列费用应当在发生时确认为当期损益,不计入存货成本:

(一) 非正常消耗的直接材料、直接人工和制造费用。

(二) 仓储费用(不包括在生产过程中为达到下一个生产阶段所必需的费用)。

(三) 不能归属于使存货达到目前场所和状态的其他支出。

第十条 应计入存货成本的借款费用,按照《企业会计准则第 17 号——借款费用》处理。

第十一条 投资者投入存货的成本,应当按照投资合同或协议约定的价值确定,但合同或协议约定价值不公允的除外。

第十二条 收获时农产品的成本、非货币性资产交换、债务重组和企业合并取得的存货的成本,应当分别按照《企业会计准则第 5 号——生物资产》《企业会计准则第 7 号——非货币性资产交换》《企业会计准则第 12 号——债务重组》和《企业会计准则第 20 号——企业合并》确定。

第十三条 企业提供劳务的,所发生的从事劳务提供人员的直接人工和其他直接费用以及可归属的间接费用,计入存货成本。

第十四条 企业应当采用先进先出法、加权平均法或者个别计价法确定发出存货的实际成本。对于性质和用途相似的存货,应当采用相同的成本计算方法确定发出存货的成本。对于不能替代使用的存货、为特定项目专门购入或制造的存货以及提供的劳务,通常采用个别计价法确定发出存货的成本。对于已售存货,应当将其成本结转为当期损益,相应的存货跌价准备也应当予以结转。

第十五条 资产负债表日,存货应当按照成本与可变现净值孰低计量。存货成本高于其可变现净值的,应当计提存货跌价准备,计入当期损益。可变现净值,是指在日常活动中,存货的估计售价减去至完工时估计将要发生的成本、估计的销售费用以及相关税费后的金额。

第十六条 企业确定存货的可变现净值,应当以取得的确凿证据为基础,并且考虑持有存货的目的、资产负债表日后事项的影响等因素。为生产而持有的材料等，用其生产的产成品的可变现净值高于成本的，该材料仍然应当按照成本计量；材料价格的下降表明产成品的可变现净值低于成本的，该材料应当按照可变现净值计量。

第十七条 为执行销售合同或者劳务合同而持有的存货，其可变现净值应当以合同价格为基础计算。企业持有存货的数量多于销售合同订购数量的，超出部分的存货的可变现净值应当以一般销售价格为基础计算。

第十八条 企业通常应当按照单个存货项目计提存货跌价准备。对于数量繁多、单价较低的存货，可以按照存货类别计提存货跌价准备。与在同一地区生产和销售的产品系列相关、具有相同或类似最终用途或目的，且难以与其他项目分开计量的存货，可以合并计提存货跌价准备。

第十九条 资产负债表日，企业应当确定存货的可变现净值。以前减记存货价值的影响因素已经消失的，减记的金额应当予以恢复，并在原已计提的存货跌价准备金额内转回，转回的金额计入当期损益。

第二十条 企业应当采用一次转销法或者五五摊销法对低值易耗品和包装物进行摊销，计入相关资产的成本或者当期损益。

第二十一条 企业发生的存货毁损，应当将处置收入扣除账面价值和相关税费后的金额计入当期损益。存货的账面价值是存货成本扣减累计跌价准备后的金额。存货盘亏造成的损失，应当计入当期损益。

第四章 披　　露

第二十二条 企业应当在附注中披露与存货有关的下列信息：

（一）各类存货的期初和期末账面价值。

（二）确定发出存货成本所采用的方法。

（三）存货可变现净值的确定依据，存货跌价准备的计提方法，当期计提的存货跌价准备的金额，当期转回的存货跌价准备的金额，以及计提和转回的有关情况。

（四）用于担保的存货账面价值。

小企业会计准则(节选)

第二章 资　　产

第一节 流 动 资 产

第十一条 存货，是指小企业在日常生产经营过程中持有以备出售的产成品或商品、处在生产过程中的在产品、将在生产过程或提供劳务过程中耗用的材料和物料等，以及小企业(农、林、牧、渔业)为出售而持有的、或在将来收获为农产品的消耗性生物资产。

小企业的存货包括：原材料、在产品、半成品、产成品、商品、周转材料、委托加工物资、消耗性生物资产等。

（一）原材料，是指小企业在生产过程中经加工改变其形态或性质并构成产品主要实体的各种原料及主要材料、辅助材料、外购半成品（外购件）、修理用备件（备品备件）、包装材料、燃料等。

（二）在产品，是指小企业正在制造尚未完工的产品。包括：正在各个生产工序加工的产品，以及已加工完毕但尚未检验或已检验但尚未办理入库手续的产品。

（三）半成品，是指小企业经过一定生产过程并已检验合格交付半成品仓库保管，但尚未制造完工成为产成品，仍需进一步加工的中间产品。

（四）产成品，是指小企业已经完成全部生产过程并已验收入库，

符合标准规格和技术条件，可以按照合同规定的条件送交订货单位，或者可以作为商品对外销售的产品。

（五）商品，是指小企业（批发业、零售业）外购或委托加工完成并已验收入库用于销售的各种商品。

（六）周转材料，是指小企业能够多次使用、逐渐转移其价值但仍保持原有形态且不确认为固定资产的材料。包括：包装物、低值易耗品、小企业（建筑业）的钢模板、木模板、脚手架等。

（七）委托加工物资，是指小企业委托外单位加工的各种材料、商品等物资。

（八）消耗性生物资产，是指小企业（农、林、牧、渔业）生长中的大田作物、蔬菜、用材林以及存栏待售的牲畜等。

第十二条 小企业取得的存货，应当按照成本进行计量。

（一）外购存货的成本包括：购买价款、相关税费、运输费、装卸费、保险费以及在外购存货过程发生的其他直接费用，但不含按照税法规定可以抵扣的增值税进项税额。

（二）通过进一步加工取得存货的成本包括：直接材料、直接人工以及按照一定方法分配的制造费用。

经过1年期以上的制造才能达到预定可销售状态的存货发生的借款费用，也计入存货的成本。

前款所称借款费用，是指小企业因借款而发生的利息及其他相关成本。包括：借款利息、辅助费用以及因外币借款而发生的汇兑差额等。

（三）投资者投入存货的成本，应当按照评估价值确定。

（四）提供劳务的成本包括：与劳务提供直接相关的人工费、材料费和应分摊的间接费用。

（五）自行栽培、营造、繁殖或养殖的消耗性生物资产的成本，应当按照下列规定确定：

1. 自行栽培的大田作物和蔬菜的成本包括：在收获前耗用的种子、肥料、农药等材料费、人工费和应分摊的间接费用。

2. 自行营造的林木类消耗性生物资产的成本包括：郁闭前发生的造林费、抚育费、营林设施费、良种试验费、调查设计费和应分摊的间接费用。

3. 自行繁殖的育肥畜的成本包括：出售前发生的饲料费、人工费和应分摊的间接费用。

4. 水产养殖的动物和植物的成本包括：在出售或入库前耗用的苗种、饲料、肥料等材料费、人工费和应分摊的间接费用。

（六）盘盈存货的成本，应当按照同类或类似存货的市场价格或评估价值确定。

第十三条 小企业应当采用先进先出法、加权平均法或者个别计价法确定发出存货的实际成本。计价方法一经选用，不得随意变更。

对于性质和用途相似的存货，应当采用相同的成本计算方法确定发出存货的成本。

对于不能替代使用的存货、为特定项目专门购入或制造的存货以及提供的劳务，采用个别计价法确定发出存货的成本。

对于周转材料，采用一次转销法进行会计处理，在领用时按其成本计入生产成本或当期损益；金额较大的周转材料，也可以采用分次摊销法进行会计处理。出租或出借周转材料，不需要结转其成本，但应当进行备查登记。

对于已售存货，应当将其成本结转为营业成本。

第十四条 小企业应当根据生产特点和成本管理的要求，选择适合于本企业的成本核算对象、成本项目和成本计算方法。

小企业发生的各项生产费用，应当按照成本核算对象和成本项目分别归集。

（一）属于材料费、人工费等直接费用，直接计入基本生产成本和辅助生产成本。

（二）属于辅助生产车间为生产产品提供的动力等直接费用，可以先作为辅助生产成本进行归集，然后按照合理的方法分配计入基本生产成本；也可以直接计入所生产产品发生的生产成本。

（三）其他间接费用应当作为制造费用进行归集，月度终了，再按一定的分配标准，分配计入有关产品的成本。

第十五条 存货发生毁损，处置收入、可收回的责任人赔偿和保险赔款，扣除其成本、相关税费后的净额，应当计入营业外支出或营业外收入。

盘盈存货实现的收益应当计入营业外收入。

盘亏存货发生的损失应当计入营业外支出。

注：存货岗位涉及内部控制，可通过中华人民共和国财政部网站 http://www.mof.gov.cn/index.htm 进入“政策发布”查找“《企业内部控制规范——基本规范》和 17 项具体规范（征求意见稿）”以及具体规范中“企业内部控制具体规范第××号——存货（征求意见稿）”阅读相关内容。

项目三　固定资产会计岗位核算操作

情境导入

实习生张华在上海凯利有限公司财务部门资金结算岗位与存货岗位已经分别实习了一段时间，这天财务经理告知张华接下来将安排她到固定资产会计岗位实习，并对该岗位作了介绍：

固定资产会计岗位

工作内容：

1. 登记固定资产总分类和明细分类账簿。
2. 审核固定资产增加、转移、处置及对外出租出借等原始凭证。
3. 计提固定资产折旧。
4. 参与固定资产的盘点工作。

……

张华听了财务经理对固定资产岗位的大致介绍，心里揣摩着：不简单啊！看来，我还得好好努力，向前辈们学习，争取在固定资产岗位的实习尽善尽美。

问题：

(1) 你知道固定资产吗，哪些属于固定资产？

(2) 什么是固定资产折旧，如何计算？我们生活中会考虑折旧吗？

(3) 在企业固定资产会计岗位工作，通常需要掌握哪些会计处理方法？

3.1　认识固定资产会计岗位

3.1.1　岗位职责

按制度规定和管理要求，应建立、健全固定资产的管理与核算办法，具体内容如下：

(1) 制定固定资产目录。

(2) 设置固定资产登记簿，填制固定资产卡片，按固定资产类别、使用部门和每项固定资产进行明细核算。

(3) 负责办理有关固定资产购置、转让、报废、毁损等方面的核算工作。

(4) 计算和计提固定资产折旧。

(5) 参与固定资产的清查盘点。

3.1.2 岗位工作基本流程

固定资产岗位基本流程分别如图表 3-1 至图表 3-4 所示。

图表 3-1 固定资产购置基本流程

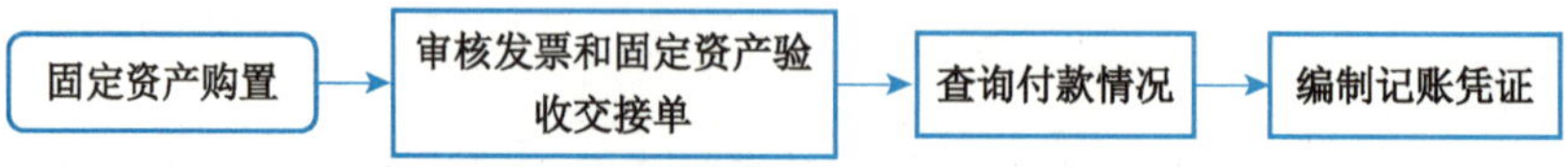

图表 3-2 固定资产折旧基本流程

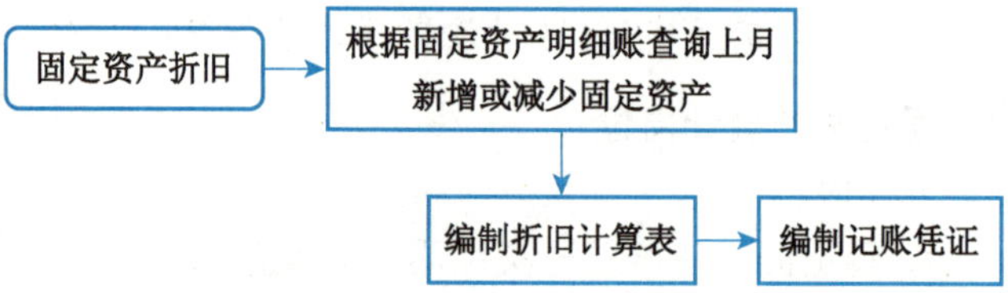

图表 3-3 固定资产盘点基本流程

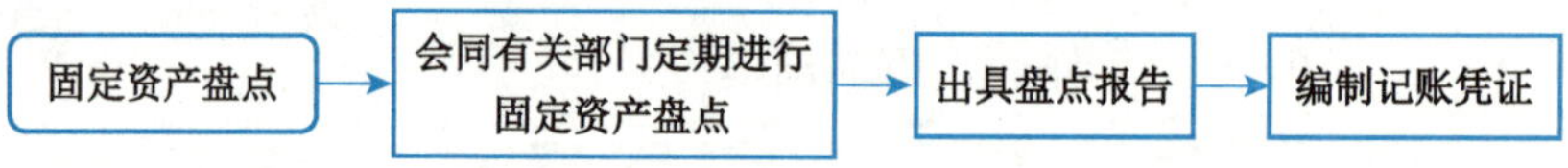

图表 3-4 固定资产清理基本流程

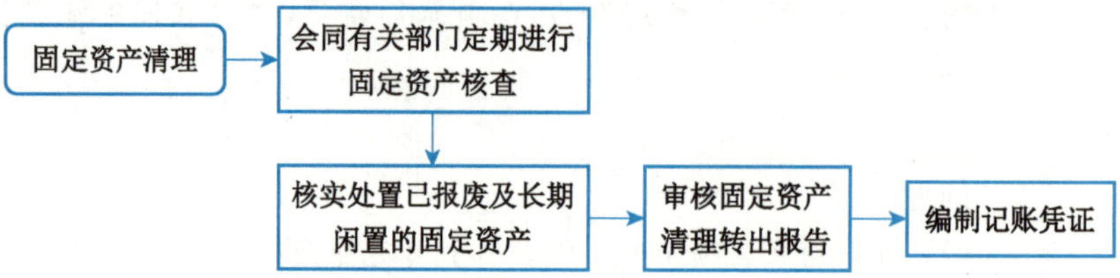

3.2 固定资产概述和初始计量

任务目标	
知识目标	• 能说出固定资产的定义 • 能判断固定资产类别 • 能判别固定资产初始计量范围
能力目标	• 能正确使用“固定资产”账户 • 能正确计算固定资产成本 • 能进行外购固定资产会计核算 • 能进行建造固定资产会计核算

3.2.1　认识固定资产

3.2.1.1　固定资产的概念和特征

固定资产是指为生产商品、提供劳务、出租或经营管理而持有，而且使用寿命超过一个会计年度的有形资产。

作为企业的固定资产应具备以下两个特征：

(1) 企业持有固定资产的目的，是为了生产商品、提供劳务、出租或经营管理的需要，而不像存货是为了对外出售。这一特征是固定资产区别于存货等流动资产的重要标志。此处出租的固定资产是指企业以经营租赁方式出租的机器设备类固定资产。

(2) 企业使用固定资产的期限较长，使用寿命一般超过一个会计年度。这一特征表明企业固定资产属于非流动资产，其给企业带来的收益期超过1年，能在1年以上的时间里为企业创造经济利益。

·知识链接·

固定资产的使用寿命

固定资产的使用寿命，是指企业使用固定资产的预计期间，或者该固定资产所能生产产品或提供劳务的数量。

比如：自用房屋建筑物的使用寿命表现为企业对该建筑物的预计使用年限；对于某机器设备或运输设备等固定资产，其使用寿命表现为以该固定资产所能生产产品或提供劳务的数量，如汽车或飞机等，按其预计行驶或飞行里程估计使用寿命。

3.2.1.2　固定资产的分类

企业的固定资产种类繁多、规格不一。为加强管理，便于组织会计核算，有必要对其进行科学、合理的分类。根据不同的管理需要和核算要求以及不同的分类标准，可以对固定资产进行不同的分类，主要有以下几种分类方法。

1. 按经济用途分类

按固定资产的经济用途分类，可分为生产经营用固定资产和非生产经营用固定资产。

(1) 生产经营用固定资产，是指直接服务于企业生产、经营过程的各种固定资产，如生产经营用的房屋、建筑物、机器、设备、器具、工具等。

(2) 非生产经营用固定资产，是指不直接服务于生产、经营过程的各种固定资产，如职工宿舍等使用的房屋、设备和其他固定资产等。

按照固定资产的经济用途分类，可以归类反映和监督企业生产经营用固定资产和非生产经营用固定资产之间，以及生产经营用各类固定资产之间的组成和变化情况，借以考核和分析企业固定资产的利用情况，促使企业合理地配备固定资产，充分发挥其效用。

2. 综合分类

按固定资产的经济用途和使用情况等综合分类，可把企业的固定资产划分为七大类：

(1) 生产经营用固定资产。

(2) 非生产经营用固定资产。

(3) 租出固定资产(指企业在经营租赁方式下出租给外单位使用的固定资产)。

(4) 不需用固定资产。

(5) 未使用固定资产。

(6) 土地(指过去已经估价单独入账的土地。因征地而支付的补偿费,应计入与土地有关的房屋、建筑物的价值内,不单独作为土地价值入账。企业取得的土地使用权,应作为无形资产管理,不作为固定资产管理)。

(7) 租入固定资产(指企业除短期租赁和低价值资产租赁租入的固定资产,在租赁期内,应视同自有固定资产进行管理)。

由于企业的经营性质不同,经营规模各异,对固定资产的分类不可能完全一致。但在实际工作中,企业大多采用综合分类的方法作为编制固定资产目录、进行固定资产核算的依据。

3.2.1.3 账户设置

为了反映和监督固定资产的取得、计提折旧和处置等情况,企业固定资产核算一般需要设置“固定资产”“累计折旧”“在建工程”“工程物资”“固定资产清理”等账户。

“固定资产”账户核算企业固定资产的原价,为资产类账户。本账户借方登记企业增加的固定资产原价;贷方登记企业减少的固定资产原价;期末借方余额,反映企业期末固定资产的账面原价。账户结构如图表 3-5 所示。

图表 3-5 固 定 资 产

借方	贷方
企业增加的固定资产原价	企业减少的固定资产原价
期末余额:期末固定资产的账面原价	

企业应当设置“固定资产登记簿”和“固定资产卡片”,按固定资产类别、使用部门和每项固定资产进行明细核算。

固定资产登记簿如图表 3-6 所示。

图表 3-6 固定资产登记簿格式

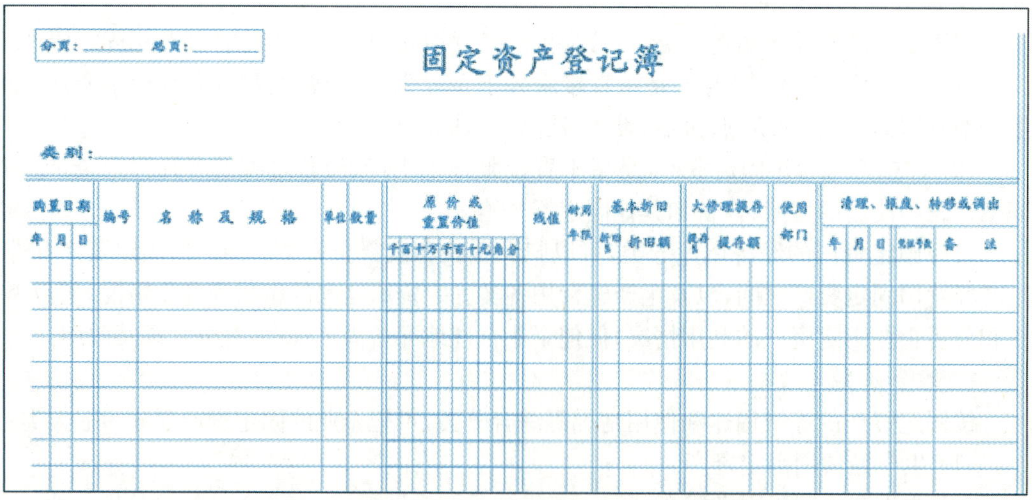

分页:______ 总页:______

固定资产登记簿

类别:______

购置日期			编号	名称及规格	单位	数量	原价或重置价值	残值	耐用年限	基本折旧		大修理提存		使用部门	清理、报废、转移或调出				
年	月	日					千百十万千百十元角分			折旧率	折旧额	提存率	提存额		年	月	日	凭证号数	备注

固定资产卡片如图表 3-7 所示。

图表 3-7 固定资产卡片格式

固定资产卡片 第 号

类别 年 月 日

303-14

编号		名称		新旧程度		财产来源	
牌号		规格		财产原值		保管地点	
数量		特征		来源时间		已使年限	
所属设备							
折旧价格		折旧年限		年折旧额		清理残值	
备注							

（正面）

固定资产折旧记录

单位：元

年度	折旧额	累计额	年度	折旧额	累计额	年度	折旧额	累计额

（背面）

3.2.2 固定资产的初始计量

固定资产的初始计量是指确定固定资产的取得成本。

固定资产应当按照成本进行初始计量。

固定资产的成本，是指企业购建某项固定资产达到预定可使用状态前所发生的一切合理、必要的支出。这些支出包括直接发生的价款、相关税费、运杂费、包装费和安装成本等；也包括间接发生的，如应承担的借款利息、外币借款折算差额以及应分摊的其他间接费用。

2009 年 1 月 1 日增值税转型改革后，企业购建（包括购进、接受捐赠、实物投资、自建、改扩建和安装）生产用固定资产发生的增值税进项税额可以从进项税额中抵扣。因此，上述相关税费中不包括允许抵扣的增值税进项税额。

·知识链接·

预定可使用状态

固定资产达到预定可使用状态是指资产已经达到购买方或建造方预定的可使用状态。具体可从以下几个方面判断：

(1) 固定资产的实体建造（包括安装）工作已经全部完成或者实质上已经完成。

(2) 所购建的固定资产与设计要求或合同要求相符或基本相符，即使有极个别与设计或合同要求不相符的地方，也不影响其正常使用。

(3) 继续发生在所购建固定资产上的支出金额很少或几乎不再发生。

企业取得固定资产的方式一般包括购买、自行建造、租入、接受投资等，取得方式不同，初始计量的方法也各不相同。

3.2.2.1 外购固定资产

企业外购的固定资产，应按实际支付的购买价款、相关税费、使固定资产达到预定可使用状态前所发生的可归属于该项资产的运输费、装卸费、安装费和专业人员服务费等，作为固定资产的取得成本。

外购固定资产是否达到预定可使用状态，需要根据具体情况进行分析判断。如果购入不需安装的固定资产，购入后即可发挥作用，则购入后即可达到预定可使用状态。如果购入需安装的固定资产，只有在安装调试后达到设计要求或合同规定的标准，才能达到预定可使用状态。

1. 购入不需要安装的固定资产

企业购入不需要安装的固定资产，应按实际支付的购买价款、相关税费以及使固定资产达到预定可使用状态前所发生的可归属于该项资产的运输费、装卸费和专业人员服务费等，作为固定资产成本，借记“固定资产”账户，贷记“银行存款”等账户。

若企业为增值税一般纳税人，则企业购进机器设备等固定资产的进项税额不纳入固定资产成本核算，可以在销项税额中抵扣，借记“应交税费——应交增值税（进项税额）”账户，贷记“银行存款”账户。

业务 3-1 购入不需要安装固定资产

2020 年 12 月 9 日，上海凯利有限公司购入一台不需要安装即可投入使用的复印机，取得的增值税专用发票上注明的价款为 50 000 元，增值税额为 6 500 元；另发生包装费 700 元，增值税税额为 42 元；款项均以银行存款支付。假设该公司属于增值税一般纳税人，增值税进项税额可以在销项税额中抵扣，不纳入固定资产成本核算。问上海凯利有限公司应如何进行会计核算？

【业务解析】

(1) 固定资产成本＝购买价款＋包装费

＝50 000＋700＝50 700(元)

(2) 审核固定资产验收交接单，如图表 3-8 所示。

图表 3-8

固定资产验收交接单

No. 0001234

2020 年 12 月 9 日

金额单位：元

资产名称	规格	计量单位	数量	单价或工程造价	安装费用	其他费用	合计	已提折旧
复印机	S8	台	1	50 700			50 700	
资产来源	购入	制造厂名	万能公司	使用年限	10 年	估计残值	3 200	
合计人民币(大写)伍万零柒佰元整					(小写)￥50 700			

验收人： 接管人： 主管： 会计：

(3) 编制会计分录如下：

借：固定资产 50 700
　　应交税费——应交增值税(进项税额) 6 542
　　贷：银行存款 57 242

2. 购入需要安装的固定资产

购入需要安装的固定资产，应在购入的固定资产取得成本的基础上加上安装调试成本等，作为购入固定资产的成本，先通过“在建工程”账户核算，待安装完毕达到预定可使用状态时，再由“在建工程”账户转入“固定资产”账户。

“在建工程”账户核算企业基建、更新改造等在建工程发生的支出，为资产类账户。本账户借方登记企业各项在建工程的实际支出，贷方登记完工工程转出的成本，期末借方余额反映企业尚未达到预定可使用状态的在建工程的成本。

企业购入固定资产时，按实际支付的购买价款、运输费、装卸费和其他相关税费等，借记“在建工程”账户，贷记“银行存款”等账户；支付安装费用时，借记“在建工程”账户，贷记“银行存款”等账户；安装完毕达到预定可使用状态时，按其实际成本，借记“固定资产”账户，贷记“在建工程”账户。

业务 3-2 购入需要安装固定资产

2020 年 12 月 10 日，上海凯利有限公司购入一台需要安装的生产用机器设备，取得的增值税专用发票上注明的设备价款为 80 000 元，增值税进项税额为 10 400 元；安装设备时，发生安装费 1 000 元，税率 9%，增值税进项税额 90 元；款项均以银行存款支付。假设该公司为增值税一般纳税人，增值税进项税额可以在销项税额中抵扣，不纳入固定资产成本核算。问该台生产用机器设备的成本为多少元？上海凯利有限公司应如何进行会计核算？

【业务解析】

(1) 该台生产用机器设备需要安装，才能达到预定可使用状态，需通过“在建工程”账户核算。

(2) 支付设备价款和增值税，编制会计分录如下：

借：在建工程 80 000
　　应交税费——应交增值税(进项税额) 10 400
　　贷：银行存款 90 400

(3) 支付安装费，编制会计分录如下：

借：在建工程　　1 000
　　应交税费——应交增值税(进项税额)　　90
　　贷：银行存款　　1 090

(4) 固定资产成本＝设备价款＋安装费
＝80 000＋1 000
＝81 000(元)

(5) 设备安装完毕达到预定可使用状态，编制会计分录如下：

借：固定资产　　81 000
　　贷：在建工程　　81 000

思考与练习 3-1

上海欣荣公司用银行存款购入一台需要安装的设备，增值税专用发票上注明的价款为 200 000 元，增值税额为 26 000 元，支付安装费 40 000 元，增值税额为 3 600 元。假设该公司为增值税一般纳税人，增值税进项税额可以在销项税额中抵扣，不纳入固定资产成本核算。问上海欣荣公司应如何进行会计核算？

3.2.2.2 自行建造固定资产

企业自行建造固定资产，应当按照建造该项资产达到预定可使用状态前所发生的必要支出，作为固定资产的成本，包括工程物资成本、人工成本、缴纳的相关税费、应予资本化的借款费用以及应分摊的间接费用等。

自建固定资产应先通过“在建工程”账户核算，工程达到预定可使用状态时，再从“在建工程”账户转入“固定资产”账户。

企业自建固定资产，主要有自营和出包两种方式，由于采用的建设方式不同，其会计处理也不同。

1. 自营方式建造固定资产

自营工程，是指企业自行组织工程物资采购、自行组织施工人员施工的建筑工程和安装工程。

购入工程物资时，借记“工程物资”账户，贷记“银行存款”等账户。

领用工程物资时，借记“在建工程”账户，贷记“工程物资”账户。

在建工程领用本企业原材料时，借记“在建工程”账户，贷记“原材料”等账户。

在建工程领用本企业生产的商品时，借记“在建工程”账户，贷记“库存商品”等账户。

自营工程发生的其他费用(如分配工程人员工资等)，借记“在建工程”账户，贷记“银行存款”“应付职工薪酬”等账户。

自营工程达到预定可使用状态时，按其成本，借记“固定资产”账户，贷记“在建工程”账户。

“工程物资”账户核算企业为在建工程而准备的各种物资的实际成本，为资产类账户。本账户借方登记企业购入工程物资的成本；贷方登记领用工程物资的成本；期末借方余额反映企业为在建工程准备的各种物资的成本。

业务 3-3 自营工程

上海凯利有限公司自建仓库一幢，购入为工程准备的各种物资 600 000 元，支付的增值税额为 78 000 元，全部用于工程建设。领用本企业生产的建筑材料一批，实际成本为 80 000 元。工程人员应计工资 120 000 元，支付工程其他费用 30 000 元，无增值税专用发票。工程完工并达到预定可使用状态。问该仓库的成本为多少元？上海凯利有限公司应如何进行会计核算？

【业务解析】

(1) 购入工程物资，编制会计分录如下：

借：工程物资	600 000	
应交税费——应交增值税(进项税额)	78 000	
贷：银行存款		678 000

(2) 工程领用工程物资，编制会计分录如下：

借：在建工程	600 000	
贷：工程物资		600 000

(3) 工程领用本企业生产的建筑材料，编制会计分录如下：

借：在建工程	80 000	
贷：库存商品		80 000

提示：2019 年 4 月 1 日起，为深化增值税改革，相关业务处理政策调整。

(4) 分配工程人员工资，编制会计分录如下：

借：在建工程	120 000	
贷：应付职工薪酬		120 000

(5) 支付工程发生的其他费用，编制会计分录如下：

借：在建工程	30 000	
贷：银行存款		30 000

(6) 工程完工转入固定资产的成本
　＝600 000＋80 000＋120 000＋30 000
　＝830 000(元)

(7) 工程完工达到预定可使用状态，编制会计分录如下：

借：固定资产	830 000	
贷：在建工程		830 000

思考与练习 3-2

上海华业公司自营建造楼房一幢，购入工程所需物资一批，含增值税价款共计 226 000元，全部用于工程建设。以银行存款支付各项工程款 50 000 元。工程完工并达到预定可使用状态。问上海华业公司如何进行会计核算？

2. 出包方式建造固定资产

出包工程是指企业通过招标方式将工程项目发包给建造承包商，由建造承包商组织施工的建筑工程和安装工程。

企业采用出包方式进行的固定资产工程，其工程的具体支出主要由建造承包商核算。在这种方式下，“在建工程”账户主要是反映企业与建造承包商办理工程价款结算的情况，企业支付给建造承包商的工程价款作为工程成本，通过“在建工程”账户核算。

企业按合理估计的发包工程进度和合同规定向建造承包商结算的进度款，借记“在建工程”账户，贷记“银行存款”等账户。

工程完成时，按合同规定补付的工程款，借记“在建工程”账户，贷记“银行存款”等账户。

工程达到预定可使用状态时，按其成本，借记“固定资产”账户，贷记“在建工程”账户。

业务 3-4 出包工程

上海凯利有限公司将一幢办公楼的建造工程出包给大华建筑工程公司承建，按合理估计的发包工程进度和合同规定，向大华建筑工程公司结算进度款 900 000 元，税率 9%。工程完工后，收到大华建筑工程公司有关工程结算单据，补付工程款 700 000 元，税率 9%，工程完工并达到预定可使用状态。试计算工程成本并编制相关会计分录。

【业务解析】

(1) 按合理估计的发包工程进度和合同规定结算进度款，编制会计分录如下：

借：在建工程	900 000	
应交税费——应交增值税(进项税额)	81 000	
贷：银行存款		981 000

(2) 补付工程款，编制会计分录如下：

借：在建工程	700 000	
应交税费——应交增值税(进项税额)	63 000	
贷：银行存款		763 000

(3) 工程完工计算固定资产成本＝900 000＋700 000＝1 600 000(元)

(4) 工程完工达到预定可使用状态，编制会计分录如下：

借：固定资产	1 600 000	
贷：在建工程		1 600 000

3.3 固定资产的后续计量

任务目标	
知识目标	• 能说出固定资产折旧的定义 • 能判断固定资产折旧范围 • 能说出影响固定资产折旧的因素 • 能区别固定资产资本化后续支出与不可资本化后续支出

（续表）

任务目标	
能力目标	• 能正确使用计算方法计算固定资产折旧 • 能进行固定资产折旧账务处理 • 能进行固定资产后续支出会计核算 • 能初步掌握固定资产减值会计核算

3.3.1　固定资产折旧

3.3.1.1　固定资产折旧的概念

固定资产折旧，是指在固定资产使用寿命内，按照确定的方法对应计折旧额进行系统分摊。其中，应计折旧额是指应当计提折旧的固定资产的原价扣除其预计净残值后的金额，已计提减值准备的固定资产，还应当扣除已计提的固定资产减值准备累计金额。

企业应当根据固定资产的性质和使用情况，合理确定固定资产的使用寿命和预计净残值。固定资产的使用寿命、预计净残值一经确定，不得随意变更。

3.3.1.2　影响固定资产折旧的因素

影响折旧的因素主要有以下几个方面。

1. 固定资产原价

它是指固定资产的成本。

2. 预计净残值

它是指假定固定资产预计使用寿命已满并处于使用寿命终了时的预期状态，企业目前从该项资产处置中获得的扣除预计处置费用后的金额。预计净残值预期能够在固定资产使用寿命终了后收回，因此计算折旧时应将其扣除。

$$固定资产预计净残值率=固定资产净残值\div固定资产原值\times100\%$$

固定资产预计净残值率一般在5%～10%之间。

3. 固定资产减值准备

它是指固定资产已计提的固定资产减值准备累计金额。

4. 固定资产的使用寿命

它是指企业使用固定资产的预计期间，或者该固定资产所能生产产品或提供劳务的数量。

企业确定固定资产使用寿命时，应当考虑下列因素：

(1) 该项资产预计生产能力或实物产量。

(2) 该项资产预计有形损耗，如设备使用中发生磨损、房屋建筑物受到自然侵蚀等。

(3) 该项资产预计无形损耗，如因新技术的出现而使现有的资产技术水平相对陈旧、市场需求变化使产品过时等。

(4) 法律或者类似规定对该项资产使用的限制。

·知识链接·

固定资产折旧年限

根据《企业所得税法实施条例》，除国务院财政、税务主管部门另有规定外，固定资产计算折旧的最低年限如下：

(1) 房屋、建筑物，为 20 年。

(2) 飞机、火车、轮船、机器、机械和其他生产设备，为 10 年。

(3) 与生产经营活动有关的器具、工具、家具等，为 5 年。

(4) 飞机、火车、轮船以外的运输工具，为 4 年。

(5) 电子设备，为 3 年。

3.3.1.3 固定资产折旧范围

根据我国《企业会计准则》规定，企业应对所有的固定资产计提折旧；但是，已提足折旧仍继续使用的固定资产和单独计价入账的土地除外。

在确定计提折旧的范围时，还应注意以下几点：

(1) 固定资产应当按月计提折旧。当月增加的固定资产，当月不计提折旧，从次月起计提折旧；当月减少的固定资产，当月仍计提折旧，从次月起不计提折旧。

(2) 固定资产提足折旧后，不论能否继续使用，均不再计提折旧；提前报废的固定资产，也不再补提折旧。所谓提足折旧，是指已经提足该项固定资产的应计折旧额。

(3) 已达到预定可使用状态但尚未办理竣工决算的固定资产，应当按照估计价值确定其成本，并计提折旧；待办理竣工决算后，再按实际成本调整原来的暂估价值，但不需要调整原已计提的折旧额。

3.3.1.4 固定资产折旧方法

企业应当根据与固定资产有关的经济利益的预期实现方式，合理选择固定资产折旧方法。可选用的折旧方法包括年限平均法（又称直线法）、工作量法、双倍余额递减法和年数总和法等。

1. 年限平均法

年限平均法又称直线法，是指将固定资产的应计折旧额均衡地分摊到固定资产预计使用寿命内的一种方法。

年限平均法的计算公式如下：

$$年折旧率=(1-预计净残值率)\div预计使用寿命(年)$$
$$月折旧率=年折旧率\div12$$
$$月折旧额=固定资产原价\times月折旧率$$

采用年限平均法计提固定资产折旧，其特点是将固定资产的应计折旧额均衡地分摊到固定资产预计使用寿命内，采用这种方法计算的每期折旧额是相等的。

业务 3-5 年限平均法计算折旧

上海凯利有限公司公司有一台设备，原价为 300 000 元，预计可使用 10 年，预计报废时的净残值率为 5%。试计算该设备的折旧率和折旧额。

【业务解析】

(1) 该设备的年折旧率＝(1－5%)÷10＝9.5%

(2) 该设备的月折旧率＝9.5%÷12＝0.79%

(3) 该设备的月折旧额＝300 000×0.79%＝2 370(元)

思考与练习 3-3

上海旭华公司有一项固定资产，原值为 100 000 元，预计使用年限为 5 年，预计净残值为 2 000 元。试采用年限平均法计算该项固定资产年折旧额。

2. 工作量法

工作量法是根据实际工作量计算每期应提折旧额的一种方法。

工作量法的基本计算公式如下：

单位工作量折旧额＝[固定资产原价×(1－预计净残值率)]/预计总工作量

某项固定资产月折旧额＝该项固定资产当月工作量×单位工作量折旧额

业务 3-6　工作量法计算折旧

上海凯利有限公司有货运卡车一辆，原价为 150 000 元，预计净残值率为 5%，预计总行驶里程为 300 000 千米，当月行驶里程为 5 000 千米。试计算该项固定资产月折旧额。

【业务解析】

(1) 单位里程折旧额＝150 000×(1－5%)÷300 000＝0.475(元/千米)

(2) 本月折旧额＝5 000×0.475＝2 375(元)

思考与练习 3-4

上海迅达公司的一台机器设备，原价为 680 000 元，预计生产产品产量为 2 000 000 件，预计净残值率为 5%，本月生产产品为 34 000 件。试采用工作量法计算该台机器设备月折旧额。

3. 年数总和法

年数总和法又称年限合计法，是指将固定资产的原价减去预计净残值后的余额，乘以一个逐年递减的分数，计算每年的折旧额的方法。这个分数的分子代表固定资产尚可使用寿命，分母代表固定资产预计使用寿命逐年数字总和。

年数总和法的计算公式如下：

年折旧率＝尚可使用寿命/预计使用寿命的年数总和×100%

年折旧额＝(固定资产原价－预计净残值)×年折旧率

业务 3-7　年数总和法计算折旧

上海凯利有限公司进口一条生产线，安装完毕后固定资产原价为 200 000 元，预计净残值为 2 000 元，预计使用年限 5 年。试计算该生产线各年折旧额。

【业务解析】

该生产线采用年数总和法，计算的各年折旧额如图表 3-9 所示。

图表 3-9 各年折旧额 金额单位:元

年份	尚可使用年限(年)	原值－净残值	年折旧率	年折旧额	月折旧额	累计折旧
1	5	292 000	5/15	66 000	5 500	66 000
2	4	292 000	4/15	52 800	4 400	118 800
3	3	292 000	3/15	39 600	3 300	158 400
4	2	292 000	2/15	26 400	2 200	184 800
5	1	198 000	1/15	13 200	1 100	198 000

每年各月折旧额根据年折旧额除以 12 来计算。

4. 双倍余额递减法

双倍余额递减法是指在不考虑固定资产预计净残值的情况下，根据每期期初固定资产原价减去累计折旧后的余额和双倍的直线法折旧率计算固定资产折旧的一种方法。

双倍余额递减法的计算公式如下：

年折旧率＝2/预计使用寿命(年)×100%

年折旧额＝每年年初固定资产账面净值×年折旧率

业务 3-8 双倍余额递减法计算折旧

根据业务 3-8，试采用双倍余额递减法，计算该生产线的各年折旧额。

【业务解析】

该生产线采用双倍余额递减法，每年折旧额计算如下：

年折旧率＝2/5×100%＝40%

第 1 年应计提的折旧额＝200 000×40%＝80 000(元)

第 2 年应计提的折旧额＝(200 000－80 000)×40%＝48 000(元)

第 3 年应计提的折旧额＝(200 000－80 000－48 000)×40%＝28 800(元)

从第 4 年起改用年限平均法(直线法)计提折旧：

第 4 年、第 5 年的年折旧额＝(200 000－80 000－48 000－28 800－2 000)÷2＝20 600(元)

由于每年年初固定资产净值没有扣除预计净残值，因此，在采用这种方法计算折旧额时必须注意不能使固定资产的净值降低到其预计净残值以下，即采用双倍余额递减法计提折旧的固定资产，通常在其折旧年限到期前 2 年内，将固定资产净值扣除预计净残值后的余额平均摊销。

·知识链接·

固定资产加速折旧法

加速折旧法是指在固定资产使用寿命内，为加速其资本投资回收态势，以递减状态分配其成本的一种方式。

加速折旧法的依据是效用递减，即固定资产的效用随着其使用寿命的缩短而逐渐降低。因此，当固定资产处于较新状态时，效用高，产出也高，而维修费用较低，所取得的现金流量较大；当固定资产处于较旧状态时，效用低，产出也小，而维修费用较高，所取得的现金流量较小。这样，对在用的固定资产应计折旧额和使用年限不变的情况下，在使用初期多计提折旧额，后期少提折旧额，以使所用固定资产磨损的大部分价值能在较前的几个使用期间内收回，保证所耗资产的价值得到及早补偿。

在以上几种固定资产折旧方法中，双倍余额递减法和年数总和法属于加速折旧法。

固定资产的使用寿命、预计净残值和折旧方法复核

企业至少应当于每年年度终了，对固定资产的使用寿命、预计净残值和折旧方法进行复核。使用寿命预计数与原先估计数有差异的，应当调整固定资产使用寿命。预计净残值预计数与原先估计数有差异的，应当调整预计净残值。与固定资产有关的经济利益预期实现方式有重大改变的，应当改变固定资产折旧方法。固定资产使用寿命、预计净残值和折旧方法的改变应当作为会计估计变更进行会计处理。

思考与练习 3-5

上海运达公司某项设备原价为 1 200 000 元，预计使用寿命为 5 年，预计净残值率为 5%。假设公司没有对该机器设备计提固定资产减值准备。试采用年数总和法和双倍余额递减法计算每年折旧额。

3.3.1.5　固定资产折旧的账务处理

固定资产应当按月计提折旧，计提的折旧应当记入“累计折旧”账户，并根据用途计入相关资产的成本或者当期损益。

“累计折旧”账户核算企业固定资产的累计折旧，为资产类账户，属于“固定资产”的调整账户。本账户贷方登记企业计提的固定资产折旧；借方登记处置固定资产转出的累计折旧；期末贷方余额，反映企业固定资产的累计折旧额。

企业自行建造固定资产过程中使用的固定资产，其计提的折旧应计入在建工程成本；基本生产车间所使用的固定资产，其计提的折旧应计入制造费用；管理部门所使用的固定资产，其计提的折旧应计入管理费用；销售部门所使用的固定资产，其计提的折旧应计入销售费用；经营租出的固定资产，其应提的折旧额应计入其他业务成本。

企业计提固定资产折旧时，借记“制造费用”“管理费用”“销售费用”“其他业务成本”等账户，贷记“累计折旧”账户。

业务 3-9　计提折旧的核算

2020 年 12 月 31 日，上海凯利有限公司当月应分配的固定资产折旧额详见固定资产折旧计算表（如图表 3-10 所示）。试编制记账凭证。

图表 3-10　固定资产折旧计算表

2020 年 12 月 31 日　　金额单位：元

车间、部门	生产用固定资产			非生产用固定资产			合　计	
	原值	折旧率	折旧额	原值	折旧率	折旧额	原值	折旧额
生产车间	4 500 000	0.6%	27 000				4 500 000	27 000

（续表）

车间、部门	生产用固定资产			非生产用固定资产			合　计	
	原值	折旧率	折旧额	原值	折旧率	折旧额	原值	折旧额
销售部门				2 600 000	0.5%	13 000	2 600 000	13 000
行政管理部门				3 800 000	0.5%	19 000	3 800 000	19 000
合　计	4 500 000	0.6%	27 000	6 400 000	0.5%	32 000	10 900 000	59 000

审核：　　　　　　会计：　　　　　　制单：

【业务解析】

编制记账凭证如图表 3-11 所示。

图表 3-11　　　　记 账 凭 证　　　　编号：

2020 年 12 月 31 日　　　　附件 1 张

摘　要	一级科目	二级或明细科目	√	借方金额	贷方金额
计提折旧	制造费用			27 000	
	销售费用			13 000	
	管理费用			19 000	
	累计折旧				59 000
合　计				¥59 000	¥59 000

会计主管：　　记账：　　审核：　　出纳：　　制单：

思考与练习 3-6

上海益民公司 2020 年 11 月份管理部门、销售部门应分配的固定资产折旧额为：管理部门房屋建筑物计提折旧 14 900 元，运输工具计提折旧 3 400 元；销售部门房屋建筑物计提折旧 3 700 元，运输工具计提折旧 2 830 元。当月新购置管理用机器设备一台，成本为 6 800 000 元，预计使用寿命为 10 年，该企业同类设备计提折旧采用年限平均法。试编制会计分录。

3.3.2　固定资产的后续支出

固定资产的后续支出是指固定资产在使用过程中发生的更新改造支出、修理费用等。

企业的固定资产投入使用后，由于各个组成部分耐用程度不同或者使用条件不同，往往会发生固定资产的局部损坏。为了保持固定资产的正常运转和使用，充分发挥其使用效能，就必然产生必要的后续支出。

固定资产后续支出的处理原则为：符合固定资产确认条件的，应当计入固定资产成本，同时将被替换部分的账面价值扣除；不符合固定资产确认条件的，应当计入当期损益。

3.3.2.1　可资本化的后续支出

固定资产发生的可资本化的后续支出，应当通过“在建工程”账户核算。

固定资产发生可资本化的后续支出时，企业应将该固定资产的原价、已计提的累计折旧和减值准备转销，将固定资产的账面价值转入在建工程，借记“在建工程”“累计折旧”

“固定资产减值准备”等账户，贷记“固定资产”账户。

发生的可资本化的后续支出，借记“在建工程”账户，发生后续支出取得增值税专用发票的，按其进项税额，借记“应交税费——应交增值税（进项税额）”账户，贷记“银行存款”等账户。

在固定资产发生的后续支出完工并达到预定可使用状态时，借记“固定资产”账户，贷记“在建工程”账户。

业务 3-10　可资本化的后续支出

上海凯利有限公司 2017 年 12 月自行建成一条生产线并投入使用，建造成本为 900 000元，采用年限平均法计提折旧，预计净残值率为 5%，预计使用年限为 6 年。2019 年 12 月 31 日，公司决定对现有生产线进行改扩建，以提高其生产能力，假定该生产线未发生过减值。改扩建过程中发生以下支出：用银行存款购买工程物资一批，增值税专用发票上注明的价款为 200 000 元，增值税额为 26 000 元，已全部用于改扩建工程；发生有关人员薪酬 95 000 元。至 2020 年 6 月 30 日，完成了对这条生产线的改扩建工程，达到预定可使用状态。

【业务解析】

(1) 该生产线改扩建后生产能力大大提高，能够为企业带来更多的经济利益；改扩建的支出金额也能可靠计量。因此，该后续支出符合固定资产的确认条件，应计入固定资产的成本，属于可资本化的后续支出。

(2) 固定资产后续支出发生前：

该条生产线的应计折旧额＝900 000×(1－5%)＝855 000(元)

年折旧额＝855 000÷6＝142 500(元)

2018 年 1 月 1 日至 2019 年 12 月 31 日，2 年间的折旧额为 285 000 元(142 500×2)。

2019 年 12 月 31 日，该生产线的账面价值为 615 000 元(900 000－285 000)。

(3) 2019 年 12 月 31 日，将该生产线的账面价值转入在建工程，编制会计分录如下：

借：在建工程　　615 000
　　累计折旧　　285 000
　　贷：固定资产　　900 000

(4) 发生改扩建工程支出，编制会计分录如下：

借：工程物资　　200 000
　　应交税费——应交增值税(进项税额)　　26 000
　　贷：银行存款　　226 000

借：在建工程　　295 000
　　贷：工程物资　　200 000
　　　　应付职工薪酬　　95 000

(5) 2020 年 6 月 30 日改扩建工程完成，该生产线的入账价值为 910 000 元(615 000＋295 000)。

(6) 该生产线达到预定可使用状态，编制会计分录如下：

借：固定资产　　910 000
　　贷：在建工程　　910 000

思考与练习 3-7

上海卫华公司的一条生产线，原价 880 000 元，累计已提折旧 420 000 元。经研究，对生产线进行扩建，以提高其生产能力。扩建工程历时 3 个月，共发生扩建支出 450 000 元，全部以银行存款支付。扩建工程完工，该条生产线达到预定可使用状态。问上海卫华公司如何进行会计核算？

3.3.2.2 不可资本化的后续支出

一般情况下，固定资产投入使用之后，由于固定资产磨损、各组成部分耐用程度不同，可能会导致固定资产的局部损坏，为了维护固定资产的正常运转和使用，充分发挥其使用效能，企业会对固定资产进行必要的维护。

固定资产的日常维护支出通常不满足固定资产的确认条件，应在发生时直接计入当期损益。

企业生产车间和行政管理部门等发生的固定资产修理费用等后续支出计入管理费用；企业专设销售机构的，其发生的与专设销售机构相关的固定资产修理费用等后续支出，计入销售费用。

固定资产更新改造支出不满足固定资产确认条件的，也应在发生时直接计入当期损益。

业务 3-11 不可资本化的后续支出

2020 年 12 月 18 日，上海凯利有限公司对管理部门使用的设备进行日常修理，发生修理费 3 000 元。试编制会计分录。

【业务解析】

(1) 该修理费是固定资产的日常维护支出，不满足固定资产的确认条件，应在发生时直接计入当期损益。

(2) 编制会计分录如下：

借：管理费用　　3 000
　　贷：银行存款　　3 000

3.4 固定资产的处置

任务目标	
知识目标	• 能判断固定资产不同的处置情况 • 能区别固定资产盘盈与盘亏
能力目标	• 能正确使用“固定资产清理”账户 • 能进行固定资产处置会计核算 • 能进行固定资产清查会计核算

3.4.1 固定资产处置的会计核算

企业在生产经营过程中，可能将不适用或不需用的固定资产对外出售转让，或因磨损、技术进步等原因对固定资产进行报废，或因遭受自然灾害面对毁损的固定资产进行处理。

对于上述事项在进行会计处理时，应当按照规定程序办理有关手续，结转固定资产的账面价值，计算有关的清理收入、清理费用及残料价值等。固定资产的账面价值是固定资产成本扣减累计折旧和累计减值准备后的金额。

固定资产处置一般通过“固定资产清理”账户进行核算。

“固定资产清理”账户核算企业因出售、报废、毁损、对外投资、非货币性资产交换、债务重组等原因转出的固定资产价值以及在清理过程中发生的费用等，为资产类账户，是一个过渡性账户。本账户借方登记转出的固定资产账面价值、清理过程中应支付的相关税费及其他费用；贷方登记固定资产清理收入；期末借方余额，反映企业尚未清理完毕的固定资产清理净损失；期末如为贷方余额，则反映企业尚未清理完毕的固定资产清理净收益。账户结构如图表 3-12 所示。

图表 3-12 固定资产清理

借方	贷方
转出的固定资产账面价值、清理过程中应支付的相关税费及其他费用	固定资产清理收入
期末余额：尚未清理完毕的固定资产清理净损失	期末余额：尚未清理完毕的固定资产清理净收益

企业应当按照被清理的固定资产项目设置明细账，进行明细核算。

固定资产处置的核算具体包括以下几个环节。

(1) 固定资产转入清理。企业因出售、报废、毁损、对外投资、非货币性资产交换、债务重组等转出的固定资产，按该项固定资产的账面价值，借记“固定资产清理”账户；按已计提的累计折旧，借记“累计折旧”账户；按已计提的减值准备，借记“固定资产减值准备”账户；按其账面原价，贷记“固定资产”账户。

(2) 发生的清理费用等。固定资产清理过程中应支付的相关税费及其他费用，借记“固定资产清理”“应交税费——应交增值税(进项税额)”账户，贷记“银行存款”。

(3) 收回出售固定资产的价款、残料价值和变价收入等，借记“银行存款”“原材料”等账户，贷记“固定资产清理”“应交税费——应交增值税(销项税额)”账户。

(4) 保险赔偿等的处理。应由保险公司或过失人赔偿的损失，借记“其他应收款”等账户，贷记“固定资产清理”账户。

(5) 清理净损益的处理。固定资产报废清理完成后，如为借方余额，属于生产经营期间正常的处理损失，借记“营业外支出——非流动资产处置损失”账户，贷记“固定资产清理”账户；属于自然灾害等非正常原因造成的损失，借记“营业外支出——非常损失”账户，贷记“固定资产清理”账户。如为贷方余额，借记“固定资产清理”账户，贷记“营业外收入——非流动资产处置利得”账户。因出售、转让等原因产生的固定资产处置利得或损失计入“资产处置损益”账户，如为处置净损失，借记“资产处置损益”账户，贷记“固定资产清理”账户，如为处置净收益，则反向处理。

业务 3-12 固定资产出售

2020 年 12 月 25 日，上海凯利有限公司出售一台设备，原价为 2 000 000 元，已计提折旧 1 200 000 元，未计提减值准备，实际出售价格为 900 000 元，增值税税率为 13%，款项已存入银行。试编制会计分录。

【业务解析】

（1）将出售固定资产转入清理，编制会计分录如下：

借：固定资产清理	800 000	
累计折旧	1 200 000	
贷：固定资产		2 000 000

（2）收回出售固定资产的价款，编制会计分录如下：

借：银行存款	1 017 000	
贷：固定资产清理		900 000
应交税费——应交增值税（销项税额）		117 000

（3）出售固定资产的净收益＝900 000－800 000＝100 000（元）

（4）结转出售固定资产净收益，编制会计分录如下：

借：固定资产清理	100 000	
贷：资产处置损益		100 000

业务 3-13 固定资产毁损

2020 年 12 月 26 日，上海凯利有限公司因遭受火灾而毁损一座仓库，该仓库原价 450 000元，已计提折旧 150 000 元，未计提减值准备。其残料估计价值 6 000 元，残料已办理入库。发生的清理费用 3 000 元，以银行存款支付。经保险公司核定，应赔偿损失180 000 元，尚未收到赔款。假定不考虑相关税费的影响。问上海凯利有限公司如何进行会计核算？

【业务解析】

（1）将毁损仓库转入清理，编制会计分录如下：

借：固定资产清理	300 000	
累计折旧	150 000	
贷：固定资产		450 000

（2）残料入库，编制会计分录如下：

借：原材料	6 000	
贷：固定资产清理		6 000

（3）支付清理费用，编制会计分录如下：

借：固定资产清理	3 000	
贷：银行存款		3 000

（4）确定应由保险公司理赔的损失，编制会计分录如下：

借：其他应收款　　180 000
　　贷：固定资产清理　　180 000

(5) 毁损仓库清理的净损失＝300 000－6 000＋3 000－180 000＝117 000(元)

(6) 结转毁损仓库清理的净损失，编制会计分录如下：

借：营业外支出——非常损失　　117 000
　　贷：固定资产清理　　117 000

思考与练习 3-8

上海志华公司的一辆运输卡车，原价 150 000 元，已提足折旧 50 000 元。该卡车在一次事故中报废。过失人赔偿 40 000 元，卡车残料变价收入 5 000 元，款项已经存入银行。应由保险公司赔偿的损失为 40 000 元，尚未收到。问上海志华公司如何进行会计核算？

3.4.2　固定资产清查的会计核算

企业应当定期或者至少于每年年末对固定资产进行清查盘点，以保证固定资产核算的真实性，充分挖掘企业现有固定资产的潜力。在固定资产清查过程中，如果发现盘盈、盘亏的固定资产，应当填制固定资产盘盈、盘亏报告表。清查固定资产的损溢，应当及时查明原因，并按照规定程序报批处理。

3.4.2.1　固定资产盘盈

企业在财产清查中盘盈的固定资产，作为前期差错处理。企业在财产清查中盘盈的固定资产，在按管理权限报经批准处理前应先通过“以前年度损益调整”账户核算。盘盈的固定资产，应按重置成本确定其入账价值，借记“固定资产”账户，贷记“以前年度损益调整”账户。

业务 3-14　固定资产盘盈

2020 年 12 月 31 日，上海凯利有限公司在财产清查过程中发现一台设备尚未入账，重置成本为 40 000 元。假定该公司按净利润的 10%提取法定盈余公积，不考虑相关税费及其他因素影响，试编制会计分录。

【业务解析】

(1) 根据我国《企业会计准则》的规定，盘盈的设备作为前期差错进行处理，应通过“以前年度损益调整”账户进行核算。

(2) 编制会计分录如下：

借：固定资产　　40 000
　　贷：以前年度损益调整　　40 000

(3) 结转为留存收益：

借：以前年度损益调整　　40 000
　　贷：盈余公积——法定盈余公积　　4 000
　　　　利润分配——未分配利润　　36 000

3.4.2.2 固定资产盘亏

企业在财产清查中盘亏的固定资产，按照盘亏固定资产的账面价值，借记“待处理财产损溢”账户；按照已计提的累计折旧，借记“累计折旧”账户；按照已计提的减值准备，借记“固定资产减值准备”账户；按照固定资产的原价，贷记“固定资产”账户。

企业按照管理权限报经批准后处理时，按照可收回的保险赔偿或过失人赔偿，借记“其他应收款”账户；按照应计入营业外支出的金额，借记“营业外支出——盘亏损失”账户，贷记“待处理财产损溢”账户。

业务 3-15 固定资产盘亏

2020 年 12 月 31 日，上海凯利有限公司进行财产清查时发现短缺一台笔记本电脑，购入时增值税税额为 1 170 元，详见财产盘点报告单（如图表 3-13 所示），笔记本电脑已计提折旧 7 500 元。试编制会计分录。

图表 3-13 财产盘点报告单

单位名称： 2020 年 12 月 31 日 金额单位：元

财产名称	计量单位	实存	账存	单价	盘盈		盘亏		原因
					数量	金额	数量	金额	
电脑	台	35	36	9 000			1	9 000	管理不善
合计								9 000	

仓库保管员： 盘点人：

【业务解析】

(1) 盘亏固定资产，编制会计分录如下：

借：待处理财产损溢 1 500
　　累计折旧 7 500
　　贷：固定资产 9 000

(2) 转出不可抵扣的进项税额：

借：待处理财产损溢 195
　　贷：应交税费——应交增值税（进项税额转出） 195

根据现行增值税制度规定，如果是固定资产盘亏，应按其账面净值乘以适用税率计算不可抵扣的进项税额，即进项税额转出。

(3) 报经批准转销，编制会计分录如下：

借：营业外支出——盘亏损失 1 695
　　贷：待处理财产损溢 1 695

思考与练习 3-9

上海盛华公司年末对固定资产进行清查时，发现丢失一台冷冻设备。该设备原价

52 000元，已计提折旧 20 000 元，并已计提减值准备 12 000 元。经查，冷冻设备丢失的原因在于保管员看守不当。经批准，由保管员赔偿 5 000 元，收到现金。问上海盛华公司如何进行盘亏设备的会计核算？

3.5　固定资产岗位的信息化处理

3.5.1　固定资产管理功能简介

固定资产是企业正常生产经营的必要条件，正确管理和核算企业的固定资产，对于保护企业资产完整、保证企业再生产资金来源具有重要意义。固定资产核算模块可以帮助企业进行固定资产日常业务的核算和管理，生成固定资产卡片，按月反映固定资产的增加、减少、原值变化及其他变动并输出相应的增减变动明细账，按月自动计提折旧，生成折旧分配凭证，同时输出相关的报表和账簿。

3.5.2　固定资产管理系统的业务流程

业务流程如图表 3-14 所示。

图表 3-14　　固定资产管理系统业务流程

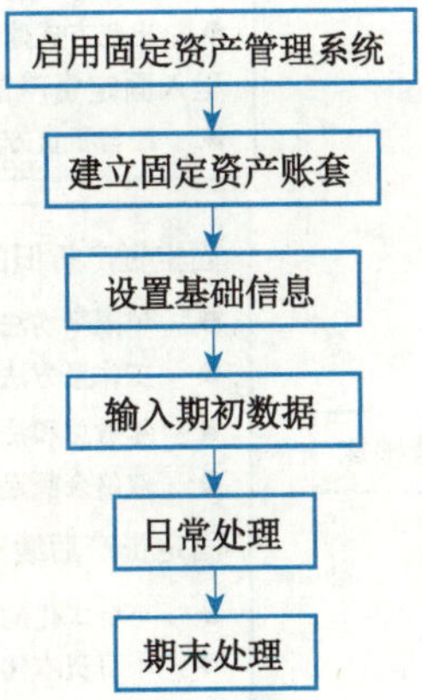

3.5.3　任务实施

建立账套初始化

【任务一】　根据给定资料建立固定资产账套

单击“固定资产”菜单项，在初始化向导的指引下，根据给定资料完成固定资产账套设置。

基础信息设置

【任务二】　根据给定资料完成基础信息设置

执行“业务工作→固定资产→设置”命令，根据给定资料分别完成选项、部门对应折旧科目、资产类别、增减方式等内容。

【任务三】　根据给定资料完成固定资产原始卡片

执行“业务工作→固定资产→卡片→录入原始卡片”命令，单击“确认”按钮，进入“固定资产卡片录入”窗口。根据给定资料完成卡片资料的录入。

原始卡片录入

【任务四】 根据给定资料完成日常业务处理

执行“业务工作→固定资产→卡片→资产增加”命令，单击“确认”按钮，进入“固定资产卡片新增”窗口。根据给定资料完成卡片资料的录入。由于在选项中已经设置了“业务发生后立即制单”，所以录入相应的固定资产卡片后，系统自动生成凭证，选择凭证类别“付”，单击“保存”按钮，凭证上出现“已生成”字样，自动传递到总账系统。以此类推完成固定资产减少或变动业务。

【任务五】 完成计提折旧的操作

执行“固定资产→处理→计提本月折旧”命令，点击凭证，生成计提折旧的凭证，选择凭证类别“转”字，点击“保存”按钮。

计提折旧

项目小结

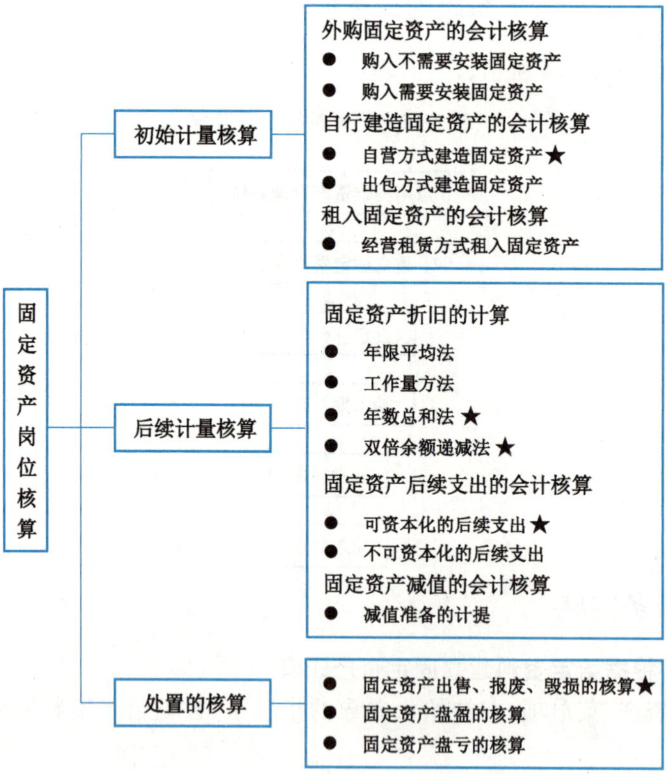

补充阅读

企业会计准则第 4 号——固定资产

第一章　总　　则

第一条　为了规范固定资产的确认、计量和相关信息的披露，根据《企业会计准则——基本准则》，制定本准则。

第二条　下列各项适用其他相关会计准则：

（一）作为投资性房地产的建筑物，适用《企业会计准则第 3 号——投资性房地产》。

（二）生产性生物资产，适用《企业会计准则第 5 号——生物资产》。

第二章　确　　认

第三条　固定资产，是指同时具有下列特征的有形资产：

（一）为生产商品、提供劳务、出租或经营管理而持有的；

（二）使用寿命超过一个会计年度。

使用寿命，是指企业使用固定资产的预计期间，或者该固定资产所能生产产品或提供劳务的数量。

第四条　固定资产同时满足下列条件的，才能予以确认：

（一）与该固定资产有关的经济利益很可能流入企业。

（二）该固定资产的成本能够可靠地计量。

第五条　固定资产的各组成部分具有不同使用寿命或者以不同方式为企业提供经济利益，适用不同折旧率或折旧方法的，应当分别将各组成部分确认为单项固定资产。

第六条　与固定资产有关的后续支出，符合本准则第四条规定的确认条件的，应当计入固定资产成本；不符合本准则第四条规定的确认条件的，应当在发生时计入当期损益。

第三章　初 始 计 量

第七条　固定资产应当按照成本进行初始计量。

第八条　外购固定资产的成本，包括购买价款、相关税费、使固定资产达到预定可使用状态前所发生的可归属于该项资产的运输费、装卸费、安装费和专业人员服务费等。

以一笔款项购入多项没有单独标价的固定资产，应当按照各项固定资产公允价值比例对总成本进行分配，分别确定各项固定资产的成本。购买固定资产的价款超过正常信用条件延期支付，实质上具有融资性质的，固定资产的成本以购买价款的现值为基础确定。实际支付的价款与购买价款的现值之间的差额，除按照《企业会计准则第 17 号——借款费用》应予资本化的以外，应当在信用期间内计入当期损益。

第九条　自行建造固定资产的成本，由建造该项资产达到预定可使用状态前所发生的必要支出构成。

第十条　应计入固定资产成本的借款费用，按照《企业会计准则第 17 号——借款费用》处理。

第十一条　投资者投入固定资产的成本，应当按照投资合同或协议约定的价值确定，但合同或协议约定价值不公允的除外。

第十二条 非货币性资产交换、债务重组、企业合并和融资租赁取得的固定资产的成本，应当分别按照《企业会计准则第 7 号——非货币性资产交换》《企业会计准则第 12 号——债务重组》《企业会计准则第 20 号——企业合并》和《企业会计准则第 21 号——租赁》确定。

第十三条 确定固定资产成本时，应当考虑预计弃置费用因素。

第四章 后续计量

第十四条 企业应当对所有固定资产计提折旧。但是，已提足折旧仍继续使用的固定资产和单独计价入账的土地除外。折旧，是指在固定资产使用寿命内，按照确定的方法对应计折旧额进行系统分摊。应计折旧额，是指应当计提折旧的固定资产的原价扣除其预计净残值后的金额。已计提减值准备的固定资产，还应当扣除已计提的固定资产减值准备累计金额。预计净残值，是指假定固定资产预计使用寿命已满并处于使用寿命终了时的预期状态，企业目前从该项资产处置中获得的扣除预计处置费用后的金额。

第十五条 企业应当根据固定资产的性质和使用情况，合理确定固定资产的使用寿命和预计净残值。固定资产的使用寿命、预计净残值一经确定，不得随意变更。但是，符合本准则第十九条规定的除外。

第十六条 企业确定固定资产使用寿命，应当考虑下列因素：

（一）预计生产能力或实物产量。

（二）预计有形损耗和无形损耗。

（三）法律或者类似规定对资产使用的限制。

第十七条 企业应当根据与固定资产有关的经济利益的预期实现方式，合理选择固定资产折旧方法。可选用的折旧方法包括年限平均法、工作量法、双倍余额递减法和年数总和法等。固定资产的折旧方法一经确定，不得随意变更。但是，符合本准则第十九条规定的除外。

第十八条 固定资产应当按月计提折旧，并根据用途计入相关资产的成本或者当期损益。

第十九条 企业至少应当于每年年度终了，对固定资产的使用寿命、预计净残值和折旧方法进行复核。使用寿命预计数与原先估计数有差异的，应当调整固定资产使用寿命。预计净残值预计数与原先估计数有差异的，应当调整预计净残值。与固定资产有关的经济利益预期实现方式有重大改变的，应当改变固定资产折旧方法。固定资产使用寿命、预计净残值和折旧方法的改变应当作为会计估计变更。

第二十条 固定资产的减值，应当按照《企业会计准则第 8 号——资产减值》处理。

第五章 处 置

第二十一条 固定资产满足下列条件之一的，应当予以终止确认：

（一）该固定资产处于处置状态。

（二）该固定资产预期通过使用或处置不能产生经济利益。

第二十二条 企业持有待售的固定资产，应当对其预计净残值进行调整。

第二十三条 企业出售、转让、报废固定资产或发生固定资产毁损，应当将处置收入扣除账面价值和相关税费后的金额计入当期损益。固定资产的账面价值是固定资产成本扣减累计折旧和累计减值准备后的金额。固定资产盘亏造成的损失，应当计入当期损益。

第二十四条　企业根据本准则第六条的规定，将发生的固定资产后续支出计入固定资产成本的，应当终止确认被替换部分的账面价值。

第六章　披　露

第二十五条　企业应当在附注中披露与固定资产有关的下列信息：

（一）固定资产的确认条件、分类、计量基础和折旧方法。

（二）各类固定资产的使用寿命、预计净残值和折旧率。

（三）各类固定资产的期初和期末原价、累计折旧额及固定资产减值准备累计金额。

（四）当期确认的折旧费用。

（五）对固定资产所有权的限制及其金额和用于担保的固定资产账面价值。

（六）准备处置的固定资产名称、账面价值、公允价值、预计处置费用和预计处置时间等。

注：固定资产岗位涉及投资转入和转出的核算见“融资与投资岗位核算”，本项目不再赘述。以融资租赁、非货币性资产交换、债务重组等方式取得或换出的固定资产，本项目暂不作要求。如需了解更多固定资产岗位核算知识，请通过财政部会计准则委员会网站http://www.casc.org.cn/进入“政策发布——会计准则”及上海财政网站 http://test.czj.sh.gov.cn/阅读相关内容。

项目四　融资与投资会计岗位核算操作

情境导入

张毅丽是一名财会专业专科生，毕业后在一家医疗器械有限公司担任收入会计 3 年。由于工作认真、好学，根据工作需要财务经理想让她担任融资与投资会计，并给她讲了如下岗位要求：

融资与投资会计岗位

任职要求：

1. 财务会计类专业大专以上学历，具有会计从业资格证。
2. 3 年以上企业融资工作经验，掌握多种投融资手段技能。
3. 熟悉银行等金融机构的业务流程、能够及时为银行等金融机构提供所需资料。
4. 具备银行信贷、融资管理工作经验，并熟悉相关政策法规。
5. 为人正直，责任心强，吃苦耐劳，有团队合作精神。
6. 具备较强的人际交往能力和协调、沟通能力。

张毅丽通过以上任职要求，了解到融资与投资会计岗位工作是建立在熟悉银行等金融机构贷款的工作流程及会计核算经验之上的，要想做个好会计，就要认识这一岗位的重要，下面我们就共同探讨学习一下吧！

问题：

（1）你了解融资与投资吗，融资与投资对企业起着怎样的作用？

（2）你了解银行等金融机构的贷款流程吗？通常贷款业务需要掌握哪些会计处理方法？

（3）你了解企业除了银行贷款业务以外还有可能存在的融资活动吗？通常其他融资业务需要掌握哪些会计处理方法？

（4）你了解投资业务及其流程有哪几种吗？通常各投资业务需要掌握哪些会计处理方法？

4.1　认识融资与投资会计岗位

4.1.1　融资岗位职责和工作基本流程

融资就是支付超过现金的购货款而采取的货币交易手段，或为取得资产而集资所采取的货币手段。融资是企业资金周转、价值提高的实现，是企业一项重要的财务活动，是企业财务根据其实际情况选择适当的渠道和方式进行的交易。从资金融通是否付息和是否具有返还性来看。融资可以划分为负债融资或权益融资。

4.1.1.1　负债融资岗位

负债融资是企业按约定代价和用途取得且需要按期还本付息的方式融通资金。有以下几种方式：①银行贷款。它是指银行根据国家所指定的政策，通过放贷的形式，以一定的利率把资金提供给融资者，并指定归还期限的一种经济行为。按偿还期不同，银行贷款可分为短期贷款、中期贷款和长期贷款。②发行债券。它是指当企业有资金需求的时候，按照法律规定的要求向出资人发行代表一定债权和偿付条件的证券的一种法律行为。③融资租赁，它可分为售后租回、直接租赁、杠杆租赁。④商业信用，它是指企业间相互提供的与商品交易直接联系的信用。常见的商业信用条件有预收货款、延期付款等。

1. 负债融资岗位职责

严格按照国家相关制度规定对企业进行账务处理，具体内容如下：

(1) 负责与各专业分行之间联络，协调银企关系。

(2) 办理贷款业务，贷款到期前提请相关领导办理相应手续。

(3) 办理银行保函、资金证明等资料。

(4) 根据贷款、还款原始凭据，正确编制融资业务相关记账凭证。

(5) 从相关法律、法规、规范和节税原则，审核会计记账凭证和原始凭证。

(6) 积极搜集整理相关贷款资料，做好贷款资料档案归集存档工作。

2. 负债融资岗位工作基本流程

基本流程如图表 4-1 所示。

图表 4-1　　负债融资岗位工作基本流程

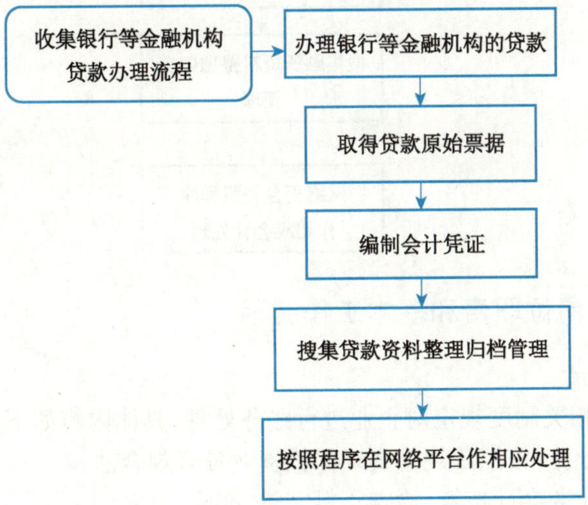

4.1.1.2　权益融资岗位

权益融资是指企业通过吸收直接投资、发行股票、内部积累等方式融通资金。权益融资有以下几种：

①吸收直接投资。它是非股份制企业筹措资本的一种形式。②发行股票。它是指企

业通过发行股票的形式进行资金的筹集，是一个非常重要的融资渠道。③留存收益筹资。它是将企业的盈余公积和未分配利润作为内部筹资的一种方式。

1. 权益融资岗位职责

严格按照国家相关制度规定对企业进行账务处理，具体内容如下：

(1) 根据公司章程规定，接受各股东的出资，检查处理手续是否完整。

(2) 办理权益融资业务及相应手续。

(3) 办理实收资本及资本公积的相关业务。

(4) 根据取得的原始凭据，正确编制融资业务相关记账凭证。

(5) 从相关法律、法规、规范和节税原则，审核会计记账凭证和原始凭证。

(6) 积极搜集整理相关融资资料，做好融资资料档案归集存档工作。

2. 权益融资岗位工作基本流程

基本流程如图表 4-2 所示。

图表 4-2　权益融资岗位工作基本流程

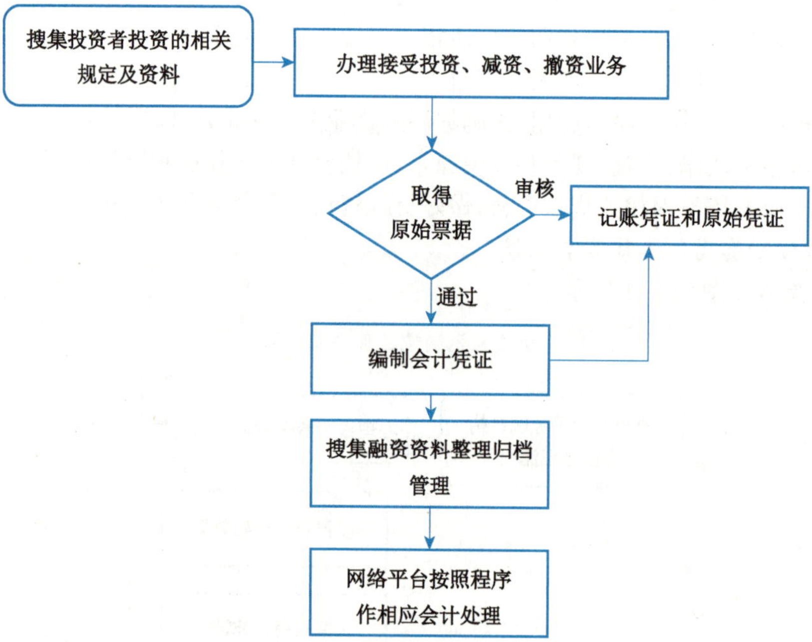

4.1.2　投资岗位职责和基本工作流程

1. 投资岗位职责

严格按照国家相关制度规定对企业进行账务处理，具体内容如下：

(1) 办理投资业务，按照法规检查确保投资业务合规合法。

(2) 处理投资业务会计核算，检查资料完整、准确、可靠。

(3) 对持有的各种证券按期及时地计算应收股利和应收利息。

(4) 计算债券的溢折价摊销额和应确认的投资收益。

(5) 作好款项的结算，办理款项的支付及结算等工作。

(6) 作好备查账的登记等其他相关事宜。

2. 投资岗位工作基本流程

基本流程如图表 4-3 所示。

图表 4-3 投资岗位工作基本流程

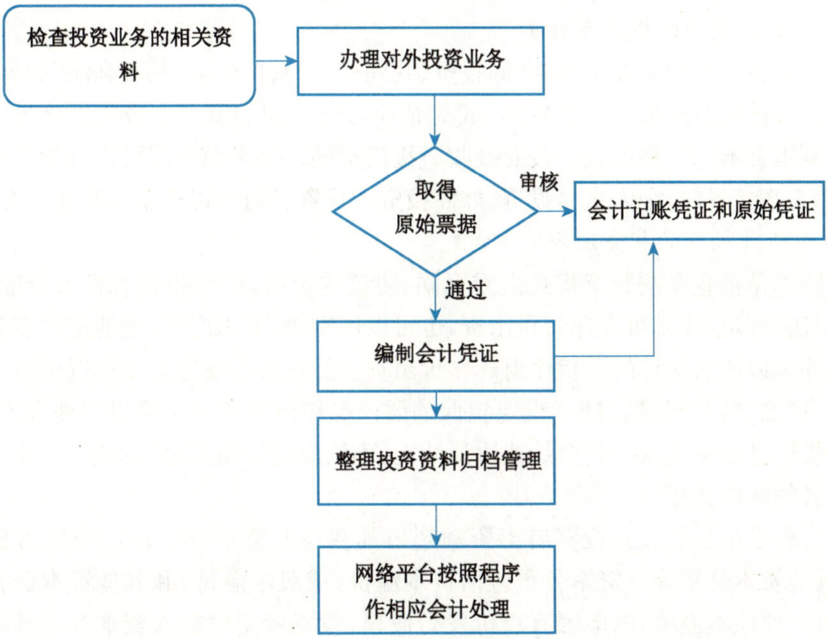

4.2 融资的核算

任务目标	
知识目标	• 能说出融资的定义及分类 • 能判断负债融资和权益融资 • 能判别各种负债融资 • 能判别各种权益融资
能力目标	• 能办理银行等金融机构的各种贷款业务 • 能正确核算银行借款本金、利息、偿还借款的业务 • 能办理权益资金融资的业务 • 能正确核算实收资本、资本公积的增加、减少和撤资业务

4.2.1 认识融资

4.2.1.1 融资的概念及分类

前已所述，融资就是支付超过现金的购货款而采取的货币交易手段，或为取得资产而集资所采取的货币手段。融资能实现企业的资金周转、提高企业的价值，是企业一项重要的财务活动，是企业财务可根据实际情况选择适当的渠道和方式进行的交易。

从资金融通是否付息和是否具有返还性，融资可以划分为负债融资或权益融资。

本书只涉及常用的吸收直接投资核算（即：实收资本或股本、资本公积的核算）、银行借款的核算。

4.2.1.2 吸收直接投资概念及相关法规

1. 吸收直接投资的概念及分类

吸收直接投资是指企业按照“共同投资、共同经营、共担风险、共享利润”的原则，吸收所有者的资金投资企业形成权益资本，成为企业可以支配的资金。吸收直接投资是非股份制企业筹措资本的一种形式。按照吸收直接投资的资金来源不同可以分为国家直接投资、其他法人直接投资、个人直接投资、外商投资。投资者通常以现金或非现金方式出资。

2. 吸收直接投资的相关法规

实收资本是指企业按照章程规定或合同、协议约定的，接受投资者投入企业的资本。我国《公司法》规定，股东可以用货币出资，也可以用实物、知识产权、土地使用权等可以用货币估价并可以依法转让的非货币财产作价出资。股东或者发起人不得以劳务、信用、自然人姓名、商誉、特许经营权或者设定担保的财产等作价出资。不论以何种方式出资，投资者如在投资过程中违反投资合约或协议约定，不按规定如期交足出资额，企业可以依法追究投资者的违约责任。

资本公积是指企业收到投资者出资额超出其在注册资本（或股本）中所占份额的部分，以及其他资本公积等。资本公积包括资本溢价（或股本溢价）和其他资本公积等。形成资本溢价（或股本溢价）的原因有溢价发行股票、投资者超额缴入资本等。其他资本公积是指除净损益、其他综合收益和利润分配以外所有者权益的其他变动，如企业的长期股权投资采用权益法核算时，因被投资单位除净损益、其他综合收益和利润分配以外所有者权益的其他变动，投资企业按应享有份额而增加或减少的资本公积。其他资本公积将在《中级财务会计》中作更为详尽的介绍。

留存收益是指企业从历年实现的利润中提取或形成的留存于企业的内部积累，包括盈余公积和未分配利润两类。

盈余公积是指企业按照有关规定从净利润中提取的积累资金。公司制企业的盈余公积包括法定盈余公积和任意盈余公积。法定盈余公积是指企业按照国家规定的比例从净利润中提取的盈余公积，任意盈余公积是指企业按照股东会或股东大会决议提取的盈余公积。

·知识链接·

2014 年 2 月 20 日国家工商行政管理总局令第 64 号公布的
公司注册资本登记管理规定（节选）

第二条　有限责任公司的注册资本为在公司登记机关依法登记的全体股东认缴的出资额。股份有限公司采取发起设立方式设立的，注册资本为在公司登记机关依法登记的全体发起人认购的股本总额。股份有限公司采取募集设立方式设立的，注册资本为在公司登记机关依法登记的实收股本总额。法律、行政法规以及国务院决定规定公司注册资本实行实缴的，注册资本为股东或者发起人实缴的出资额或者实收股本总额。

第三条　公司登记机关依据法律、行政法规和国家有关规定登记公司的注册资本，对符合规定的，予以登记；对不符合规定的，不予登记。

第四条　公司注册资本数额、股东或者发起人的出资时间及出资方式应当符合法律、行政法规的有关规定。

第五条　股东或者发起人可以用货币出资，也可以用实物、知识产权、土地使用权等可以用货币估价并可以依法转让的非货币财产作价出资。股东或者发起人不得以劳务、信用、自然人姓名、商誉、特许经营权或者设定担保的财产等作价出资。

4.2.1.3　负债融资概念及分类

1. 短期借款的概念及分类

短期借款是指企业向银行或其他金融机构等借入的期限在1年以下(含1年)的各种款项。就短期借款的用途来讲，一般在实践工作中多用于流动资金贷款。

短期借款按有无担保可分为担保借款和无担保借款；按偿还方式可分为一次偿还借款和分期偿还借款；按借款目的和用途不同可分为周转借款、临时借款、结算借款。

·知识链接·

银行流动资金贷款业务流程

流动资金贷款是为满足借款人在生产经营过程中临时性、季节性的资金需求，保证生产经营活动的正常进行而发放的贷款。流动资金贷款的特点是期限灵活，能够满足借款人临时性、短期和中期流动资金需求。流动资金贷款按期限可分为临时贷款、短期贷款和中期贷款。临时贷款是指期限在3个月(含3个月)以内的流动资金贷款；短期贷款是指期限为3个月至1年(不含3个月，含1年)的流动资金贷款；中期贷款是指期限为1年至3年(不含1年，含3年)的流动资金贷款。

流动资金贷款具体办理程序：

(1) 申请。借款人向银行提出流动资金贷款申请，应主动提供营业执照；法人代码证书；法定代表人身份证明；贷款证卡；前三个年度及上个月财务报表和审计报告；税务登记证明；公司合同或章程；企业董事会(股东会)成员和主要负责人、财务负责人名单和签字样本等；担保人相关材料；要求提供的其他资料。

(2) 签订合同。银行进行调查和审批后认为可行，则借款人需与银行签订借款合同和担保合同等法律性文件。

(3) 落实担保。如需担保，借款人与银行签订借款合同后，还需进一步落实第三方保全、抵押、质押等担保措施，并办理有关担保登记、公证或抵押物保险、质物交存银行等手续。

(4) 贷款获取。借款人办妥发放贷款前的有关手续，借款合同即生效，银行即可向借款人发放贷款，借款人可按照合同规定用途支用贷款。

(5) 还款。按合同约定方式偿还贷款。

2. 长期借款的概念与分类

长期借款是指企业向银行或其他金融机构借入的期限在1年以上(不含1年)的各项

借款。就长期借款的用途来讲，企业一般用于固定资产的购建、改扩建工程、大修理工程、对外投资以及为了保持长期经营能力等方面的需要。与短期借款相比，长期借款除数额大、偿还期限较长外，其借款费用需要根据权责发生制的要求，按期预提计入所构建资产的成本或直接计入当期财务费用。

长期借款主要包括固定资产投资借款、更新改造借款、科研开发借款等。固定资产投资借款主要用于固定资产的新建、改建、扩建等基本建设项目；更新改造借款主要用于企业对原有设备进行更新或技术改造；科研开发借款主要用于企业根据国家规定的任务采用新技术，研究、开发新产品。

4.2.1.4 账户设置

企业通过“实收资本”或“股本”账户，核算接受投资的发生、撤资、注销等情况。本账户的贷方登记取得投资的数额；借方登记撤资、注销的投资数额；月末余额在贷方，反映企业接受的投资。本账户可按投资者设置明细进行核算。本账户结构如图表 4-4、图表 4-5 所示。

图表 4-4　实收资本(股本)

借方	贷方
撤资、注销的投资数额	取得投资的数额
	期末余额：企业接受的投资

图表 4-5　实收资本——××投资者

年		凭证	摘要	借方	贷方	借或贷	余额

企业收到所有者投入的资本时，应根据有关原始凭证(如投资清单、银行入账回单等)，分别不同的出资方式进行会计处理，使用“实收资本”或“股本”及“资本公积”账户核算。即：企业收到投资者按照合同协议约定或相关规定投入的、构成注册资本的部分，贷记“实收资本”或“股本”账户；企业收到投资者出资超过其在注册资本中所占份额的部分，作为资本溢价，在“资本公积”账户核算，不在“实收资本”或“股本”账户核算。“实收资本”或“股本”账户应按照投资者进行明细核算。

企业通过“资本公积”账户，核算企业收到投资者出资超过其在注册资本中所占份额的部分投资。该账户的贷方登记取得投资超过其在注册资本中所占份额部分的数额；借方登记转增资本减少数额；月末余额在贷方，反映企业资本公积总额。本账户可按资本溢价(股本溢价)、其他资本公积设置明细账户进行核算。如图表4-6、图表 4-7 所示。

图表 4-6　资 本 公 积

借方	贷方
转增资本减少数额	取得投资超过其在注册资本中所占份额部分的数额
	期末余额：企业资本公积总额

图表 4-7 资本公积——资本溢价(股本溢价)

年		凭证	摘要	借方	贷方	借或贷	余额

企业应通过“短期借款”账户，核算短期借款的发生、偿还等。本账户的贷方登记取得借款本金的数额，借方登记偿还借款的本金数额，余额在贷方，反映企业尚未偿还的短期借款。账户结构如图表 4-8 所示。本账户可按借款种类、借款人和币种设置明细科目进行明细核算。

图表 4-8 短 期 借 款

借方	贷方
偿还借款的本金数额	取得借款的本金数额
	期末余额：企业尚未偿还的短期借款

企业应通过“长期借款”账户，核算长期借款的发生、偿还以及利息情况。本账户的贷方登记取得的各项借款本金及利息数额；借方登记偿还借款的本金及利息数额，余额在贷方，反映企业尚未偿还的长期借款。账户结构如图表 4-9 所示。本账户可按借款种类、借款人和币种设置明细账户进行明细核算，并分别“本金”“利息调整”和“应计利息”进行明细核算。

图表 4-9 长 期 借 款

借方	贷方
偿还借款的本金及利息数额	取得的各项借款本金及利息数额
	期末余额：企业尚未偿还的长期借款

企业应通过“应付利息”账户，核算企业按照合同应支付的利息，包括预提短期借款利息，分期付息到期还本的长期借款，企业债券等应支付的利息。本账户的贷方登记应付利息数额；借方登记实际支付利息数额；余额在贷方，反映企业应付未付的利息数。账户结构如图表 4-10 所示。本账户可按不同的债权进行明细核算。

图表 4-10 应 付 利 息

借方	贷方
实际支付利息数额	应付利息数额
	期末余额：应付未付的利息数额

“长期借款——应计利息”和“应付利息”的区别是：长期借款按合同利率计算的应付未付利息，如果属于分期付息的，记入“应付利息”账户；如果属于到期一次还本付息的，记入“长期借款——应计利息”账户。

4.2.2 吸收直接投资会计核算

4.2.2.1 实收资本会计核算

1. 接受现金投资

业务 4-1 接受以现金出资方式的投资

上海利有商贸有限公司、李敏共同投资设立道达工业有限责任公司，注册资本为5 000 000元，上海利有商贸有限公司持股比例为60%、李敏持股比例为40%；按照章程规定，上海利有商贸有限公司、李敏投入的货币资金分别为3 000 000 元、2 000 000 元。12月 2 日，道达工业有限责任公司已全部收到各投资者的款项。问道达工业有限责任公司应如何进行会计核算？

【业务解析】

(1) 审核原始凭证"收据""中国工商银行记账单"，如图表 4-11、图表 4-12、图表 4-13、图表 4-14 所示。

图表 4-11

收　据

20××年 12 月 2 日　　　　N o. 0002013

今收到：上海利有商贸有限公司	
道达工业有限责任公司 财务专用章　交来：投资款	
人民币(大写)：叁佰万元整	(小写)￥3 000 000.00
收款单位盖章：	经收人签章：张明雨

单位主管：　　会计：　　出纳：张明雨　　记账：

图表 4-12

收　据

20××年 12 月 2 日　　　　N o. 0002014

今收到：李敏	
道达工业有限责任公司 财务专用章　交来：投资款	
人民币(大写)：贰佰万元整	(小写)￥2 000 000.00
收款单位盖章：	经收人签章：张明雨

单位主管：　　会计：　　出纳：张明雨　　记账：

图表 4-13　　　　中国工商银行进账单(收账通知)　1

20××年 12 月 2 日　　　　第 22 号

付款人	全　称	上海利有商贸有限公司	收款人	全　称	道达工业有限责任公司
	账　号	6200011700325100429		账　号	6200029401003636532
	开户银行	中国银行上海市分行金沙江路支行		开户银行	中国工商银行上海市分行海天路分理处

	千	百	十	万	千	百	十	元	角	分
中国工商银行 上海市分行海天支行 20××.12.01 转讫 人民币(大写)叁佰万元整	¥	3	0	0	0	0	0	0	0	0

票据种类	转账支票	
票据张数	1 张	
单位主管：　会计：　复核：　注：投资款 记账：		持票人开户行盖章

图表 4-14　　　　中国工商银行进账单(收账通知)　1

20××年 12 月 2 日　　　　第 23 号

付款人	全　称	李敏	收款人	全　称	道达工业有限责任公司
	账　号	6200011700323387107		账　号	6200029401003636532
	开户银行	中国银行上海市分行金沙江路支行		开户银行	中国工商银行上海市分行海天路分理处

	千	百	十	万	千	百	十	元	角	分
中国工商银行 上海市分行海天支行 20××.12.01 转讫 人民币(大写)贰佰万元整	¥	2	0	0	0	0	0	0	0	0

票据种类	转账支票	
票据张数	1 张	
单位主管：　会计：　复核：　注：投资款 记账：		持票人开户行盖章

12 月 2 日，收到上海利有商贸有限公司、李敏投入企业的货币资金 5 000 000 元时，作“实收资本”增加的会计处理。记账凭证如图表 4-15 所示。

图表 4-15

记账凭证

编号：

20××年 12 月 02 日

附件 4 张

摘要	一级科目	二级或明细科目	√	借方金额	贷方金额
收到上海利有公司及李敏投资款	银行存款	工行 6532		5 000 000	
收到投资款	实收资本	上海利有商贸有限公司			3 000 000
收到投资款	实收资本	李敏			2 000 000
合　计				¥5 000 000	¥5 000 000

会计主管：　记账：　审核：　出纳：　制单：李梅

思考与练习 4-1

根据业务 4-1，张丽、李鹏出资 500 000 元注册成立上海华为商贸有限责任公司，分别收到 2 人的投资款 200 000 元、300 000 元银行回单。问上海华为商贸有限责任公司如何进行会计处理。

·知识链接·

认缴制下实收资本的账务处理

在公司注册资本认缴制下，企业目前在实践操作中有以下几种账务处理的方式（仅供参考）：

(1) 有限责任公司在办理手续时，认缴的时候不需要作会计处理，等实际收到时再处理；收到注册资本金多少入账就多少（即：实收资本按照实际收到金额入账），直至达到注册资本金额为止（因为资产负债表反映的是实际收到的投资款，而不是认缴的注册资本）。

借：银行存款
　　贷：实收资本——××

(2) 有限责任公司在办理手续时，未收到注册资本金，也未发生生产经营行为，认缴的时候需要作会计处理。

借：其他应收款——××股东
　　贷：实收资本——××

等以后再收到认缴的部分，结转其他应收款，直至达到认缴注册资本金额为止。

借：银行存款
　　贷：其他应收款——××股东

(3) 有限责任公司已办理手续后，未收到注册资本，已发生生产经营行为。有如下几种情况：

如果股东先购置了固定资产，并且已投入使用，则

借：固定资产
　　贷：实收资本——××

如果股东出资支付购入某项材料，且该批材料已经验收入库，则

借：原材料
　　贷：实收资本——××

如果股东用资金支付了某项负债，则

借：负债类账户
　　贷：实收资本——××

(4) 有限责任公司股东购买的固定资产、办公设备、存货、管理费用等日常支出，可以先记入“其他应付款”账户中，达到一定数额时再一次结转入“实收资本”账户中。

借：固定资产(原材料、库存商品等)
　　贷：其他应付款——××

等到累计数额达到一定金额时，转作投资款

借：其他应付款——××
　　贷：实收资本——××

·知识链接·

股份有限公司接受现金投资

股份有限公司发行股票时，既可以按面值发行股票，也可以溢价发行(我国目前不允许折价发行)；股份有限公司在核定的股本总额及核定的股份总额的范围内发行股票时，应在实际收到时进行会计处理。

上海华明股份有限公司发行普通股 100 000 000 股，每股面值 1 元，每股发行价格 5 元。假定股票发行成功，股款 500 000 000 元已全部收到进账。假设不考虑发行过程中的税费等因素，根据上述资料，上海华明股份有限公司应如何进行会计分录？

解析：上海华明股份有限公司 20×× 年 12 月 1 日发行股票实际收到的款项为 500 000 000 元，应借记“银行存款”账户；实际发行的股票面值总额为 100 000 000 元，应贷记“股本”账户。按其差额，贷记“资本公积——股本溢价”账户。

应记入“资本公积”账户的金额＝500 000 000－100 000 000×1＝400 000 000(元)

借：银行存款	500 000 000	
贷：股本		100 000 000
资本公积——股本溢价		400 000 000

2. 接受固定资产投资

企业接受投资者作价投入的房屋、建筑物、机器设备等固定资产，应按投资合同或协议约定价值，确定固定资产价值(但投资合同或协议约定价值不公允的除外)和在注册资本中应享有的份额。

业务 4-2　接受固定资产投资

上海东方有限公司于 20××年 12 月 4 日设立时收到上海友好商贸公司作为资本投入的不需要安装机器设备一台。合同约定，该机器设备的价值为 1 000 000 元，增值税进项税额为 130 000 元。经约定，上海东方有限公司接受上海友好商贸公司的投入资本为

1 130 000元。合同约定的固定资产价值与公允价值相符，不考虑其他因素。问上海东方有限公司收到增值税专用发票，应作如何会计分录？增值税专用发票如图表 4-16 所示。

图表 4-16

上海增值税专用发票

抵 扣 联

开票日期：20××年 12 月 4 日　　　　No. 00187915

购货单位	名　　称：上海东方有限公司 纳税人识别号：215280104013105 地 址 、电 话：上海市海天路 58 号 开户行及账号：工行沪海支 6200029401003636532			密码区	7/1>>61<98>8－>＊5　加密版本号：01 3/9>3327867>383527567 97/>5－710079>－08/1312　440004314 ＊38426>>2－23/186>>49　00187967		
货物及应税劳务名称	规格型号	单位	数量	单价	金额	税率	税额
棉花加工机器设备	AMH6002	台	10	100 000	1 000 000	13%	130 000
合　计					1 000 000		130 000
价税合计（大写）	壹佰壹拾叁万元整				（小写）¥1 130 000.00		
销货单位	名　　称：上海友好商贸公司 纳税人识别号：2152801040131 地 址 、电 话：上海市北京路 369 号 开户行及账号：宁波银行黄浦支行 4700031509002525549			备注	上海友好商贸公司 2152801040131 发票专用章		

收款人：　　复核：　　开票人：马丽　　销货单位（章）：

第一联：抵扣联　购买方记账凭证

【业务解析】

上海东方有限公司与上海友好商贸公司约定：该项固定资产价值与公允价值相符，因此，可按 1 130 000 元的金额贷记“实收资本”账户。记账凭证如图表 4-17 所示。

图表 4-17

记 账 凭 证

20××年 12 月 4 日　　　　编号：
附件 1 张

摘要	一级科目	二级或明细科目	√	借方金额	贷方金额
收到上海友好商贸公司投资	固定资产	棉花加工机器设备		1 000 000	
	应交税费	应交增值税（进项税额）		130 000	
收到投资	实收资本	上海友好商贸公司投资			1 130 000
合计				¥1 130 000	¥1 130 000

会计主管：　　记账：　　审核：　　出纳：　　制单：李静

3. 接受无形资产投资

企业收到以无形资产方式投入的资本，应按投资合同或协议约定价值确定无形资产价值（但投资合同或协议约定价值不公允的除外）以及在注册资本中应享有的份额的部分入账。

业务 4-3　接受无形资产投资

明华有限责任公司于 20××年 2 月 14 日设立时收到甲公司作为资本投入的专利权一项，该专利权投资合同约定价值为 50 000 元，增值税进项税额 3 000 元（由投资方支付税款，并提供或开具增值税专用发票）；同时收到乙公司作为资本投入的土地使用权一项，投资合同约定价值为 100 000 元，增值税进项税额 9 000 元（由投资方支付税款，并提供或开具增值税专用发票）。假设明华有限责任公司接受该项专利权和土地使用权符合国家注册资本管理的相关规定，可按合同约定作实收资本入账；合同约定的价值与公允价值相符；不考虑其他因素。问明华有限责任公司应如何作会计分录？

【业务解析】

专利权与土地使用权的合同约定价值与公允价值相符，因此，可分别按照 50 000 元和 100 000 元的金额，借记“无形资产”账户。甲公司、乙公司投入的专利权和土地使用权按合同约定，可分别按 50 000 元和 100 000 元的金额，贷记“实收资本”账户。

明华有限责任公司接受甲、乙公司投资，编制会计分录如下：

借：无形资产——专利权	50 000	
——土地使用权	100 000	
应交税费——应交增值税（进项税额）	12 000	
贷：实收资本——甲公司		53 000
——乙公司		109 000

4. 接受存货投资

企业接受投资者作价投入的存货，应按投资合同或协议约定价值确定存货价值（但投资合同或协议约定价值不公允的除外）以及在注册资本中应享有的份额。

业务 4-4　接受存货投资

上海光威有限公司于 20××年 6 月 6 日设立时收到上海明宇公司作为资本投入的原材料一批，该批原材料投资合同约定价值（不含可抵扣的增值税进项税额）为 200 000 元，增值税进项税额为 34 000 元（由上海明宇公司开具增值税专用发票）。假设合同约定的价值与公允价值相符，该原材料的增值税进项税额允许抵扣，不考虑其他因素，原材料按实际成本进行核算。问光威有限公司应如何作会计分录？上海光威有限公司收到增值税专用发票如图表 4-18 所示。

图表 4-18

上海增值税专用发票

抵　扣　联

（印章：全国统一发票监制章　上海市　国家税务总局监制）

开票日期：20××年 6 月 6 日　　　　No. 00187216

购货单位	名　　称：上海光威有限公司 纳税人识别号：215280104013105 地 址 、电 话：上海市海天路 58 号 开户行及账号：工行沪海支 6200029401003636532	密码区	7/1>>61<98>8−>*5　加密版本号：01 3/9>3327867>383527567 97/>5−710079>−08/1312　440004314 *38426>>2−23/186>>49　00187967

货物及应税劳务名称	规格型号	单位	数量	单价	金额	税率	税额
甲材料	16 cm	米	100	2 000	200 000	13%	26 000
合计					200 000		26 000
价税合计（大写）	贰拾贰万陆仟元整				（小写）¥226 000.00		

销货单位	名　　称：上海明宇公司 纳税人识别号：215280106521022 地 址 、电 话：上海市北京路 126 号 开户行及账号：宁波银行黄浦支行 4700031509002O992165	备注	（印章：上海明宇公司 215280106521022 发票专用章）

收款人：　　　复核：　　　开票人：马丽　　　销货单位（章）：

第一联：抵扣联　购买方记账凭证

【业务解析】

原材料的合同约定价值与公允价值相符，因此，可按照 200 000 元的金额，借记“原材料”账户；同时，该进项税额允许抵扣，因此，增值税专用发票上注明的增值税额 34 000 元，应借记“应交税费——应交增值税（进项税额）”账户。上海光威有限公司接受的上海明宇公司投入的原材料，按合同约定金额与增值税进项税额之和作为实收资本，因此，可按 234 000 元的金额，贷记“实收资本”账户。

编制会计分录如下：

借：原材料——甲材料　　200 000
　　应交税费——应交增值税（进项税额）　　26 000
　　贷：实收资本——上海明宇公司　　226 000

思考与练习 4-2

根据业务 4-2，上海华明股份有限公司于 20××年 5 月 12 日收到上海卫华公司投资的丙材料的增值税专用发票一张，价款 2 000 000 元，增值税额 260 000 元。问上海华明股份有限公司如何进行会计处理。

5. 实收资本（或股本）的增减变动

我国《企业法人登记管理条例》规定，除国家另有规定外，企业的注册资金应当与实收资本相一致，当实收资本比原注册资金增加或减少的幅度超过 20%时，应持资金使用证明或者验资证明，向原登记主管机关申请变动登记。如擅自改变注册资本或抽逃资金，要受到工商行政管理部门的处罚。因此，企业一般不得随意增加或减少实收资本，符合特殊情况可以增减实收资本。

一般企业增加资本主要有：接受投资者追加投资、资本公积转增资本和盈余公积转增资本。

（1）接受投资者追加投资，与接受投资的核算一致，参照前述。

（2）用资本公积和盈余公积转增资本时，应按照原投资者各自出资比例相应增加各投资者的出资额。

企业增加注册资本应按法定程序报经批准，有限责任公司直接增加“实收资本”，股份有限公司通过“股本”账户核算。

业务 4-5 资本公积转增资本的核算

假设 20××年 8 月 15 日道达工业有限责任公司因扩大经营规模需要，经批准，现按原出资比例将原有资本公积转增资本 100 000 元。问道达工业有限责任公司应如何作会计分录？

【业务解析】

资本公积 100 000 元按原出资比例转增实收资本，道达工业有限责任公司应分别按照 60 000 元、40 000 元，贷记“实收资本”账户中上海利有商贸有限公司、李敏明细分类账。

借：资本公积——资本公积转增资本　　100 000
　　贷：实收资本——上海利有商贸有限公司　　60 000
　　　　　　　　——李敏　　40 000

业务 4-6　盈余公积转增资本的核算

假设 20××年 8 月 15 日道达工业有限责任公司因扩大经营规模需要，经批准，现按原出资比例将原有盈余公积转增资本 100 000 元。问道达工业有限责任公司应如何作会计分录？

【业务解析】

借：盈余公积——盈余公积转增资本　　100 000
　贷：实收资本——上海利有商贸有限公司　　60 000
　　　　　　　——李敏　　40 000

企业减少注册资本应按法定程序报经批准，有限责任公司直接冲减实收资本。

业务 4-7　撤资的核算

承业务 4-1，假定上海利有商贸有限公司、李敏共同投资设立道达工业有限责任公司，注册资本为 5 000 000 元。上海利有商贸有限公司持股比例为 60%，李敏持股比例为 40%。按照章程规定，上海利有商贸有限公司、李敏投入货币资金分别为3 000 000 元、2 000 000元。经营一段时间后，由于连续亏损，经批准，20××年 4 月 21 日，上述两家公司撤资 5 000 000 元。问道达工业有限责任公司应如何进行会计核算？

【业务解析】

(1) 审核原始凭证“收据”“付讫通知单”“中国工商银行进账单”，如图表 4-19 至图表 4-22 所示。

图表 4-19　**收　据**

20××年 4 月 21 日　　No. 0001739

今　收　到：道达工业有限责任公司退回撤资款	
（印章：上海利有商贸有限公司 财务专用章） 交　　来：撤资款	
人民币(大写)：叁佰万元整	(小写)¥3 000 000
收款单位盖章：	经手人签章：李月

单位主管：　　会计：　　出纳：李月　　记账：

图表 4-20

付讫通知单

20××年4月21日　　　　No. 0003651

今支付：李敏撤资款	
道达工业有限责任公司 财务专用章　　现金付讫 支付：撤资款	
人民币(大写)：贰佰万元整	(小写)¥2 000 000
李敏 收款单位盖章：李敏	经手人签章：张明雨

单位主管：　　会计：　　出纳：张明雨　　记账：

图表 4-21

中国工商银行进账单(收账通知)　1

20××年04月21日　　　　第53号

付款人	全　称	道达工业有限责任公司	收款人	全　称	上海利有商贸有限公司
	账　号	6200029401003636532		账　号	6200011700325100429
	开户银行	中国工商银行上海市分行海天路分理处		开户银行	中国银行上海市分行金沙江路支行

中国工商银行 上海市金沙江路支行 20××.04.21 转讫

人民币(大写)	千	百	十	万	千	百	十	元	角	分
叁佰万元整	¥	3	0	0	0	0	0	0	0	0

票据种类	转账支票	
票据张数	1张	
单位主管：　会计：　复核：　记账：	注：撤资款	持票人开户行盖章

(2) 4月21日，上海利有商贸有限公司、李敏投入企业的货币资金5 000 000元时，道达工业有限公司作“实收资本”账户金额增加的处理。

由于应撤资5 000 000元，原有股东上海利有商贸有限公司持股比例60%、李敏持股比例40%，因此冲减的实收资本分别为3 000 000元、2 000 000元，应编制记账凭证如图表4-23所示。

图表 4-22　　**中国工商银行进账单(收账通知)　1**

20××年 04 月 21 日　　第 54 号

付款人			收款人		
	全　称	道达工业有限责任公司		全　称	李　敏
	账　号	6200029401003636532		账　号	6200011700323387107
	开户银行	中国工商银行上海市分行海天路分理处		开户银行	中国银行上海市分行金沙江路支行

金额	千	百	十	万	千	百	十	元	角	分
人民币(大写)贰佰万元整	¥	2	0	0	0	0	0	0	0	0

中国工商银行
上海市金沙江路支行
20××.04.01
转讫

票据种类	转账支票	
票据张数	1 张	
单位主管:　会计:　复核:　记账:　注:撤资款		持票人开户行盖章

图表 4-23　　**记 账 凭 证**　　编号:

20××年 10 月 25 日　　附件 4 张

摘要	一级科目	二级或明细科目	√	借方金额	贷方金额
上海利有商贸有限公司撤资	实收资本	上海利有商贸有限公司		3 000 000	
李敏撤资	实收资本	李敏		2 000 000	
	银行存款	工行 6532			5 000 000
合计				¥5 000 000	¥5 000 000

会计主管:　记账:　审核:　出纳:　制单:李梅

·知识链接·

股份有限公司增加注册资本的核算

股份有限公司增加注册资本实际收到时,通过“股本”账户核算。

股份有限公司采用收购本公司股票方式减资的,通过“库存股”账户核算回购股份的金额。减资时,按股票面值和注销股数计算的股票面值总额,冲减股本;按注销库存股的账面余额与所冲减股本的差额,冲减股本溢价,股本溢价不足冲减的,应依次冲减“盈余公积”“未分配利润”等账户。如果回购股票支付的价款低于面值总额的,所注销库存股的账面余额与所冲减股本的差额作为增加资本公积(股本溢价)处理。

甲上市公司2×14年12月31日的股本为100 000 000元(面值为1元),资本公积(股本溢价)为30 000 000元,盈余公积为40 000 000元。经股东大会批准,该上市公司以现金回购本公司股票20 000 000股并注销。假定该上市公司按每股2元回购股票,不考虑其他因素,则甲上市公司应编制如下会计分录:

(1) 回购本公司股份时:

借:库存股	40 000 000	
贷:银行存款		40 000 000

库存股成本=20 000 000×2=40 000 000(元)

(2) 注销本公司股份时:

借:股本	20 000 000	
资本公积	20 000 000	
贷:库存股		40 000 000

应冲减的资本公积=20 000 000×2-20 000 000×1=20 000 000(元)

思考与练习 4-3

根据业务4-3,上海华丽有限公司经营5年后由于市场效益差,经股东会决议,撤资1 000 000元(其中,原先注册资本为2 000 000元,由张兰、马明按照规定各占50%股份并足额出资)。问上海华丽有限公司应如何进行会计处理?

4.2.2.2 资本公积会计核算

资本公积的核算包括资本溢价(或股本溢价)的核算、其他资本公积的核算等内容,本教材只介绍资本溢价的核算。

资本溢价是指除股份有限公司外的其他类型企业,在企业创立时,投资者认缴的出资额与注册资本一致,一般不会产生资本溢价;但在企业重组或有新的投资者加入时,常常会出现资本溢价,投资者多缴的部分就形成了资本溢价。

业务 4-8 资本溢价的核算

华丽有限责任公司由2位投资者张鑫、王茵投资200 000元设立,每人各出资100 000元。1年后,为扩大经营规模,经批准,华丽有限责任公司注册资本增加到300 000元,并引入第三位投资者加入。按照投资协议,新投资者杨洋需投入现金110 000元,同时享有该公司30%的股权。华丽有限责任公司20××年12月2日收到该现金投资,假定不考虑其他因素。问华丽有限责任公司应如何作会计分录?

【业务解析】

华丽有限责任公司收到杨洋的现金投资110 000元中,100 000元属于第三位投资者在注册资本中所享有的份额,应记入"实收资本"账户,10 000元属于资本溢价,应记入"资本公积——资本溢价"账户。

编制会计分录如下:

借:银行存款	110 000	
贷:实收资本——杨洋		100 000
资本公积——资本溢价		10 000

·知识链接·

股份有限公司股本溢价的核算

股份有限公司是以发行股票的方式筹集股本的，股票可按面值发行，也可按溢价发行，我国目前不准折价发行。与其他类型的企业不同，股份有限公司在成立时可能会溢价发行股票，因而在成立之时，就可能会产生股本溢价。股本溢价的数额等于股份有限公司发行股票时实际收到的款额超过股票面值总额的部分。

在按面值发行股票的情况下，企业发行股票取得的收入，应全部作为股本处理；在溢价发行股票的情况下，企业发行股票取得的收入，股票面值部分作为股本处理，超出股票面值的溢价收入应作为股本溢价处理。

发行股票相关的手续费、佣金等交易费用，如果是溢价发行股票的，应从溢价中抵扣，冲减资本公积（股本溢价）；无溢价发行股票或溢价金额不足以抵扣的，应将不足抵扣的部分冲减盈余公积和未分配利润。

华丽股份有限公司首次公开发行了普通股 10 000 000 股，每股面值 1 元，每股发行价格为 5 元。华丽股份有限公司与证券公司约定，按发行收入的 3% 收取佣金，从发行收入中扣除。假定收到的股款已存入银行。问华丽股份有限公司应如何作会计分录？

解析：公司收到证券公司转来的发行收入 48 500 000 元[10 000 000×5×(1－3%)]，应记入“资本公积”账户的金额为 38 500 000 元[10 000 000×(5－1)－10 000 000×5×3%]。

编制会计分录如下：

借：银行存款	48 500 000	
贷：股本		10 000 000
资本公积——股本溢价		38 500 000

思考与练习 4-4

根据业务 4-4，上海华丽股份有限公司经营 5 年后由于经济效益好，经协商扩大经营规模增加投资者 1 名。20××年 3 月 11 日，收到上海宏源公司投资的机器设备一台，开具增值税专用发票一张，注明价款 1 000 000 元、增值税额 130 000 元，其所占股份为注册资本的 20%（原先注册资本为 2 000 000 元，由张兰、马明按照规定各占 50% 股份并足额出资）。增资后张兰、马明各占 40%。问上海华丽股份有限公司应如何进行会计处理？

4.2.3 负债融资会计核算

4.2.3.1 短期借款会计核算

1. 取得短期借款

企业借入短期借款，应按实际收到的金额，借记“银行存款”账户，贷记“短期借款”账户。

业务 4-9 取得短期借款的核算

上海立威有限公司于 20××年 12 月 1 日向银行借入一笔生产经营用短期借款，共计 1 200 000 元，期限为 9 个月，年利率为 5%。根据借款协议，该项借款的本金到期后一次归还，利息按季支付。问上海立威有限公司应如何进行会计处理？

【业务解析】

(1) 审核原始凭证“借款借据”,如图表 4-24 所示。

(2) 根据审核无误的原始凭证编制记账凭证,如图表 4-25 所示。

上海立威有限公司借入 9 个月的短期借款并已到账,应记入“短期借款”账户的贷方。

图表 4-24　　中国建设银行　**借款借据**　第一联借据回单

20××年 12 月 01 日　　银行编号:00002561

借款单位名称	上海立威有限公司	放款账号	0200001000106653251	利率	5%
		存款账号	0200001000106653251		

		千	百	十	万	千	百	十	元	角	分
借款金额(大写)	人民币壹佰贰拾万元整	¥	1	2	0	0	0	0	0	0	0

约定还款期限	09 个月	借款种类	生产周期借款	借款合同号码	221623
起息日期	20××年 12 月 02 日				

借款直接用途			还款记录	年	月	日	还款金额	余额
	1. 生产周转	4.						
	2.	5.						
	3.	6.						

根据签订的借款合同和你单位申请的借款用途,经审查同意发放上列金额贷款。 中国建设银行　批准人 刘　明	(银行转账盖章) 中国建设银行 上海金沙支行 20××.12.02 转讫

图表 4-25　　<u>记 账 凭 证</u>　　编号:

20××年 12 月 01 日　　附件 2 张

摘要	一级科目	二级或明细科目	√	借方金额	贷方金额
收到 9 个月借款	银行存款	建行 3251		1 200 000	
	短期借款	建行流动资金借款			1 200 000
合计				¥1 200 000	¥1 200 000

会计主管:　　记账:　　审核:　　出纳:　　制单:张鑫

2. 短期借款利息的确认

企业借入短期借款应支付利息。在实际工作中,如果短期借款利息是按期支付的,如按季度支付利息,或者利息是在借款到期时连同本金一起归还,并且其数额较大的,企业应采用月末预提方式进行短期借款利息的核算。短期借款利息属于筹资费用，应当于发生时直接计入当期财务费用。在资产负债表日，企业应当按照计算确定的短期借款利息费用，借记“财务费用”账户，贷记“应付利息”账户；实际支付利息时，借记“应付利息”账户，贷记“银行存款”账户。

业务 4-10 计提、支付短期借款利息

承业务 4-9，计提利息并支付利息。

【业务解析】

(1) 上海立威有限公司计提 1 月份利息时，记入“应付利息”账户，不通过“短期借款”账户核算。

(2) 每月应计提的利息金额＝1 200 000×5%÷12＝5 000(元)

1 月月末，计提 1 月份应付利息：

借：财务费用	5 000	
贷：应付利息		5 000

2 月月末，计提 2 月份利息费用的处理与 1 月份相同。

3 月月末，支付第一季度银行借款利息：

借：财务费用	5 000	
应付利息	10 000	
贷：银行存款		15 000

第 2、第 3 季度的会计处理同上。

3. 短期借款归还

短期借款到期偿还本金时，企业应借记“短期借款”账户，贷记“银行存款”账户。

业务 4-11 归还短期借款

承前业务 4-9，到期归还借款。

【业务解析】

上海立威有限公司 9 个月后归还借款，通过“短期借款”账户核算。

10 月 1 日偿还银行借款：

借：短期借款	1 200 000	
贷：银行存款		1 200 000

如果企业的短期借款利息是按月支付的，或者利息是在借款到期时连同本金一起归还，但是数额不大的，可以不采用预提的方法，而在实际支付或收到银行的计息通知时，直接记入当期损益，借记“财务费用”账户，贷记“银行存款”或“库存现金”账户。

思考与练习 4-5

根据业务 4-6，上海华丽股份有限公司 20××年 10 月 1 日向银行借入一笔生产经营用短期借款，共计 1 200 000 元，期限为 6 个月，年利率为 4%。根据借款协议，该项借款的本金到期后一次归还，利息按季支付。问上海华丽股份有限公司应如何进行会计处理？

4.2.3.2 长期借款会计核算

1. 长期借款取得核算

企业借入长期借款，应按实际收到的金额，借记“银行存款”账户，贷记“长期借款——本金”账户；如存在差额，还应借记“长期借款——利息调整”账户。

业务 4-12 取得长期借款

甲公司为增值税一般纳税人，于 2×13 年 11 月 30 日从银行借入资金 3 000 000 元，借款期限为 3 年，借款年利率为 7%，到期一次还本付息(假设计息按照单利计算)，所借款项存入银行。甲公司用该借款在当日购买不需安装的设备一台，价款 200 000 元，增值税额 260 000 元，另支付保险等费用 40 000 元，设备已于当日投入使用。问甲公司应如何进行会计处理?

【业务解析】

甲公司借入 3 年借款并已收款项，通过“长期借款——本金”账户核算。

甲公司用此款项购买设备并取得增值税专用发票，增值税额 260 000 元记入“应交税费”账户，固定资产成本为 2 040 000 元(2 000 000+40 000)。

编制会计分录如下：

取得借款时：

借：银行存款	3 000 000	
贷：长期借款——本金		3 000 000

支付设备款及保险费时：

借：固定资产	2 040 000	
应交税费——应交增值税(进项税额)	260 000	
贷：银行存款		230 000

2. 长期借款利息的确认

长期借款利息费用应当在资产负债表日按照实际利率法计算确定，实际利率与合同利率差异较小的，也可以采用合同利率计算确定利息费用。长期借款按合同利率计算确定的应付未付利息，如果属于分期付息的，记入“应付利息”账户，企业在资产负债表日计提长期借款利息时，应按以下原则记入相关成本、费用。

(1) 属于筹建期间的，记入管理费用。

(2) 属于生产经营期间的，如果长期借款用于购建固定资产等符合资本化条件的资产，在资产尚未达到预定可使用状态前，所发生的利息支出数应当资本化，记入在建工程等相关资产成本；资产达到预定可使用状态后发生的利息支出，以及按规定不予资本化的利息支出，记入财务费用。借记“在建工程”“制造费用”“财务费用”“研发支出”等账户，贷记“应付利息”账户。

业务 4-13 确认长期借款利息

承业务 4-12，甲公司于 2×13 年 12 月 31 日计提长期借款利息。

【业务解析】

(1) 甲公司计提利息时，到期一次还本付息的借款利息不记入“应付利息”账户，通过

“长期借款——应计利息”账户核算。

(2) 2×13 年 12 月 31 日，计提的长期借款利息为 17 500 元(3 000 000×7%÷12)。

甲公司应编制如下会计分录：

借：财务费用　　17 500

　贷：长期借款——应计利息　　17 500

2×14 年 1 月至 2×16 年 10 月每月月末预提利息的分录同上。

3. 长期借款归还

企业归还长期借款的本金时，应按归还的金额，借记“长期借款——本金”账户，贷记“银行存款”账户；按归还的利息，借记“应付利息”或“长期借款——应计利息”账户，贷记“银行存款”账户。

业务 4-14　归还长期借款利息

承业务 4-12、4-13，甲公司于 2×16 年 11 月 30 日，偿还该笔银行借款本息。问甲公司应如何进行会计处理？

【业务解析】

(1) 甲公司 3 年后归还借款，通过“长期借款——本金”及“长期借款——应计利息”账户核算。

(2) 已计提利息：应计利息 612 500 元(3 000 000×7%÷12×35)，未计提利息为 17 500元(3 000 000×7%÷12)。

编制会计分录如下：

借：财务费用　　17 500

　长期借款——本金　　3 000 000

　　　　——应计利息　　612 500

　贷：银行存款　　3 630 000

思考与练习 4-6

根据业务 4-7，上海华丽股份有限公司 20××年 10 月 1 日向银行借入一笔生产经营用短期借款，共计 1 200 000 元，期限为 5 年，年利率为 4%。根据借款协议，该项借款的本金到期后一次归还，利息按年支付。问上海华丽股份有限公司应如何进行会计处理？

4.3　投资的核算

任务目标	
知识目标	• 能说出投资的定义及分类 • 能判断交易性金融资产 • 能区别各种金融资产的特征
能力目标	• 能处理各种金融资产的业务 • 能正确核算交易性金融资产取得、计息、出售的业务

4.3.1 认识投资

4.3.1.1 投资、金融资产的定义及分类

1. 企业对外投资的概念及分类

企业对外投资是相对于对内投资而言的。企业对外投资就是企业在其本身经营的主要业务以外，以现金、实物、无形资产方式，或者以购买股票、债券等有价证券方式向境内外的其他单位进行投资，以期在未来获得投资收益的经济行为。

企业对外进行的投资，可以有不同的分类。从性质上划分，可以分为债权性投资和权益性投资；从业务模式和现金流量特征划分，可以分为以摊余成本计量的金融资产、以公允价值变动计入当期损益的金融资产，以公允价值计量且其变动计入其他综合收益的金融资产。

2. 企业金融资产的概念及分类

企业金融资产主要包括库存现金、应收账款、应收票据、贷款、垫款、其他应收款、应收利息、债券投资、股票投资、基金投资及衍生金融资产等。企业应当结合自身业务特点和风险管理要求，将取得的金融资产分类核算。

新准则要求根据企业持有金融资产的“业务模式”和“合同现金流量特征”两个条件对金融资产进行分类：

(1) 以摊余成本计量的金融资产：当金融资产同时满足“业务模式是以收取合同现金流量为目标”和“合同现金流量仅为对本金和利息的支付”(简称“SPPI”)两个条件时，将其归为摊余成本计量的金融资产。

(2) 以公允价值计量且其变动计入其他综合收益的金融资产：当金融资产的业务模式是“兼有收取合同现金流量和出售两种目标”的，且合同现金流量满足 SPPI 条件的，将其归为以公允价值计量且其变动计入其他综合收益的金融资产。

(3) 以公允价值计量且其变动计入当期损益的金融资产：上述两种金融资产以外的，应分类为以公允价值计量且其变动计入当期损益的金融资产，包括交易性金融资产和指定为以公允价值计量且其变动计入当期损益的金融资产。

新准则将权益工具定性为公允价值，其变动计入综合收益，无法调回利润表，此举将会大大降低管理层对利润表的掌控能力。

本书只涉及以公允价值计量且其变动计入当期损益的金融资产中的交易性金融资产，其他类型在《中级财务会计》中介绍。

·知识链接·

投资活动中的会计核算工作需解决的主要问题

投资的分类。 对投资业务进行分类确认是投资核算的基础，按管理层持有意图的不同，投资可以分为交易性金融资产投资、可供出售金融资产投资、持有至到期投资和长期股权投资。不同的分类，会带来不同的确认、计量和核算。

投资成本的确定。 投资成本的确定是投资的计量问题，即为取得一项投资发生了多少耗费，它是确定企业为取得一项投资而发生的支出中有多少可以计入投资账户，确认为企业的一项资产，并在资产负债表资产方的相关投资项目中列示。

投资的期末计价。 投资的期末计价是指期末投资在资产负债表上反映的价值，应按

投资的账面价值反映。

投资收益的确认和计量。企业的投资目的主要是为了获得利益,但什么样的投资利益才能确认为收益,如何确认投资损失,确认多少投资损失,是投资会计需要解决的问题。

投资的披露。投资的披露包括在财务报表中的披露和在财务报表附注中的披露。投资在财务报表中如何披露,在财务报表附注中应当披露哪些内容,也是投资会计所涉及的主要内容。

4.3.1.2 交易性金融资产概念及特征

交易性金融资产主要是指企业为了近期内出售而持有的金融资产,如企业以赚取差价为目的从二级市场购入的股票、债券、基金等。

满足以下条件之一的金融资产,为交易性金融资产:

(1) 取得该金融资产的目的,主要是为了短期内出售。

(2) 属于进行集中管理的可辨认金融工具组合的一部分,且有客观证据表明企业采用短期获利方式对该组合进行管理。

(3) 属于衍生工具,主要指期权和期货。但被指定为有效套期工具的衍生工具、属于财务担保合同的衍生工具、与在活跃市场中没有报价且其公允价值不能可靠计量的权益工具挂钩并须通过交付该权益工具结算的衍生工具除外。

4.3.1.3 账户设置

交易性金融资产的取得、收取现金股利或利息、出售等情况,企业应设置"交易性金融资产""公允价值变动损益"和"投资收益"等账户进行核算。

"交易性金融资产"账户核算企业为交易目的所持有的债券投资、股票投资、基金投资等交易性金融资产的公允价值,企业持有的直接指定为以公允价值计量且其变动计入当期损益的金融资产也在"交易性金融资产"账户核算。"交易性金融资产"账户的借方登记交易性金融资产的取得成本、资产负债表日其公允价值高于账面余额的差额等;贷方登记资产负债表日其公允价值低于账面余额的差额,以及企业出售交易性金融资产时结转的成本和公允价值变动;期末借方余额,表示企业月末交易性金融资产的公允价值。企业应当按照交易性金融资产的类别和品种,分别设置"成本""公允价值变动"等明细账户进行核算。账户结构如图表 4-26、图表 4-27 所示。

图表 4-26 交易性金融资产——成本

借方	贷方
交易性金融资产的取得成本	企业出售交易性金融资产时结转的成本
期末余额:持有交易性金融资产的成本	

图表 4-27 交易性金融资产——公允价值变动

借方	贷方
资产负债表日其公允价值高于账面余额的差额 企业出售交易性金融资产时结转的公允价值变动	资产负债表日其公允价值低于账面余额的差额 企业出售交易性金融资产时结转的公允价值变动
期末余额:交易性金融资产的公允价值	

“公允价值变动损益”账户核算企业交易性金融资产等的公允价值变动而形成的应记入当期损益的利得或损失。“公允价值变动损益”账户的借方登记资产负债表日企业持有的交易性金融资产等的公允价值低于账面余额的差额；贷方登记资产负债表日企业持有的交易性金融资产等的公允价值高于账面余额的差额；期末无余额。账户结构如图表4-28所示。

图表 4-28 公允价值变动损益

借方	贷方
出售交易性金融资产时持有期间内公允价值的净减少额 资产负债表日企业持有的交易性金融资产等的公允价值低于账面余额的差额	出售交易性金融资产时持有期间内公允价值的净增加额 资产负债表日企业持有的交易性金融资产等的公允价值高于账面余额的差额
	期末无余额

“投资收益”账户核算企业持有交易性金融资产等的期间内取得的投资收益以及出售交易性金融资产等实现的投资收益或投资损失。“投资收益”账户的借方登记企业出售交易性金融资产等发生的投资损失；贷方登记企业持有交易性金融资产等的期间内取得的投资收益以及出售交易性金融资产等实现的投资收益；期末无余额。账户结构如图表 4-29 所示。

图表 4-29 投 资 收 益

借方	贷方
企业持有交易性金融资产等期间内取得的投资损失 企业出售交易性金融资产等实现的投资损失	企业持有交易性金融资产等期间内取得的投资收益 出售交易性金融资产等实现的投资收益
	期末无余额

4.3.2 交易性金融资产的核算

4.3.2.1 交易性金融资产的取得

企业取得交易性金融资产时，应当按照该金融资产取得时的公允价值作为其初始入账金额。公允价值，是指市场参与者在计量日发生的有序交易中，出售一项资产所能收到或者转移一项负债所需支付的价格。金融资产的公允价值，应当以市场交易价格为基础加以确定。

企业取得交易性金融资产所支付价款中包含了已宣告但尚未发放的现金股利或已到付息期但尚未领取的债券利息的，应当单独确认为应收项目（记入“应收股利”账户或“应收利息”账户），不构成交易性金融资产的初始入账金额。

企业取得交易性金融资产所发生的相关交易费用，应当在发生时记入“投资收益”账户核算。交易费用是指可直接归属于购买、发行或处置金融工具新增的外部费用，包括支付给代理机构、咨询公司、券商等的手续费和佣金及其他必要支出。

企业取得交易性金融资产，应当按照该金融资产取得时的公允价值，借记“交易性金融资产——成本”账户；按照发生的交易费用，借记“投资收益”账户；按照已到付息期但尚未领取的利息或已宣告但尚未发放的现金股利，借记“应收利息”账户或“应收股利”账户；按照实际支付的金额，贷记“其他货币资金”等账户（在实践工作中，企业在证券交易所开户使用“其他货币资金——存出投资款”等账户核算）。

业务 4-15 取得交易性金融资产的核算

20××年 3 月 25 日，甲公司从上海证券交易所购入乙上市公司股票 1 000 000 股，并将其划分为交易性金融资产。该笔股票投资在购买日的公允价值为 10 000 000 元。假设另支付相关交易费用金额为 50 000 元取得增值税专用发票，注明增值税税额为 3 000 元。问甲公司应如何进行会计处理？

【业务解析】

取得交易性金融资产所发生的相关交易费用 50 000 元，应当在发生时记入“投资收益”账户，而不记入“交易性金融资产——成本”账户。

(1) 购买乙上市公司股票时：

借：交易性金融资产——乙上市公司股票——成本	10 000 000	
贷：其他货币资金——存出投资款		10 000 000

(2) 支付相关交易费用时：

借：投资收益——乙上市公司股票	50 000	
应交税费——应交增值税（进项税额）	3 000	
贷：其他货币资金——存出投资款		53 000

4.3.2.2 交易性金融资产的持有期间计息

企业持有交易性金融资产期间对于被投资单位宣告发放的现金股利或企业在资产负债表日按分期付息、一次还本债券投资的票面利率计算的利息收入，应当确认为应收项目，并计入投资收益。

企业在持有交易性金融资产的期间，取得被投资单位宣告发放的现金股利，或在资产负债表日按分期付息、一次还本债券投资的票面利率计算的利息收入，借记“应收股利”账户或“应收利息”账户，贷记“投资收益”账户。

业务 4-16 交易性金融资产持有期间计息的核算

2×14 年 1 月 1 日，上海利有商贸有限公司购入甲公司发行的公司债券，该笔债券于 2×13 年 7 月 1 日发行，面值为 50 000 000 元，票面利率为 5%。上年债券利息于下年年初支付。上海利有商贸有限公司将其划分为交易性金融资产，支付价款为 52 000 000 元（其中包含已到付息期但尚未领取的债券利息 1 250 000 元），另支付交易费用 600 000 元取得增值税专用发票注明增值税税额为 36 000 元。2×14 年 1 月 8 日，上海利有商贸有限公司收到该笔债券利息 1 250 000 元。2×15 年年初，上海利有商贸有限公司收到债券利息 2 500 000 元。问上海利有商贸有限公司应如何进行会计处理？

【业务解析】

(1) 取得交易性金融资产所支付价款中包含的已到付息期但尚未领取的债券利息

1 250 000 元，应当记入“应收利息”账户，而不记入“交易性金融资产——成本”账户。

(2) 取得交易性金融资产所支付价款 52 000 000 元扣除已到付息期但尚未领取的债券利息 1 250 000 元后的余额 50 750 000 元，应当记入“交易性金融资产——成本”账户。

2×14 年 1 月 1 日，购入甲公司的公司债券时：

借：交易性金融资产——甲公司债券——成本	50 750 000	
应收利息	1 250 000	
投资收益	600 000	
应交税费——应交增值税(进项税额)	36 000	
贷：其他货币资金——存出投资款		52 636 000

2×14 年 1 月 8 日，收到购买价款中包含的已到付息期但尚未领取的债券利息时：

借：其他货币资金——存出投资款	1 250 000	
贷：应收利息		1 250 000

2×14 年 12 月 31 日，确认甲公司的公司债券利息收入 2 500 000 元(50 000 000×5%)时：

借：应收利息	2 500 000	
贷：投资收益		2 500 000

2×15 年年初，收到持有甲公司的公司债券利息时：

借：其他货币资金——存出投资款	2 500 000	
贷：应收利息		2 500 000

4.3.2.3 交易性金融资产的期末核算

资产负债表日，交易性金融资产应当按照公允价值计量，公允价值与账面余额之间的差额计入当期损益。

企业应当在资产负债表日按照交易性金融资产公允价值高于其账面余额的差额，借记“交易性金融资产——公允价值变动”账户，贷记“公允价值变动损益”账户；公允价值低于其账面余额的差额，作相反的会计分录。

业务 4-17 交易性金融资产后续计量的核算

假定 2×14 年 6 月 30 日，上海利有商贸有限公司购买的甲公司债券的公允价值(市价)为 53 000 000 元；2×14 年 12 月 31 日，上海利有商贸有限公司购买的甲公司债券公允价值(市价)为 51 000 000 元。问上海利有商贸有限公司应如何进行会计处理？

【业务解析】

(1) 2×14 年 6 月 30 日，甲公司债券的公允价值为 53 000 000 元，账面余额为 50 750 000 元，公允价值大于账面余额 2 250 000 元，应记入“公允价值变动损益”账户的贷方。

(2) 2×14 年 12 月 31 日，甲公司债券的公允价值为 51 000 000 元，账面余额为 53 000 000 元，公允价值小于账面余额 2 000 000 元，应记入“公允价值变动损益”账户的借方。

2×14 年 6 月 30 日，确认甲公司债券的公允价值变动损益时：

借：交易性金融资产——甲公司债券——公允价值变动　　2 250 000
　贷：公允价值变动损益——甲公司债券　　2 250 000

2×14 年 12 月 31 日，确认甲公司债券的公允价值变动损益时：

借：公允价值变动损益——甲公司债券　　2 000 000
　贷：交易性金融资产——甲公司债券——公允价值变动　　2 000 000

4.3.2.4 交易性金融资产的出售

交易性金融资产出售时，应当将该金融资产出售时的公允价值与其账面余额之间的差额作为投资损益进行会计处理；同时，将原记入公允价值变动损益的该金融资产的公允价值变动转出，由公允价值变动损益转为投资收益。

企业出售交易性金融资产，应当按照实际收到的金额，借记“其他货币资金”等账户；按照该金融资产的账面余额，贷记“交易性金融资产——成本、公允价值变动”账户；按照其差额，贷记或借记“投资收益”账户。同时，将原记入该金融资产的公允价值变动转出，借记或贷记“公允价值变动损益”账户，贷记或借记“投资收益”账户。

业务 4-18 出售交易性金融资产的核算

承业务 4-17，假定 2×15 年 1 月 15 日，上海利有商贸有限公司出售了所持有的甲公司债券，售价为 55 000 000 元。问上海利有商贸有限公司应如何进行会计处理？

【业务解析】

(1) 企业出售交易性金融资产的售价 55 000 000 元与其账面余额 51 000 000 之间的差额 4 000 000 元应当作为投资收益，记入“投资收益”账户。

(2) 企业出售交易性金融资产时，还应将原计入该金融资产的公允价值变动转出，即出售交易性金融资产时，应按“公允价值变动”明细账户的贷方余额 250 000 元，借记“公允价值变动损益”账户，贷记“投资收益”账户。

① 出售交易性金融资产时：

借：其他货币资金——存出投资款　　55 000 000
　贷：交易性金融资产——甲公司债券——成本　　50 750 000
　　　　　　　　　　——甲公司债券——公允价值变动　　250 000
　　　投资收益　　4 000 000
借：公允价值变动损益　　250 000
　贷：投资收益　　250 000

② 计算该项业务转让金融商品应交增值税，售价—买入价：

(55 000 000－52 000 000)/(1＋6%)×6%＝169 811.32 (元)

借：投资收益　　169 811.32
　贷：应交税费——转让金融商品应交增值税　　169 811.32

思考与练习 4-7

根据业务 4-8，上海华丽股份有限公司 2×14 年 1 月 1 日购入乙公司发行的公司债券，该笔债券于 2×13 年 10 月 1 日发行，面值为 10 000 000 元，票面利率为 4%。上年债券利息于次年年初支付。上海华丽股份有限公司将其划分为交易性金融资产，支付价款为 10 100 000 元(其中包含已到付息期但尚未领取的债券利息 100 000 元)，另支付交易费用 100 000 元取得增值税专用发票注明增值税额为 13 000 元。2×14 年 1 月 10 日，上海利有商贸有限公司收到该笔债券利息 100 000 元。2×15 年年初，上海利有商贸有限公司收到债券利息 400 000 元。问上海华丽股份有限公司应如何进行会计处理？

4.4 融资与投资会计岗位的电算化操作

4.4.1 融资与投资岗位信息化工作的主要内容

融资与投资岗位在信息化处理工作中主要有以下三个工作任务：一是接受投资的核算；二是取得借款的核算；三是交易性金融资产的核算。这三个工作任务均在总账模块中完成。

4.4.2 融资与投资岗位信息化工作业务流程

融资与投资岗位信息化工作业务流程如图表 4-31 所示。

图表 4-31　工作流程

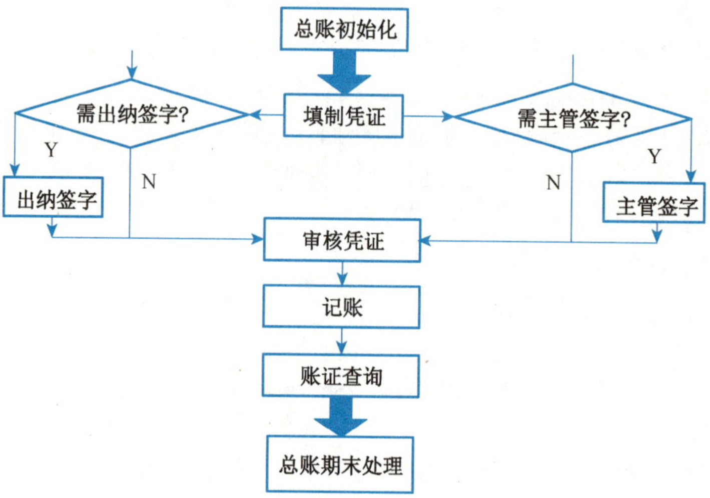

4.4.3 任务实施

收到投资

取得借款

【任务一】 收到投资的核算

执行"业务工作→总账→凭证→填制凭证"命令，根据收到的形式不同的投资，选择不同类型的记账凭证，单击"保存"按钮。如果收到的是货币资金形式的投资，凭证需要出纳签字。

【任务二】 取得借款的核算

执行"业务工作→总账→凭证→填制凭证"命令，选择收款凭证，单击"保存"按钮。更改操作员，进行出纳签字。

【任务三】　交易性金融资产的核算

执行“业务工作→总账→凭证→填制凭证”命令，选择相应的记账凭证，单击“保存”按钮。更改操作员，进行出纳签字。

交易性金融资产的核算

项目小结

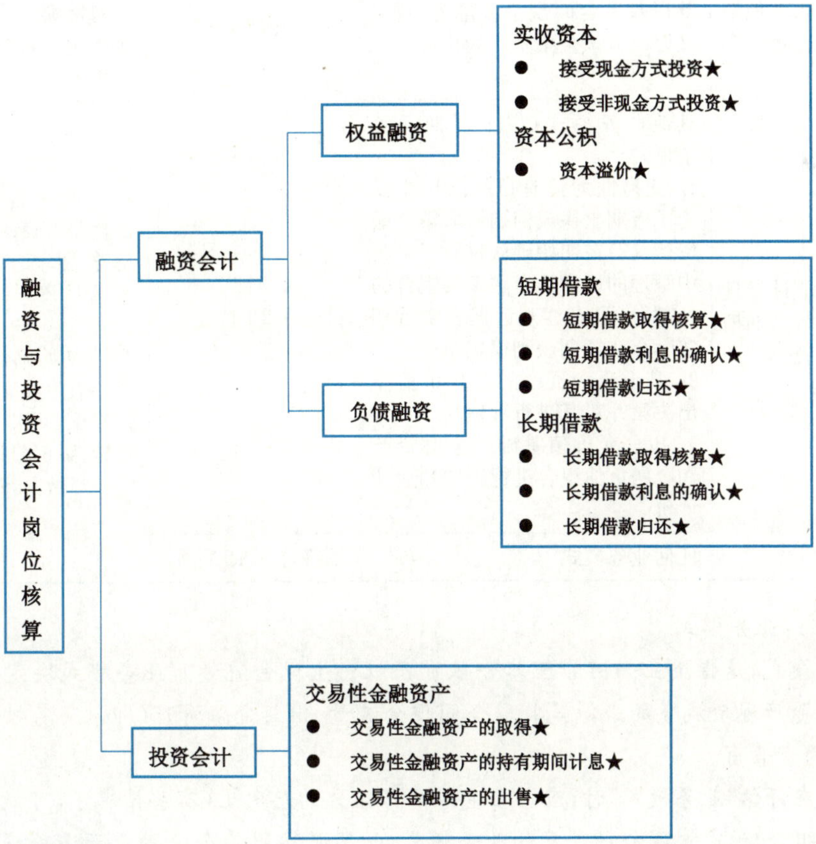

补充阅读

根据修订后的《企业会计准则第22号——金融工具确认和计量》(CAS22)，企业应当根据其管理金融资产的业务模式和金融资产的合同现金流量特征，将金融资产划分为AMC、FVOCI和FVTPL三类，具体分类标准如图表4-32所示。

图表4-32　金融资产分类标准

类　别	分类依据		
	业务模式(注1)	合同现金流量特征(注2)	初始确认为FVOCI或FVTPL
以摊余成本计量的金融资产(AMC)	以收取合同现金流量为目标	符合SPPI特征(仅对本金和以未偿付本金为基础的利息的支付)	

（续表）

类　别	分类依据		
	业务模式(注 1)	合同现金流量特征(注 2)	初始确认为 FVOCI 或 FVTPL
以公允价值计量且其变动计入其他综合收益的金融资产(FVOCI)	既以收取合同现金流量为目标，又以出售该金融资产为目标	符合 SPPI 特征	对非交易性权益工具，可初始确认为 FVOCI。该指定一经做出，不得撤销
以公允价值计量且其变动计入当期损益的金融资产(FVTPL)	其他业务模式(以下任何一种情形)。 1. 交易性为持有目的：(1)主要为了近期出售或回购而取得金融资产；(2)在初始确认时属于可集中管理的可辨认金融工具组合的一部分，且有客观证据表明近期实际存在短期获利模式 2. 基于金融资产的公允价值作出决策并对其进行管理 3. 以公允价值基础对金融资产和金融负债组合进行管理和业绩评价	符合 SPPI 特征	1. 非同一控制下的企业合并中确认的或有对价金融资产应分类为 FVTPL 2. 在初始确认时，如果能够消除或显著减少会计错配，可将金融资产指定为 FVTPL。该指定一经做出，不得撤销
	任何业务模式	不符合 SPPI 特征	

注解 1：业务模式

业务模式，是指企业如何管理其金融资产以产生现金流量。业务模式决定了企业所管理金融资产现金流量的来源是收取合同现金流量、出售金融资产(即以交易性为持有目的)还是两者兼有。

企业在评估“业务模式”时，应当在金融资产组合的层次上(有些情况下，可能需要分拆为更小的组合)确定管理金融资产的业务模式，而不必按照单个金融资产逐项确定业务模式。比如，某企业对应收账款的管理方式为：对销售 A 产品形成的应收账款直接通过客户回款，即在该类应收账款存续期内收取合同付款来实现现金流量，属于以收取合同现金流量为目标的组合；对销售 B 产品形成的应收账款以整体卖断的方式销售给保理公司以提前获取现金流量，这部分款项系以出售为目标的组合，符合以交易性为持有目的的业务模式。

在评估企业管理金融资产的业务模式时，应当注意两点：一是企业不得以按照合理预期不会发生的情形为基础确定管理金融资产的业务模式；二是只要原来评估业务模式时已经充分考虑了当时所有可获得的相关信息，合同现金流量的实现方式不同于预期不构成前期差错，也不改变该业务模式下持有的剩余金融资产的分类，只需在评估新的金融资产的业务模式时考虑这些信息。比如，企业在应收账款的信用风险增加时为减少信用损失而将其卖断式转让，很可能并不影响将剩余应收账款的业务模式继续确定为以收取合同现金流量为目标。

注解 2：合同现金流量特征

合同现金流量符合 SPPI 特征，是指相关金融资产在特定日期产生的合同现金流量仅为对本金和以未偿付本金金额为基础的利息的支付，这一特征与基本借贷安排相一致。根据新 CAS22 及其应用指南，在基本借贷安排中，利息主要包括货币时间价值、信用风险的对价、其他基本借贷风险和成本的对价。

如果金融资产合同中包含与基本借贷安排无关的合同现金流量风险敞口或波动性敞口（如权益价格、债务人的净收益、商品价格变动敞口等）的条款，或者合同现金流量特征中包含杠杆因素（如期权、远期合同和互换合同等），则此类合同不符合 SPPI 特征。

注：如需了解更多融资与投资岗位的核算知识，请通过财政部会计准则委员会网站 http://www.casc.org.cn/进入“政策发布——会计准则”及上海财政网站 http://test.czj.sh.gov.cn/阅读《企业会计准则第 22 号——金融工具确认和计量》。

项目五　职工薪酬会计岗位核算操作

情境导入

王平同学大专毕业后已从事会计工作3年，目前他正应聘上海东方有限公司的职工薪酬核算岗位，要求签订的合同中税前工资是8 000元。该企业严格按照2015年上海市相关规定为所有员工交纳“五险一金”。面试时财务总监要求王平快速回答如下两个问题：

1. 如果录用，王平的税后工资为多少？
2. 企业招聘王平的实际人工成本应该为多少？

亲爱的同学们，你知道以上两个问题的正确答案吗？

本项目教学内容将为你详细答疑。学完本项目之后，相信大家不难正确回答这两个问题了。

问题：

(1) 你了解税前工资和税后工资的区别吗？

(2) 企业职工薪酬中的“五险一金”指的是什么内容？

(3) 企业招聘员工的实际人工成本应该包含哪些内容？

5.1　认识职工薪酬会计岗位

5.1.1　岗位职责

(1) 根据国家相关职工薪酬方面的政策、法规和企业实际情况制定本单位职工薪酬的计算、发放、缴纳的具体标准、程序和方法。

(2) 每月根据人事部门审核，主管经理审批后的考勤表和产量工时记录，依据出勤天数、岗位标准、各种补贴和奖金分配方案等有关内容，按照项目和部门归集、正确编制工资结算汇总表。

(3) 严格按照公司工资薪金核算办法发放工资薪金，并办理代扣款项。

(4) 依据国家规定正确核算职工福利、“五险一金”、工会经费、职工教育经费等有关费用，并进行账务处理。

(5) 按照工资支付对象和成本核算的要求，编制工资费用分配表，向相关部门提供工资分配的明细资料。

(6) 每月按税务部门要求编制职工个人所得税表并代扣代缴所得税。

5.1.2 岗位工作基本流程

岗位工作基本流程如图表 5-1 所示。

图表 5-1　　岗位工作基本流程

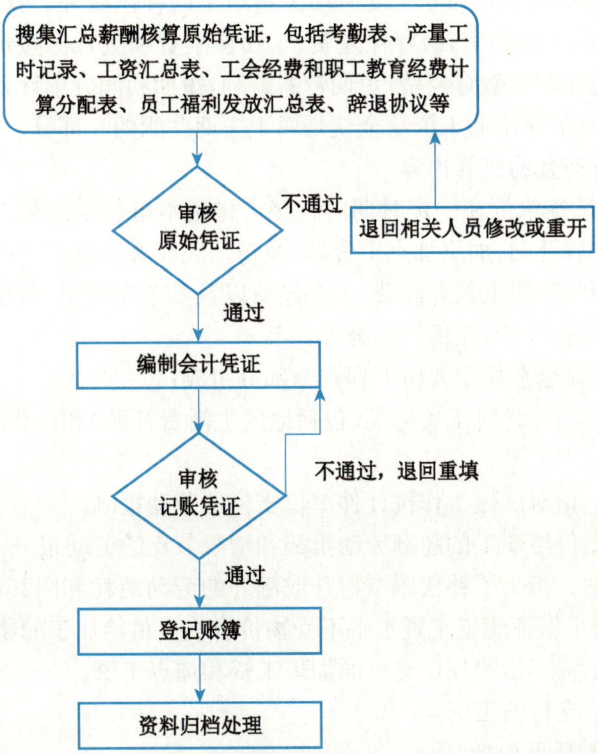

5.2 工资薪金的核算

任务目标	
知识目标	• 能了解工资薪金的核算流程 • 能熟悉工资薪金的核算内容 • 能了解计时工资和计件工资核算的计算方法 • 能了解工资薪金的代扣款项核算内容
能力目标	• 能正确核算职工工资薪金 • 能正确计算计时工资和计件工资 • 能正确进行代扣款项核算 • 能正确进行工资薪金的会计账务处理

5.2.1 认识工资薪金

在自2014年7月1日起施行的《企业会计准则第9号——职工薪酬》中明确指出，职工薪酬是指企业为获得职工提供的服务或解除劳动关系而给予的各种形式的报酬或补偿。职工薪酬包括短期薪酬、离职后福利、辞退福利和其他长期职工福利。企业提供给职工配偶、子女、受赡养人、已故员工遗属及其他受益人等的福利，也属于职工薪酬。

短期薪酬是指企业在职工提供相关服务的年度报告期间结束后12个月内需要全部予以支付的职工薪酬，因解除与职工的劳动关系给予的补偿除外。具体包括：职工工资、奖金、津贴和补贴，职工福利费，医疗保险费、工伤保险费和生育保险费等社会保险费，住房公积金，工会经费和职工教育经费，短期带薪缺勤，短期利润分享计划，非货币性福利以及其他短期薪酬。本节介绍的工资薪金就是属于短期薪酬的一部分。

5.2.1.1 工资薪金的核算内容

工资薪金指的是各单位在一定时期内直接支付给本单位全部职工的劳动报酬，包括基本工资、奖金、津贴、补贴、加班加点工资，以及与任职或者受雇有关的其他支出，不包括企业支出的职工福利费、职工教育经费、工会经费以及养老保险费、医疗保险费、失业保险费、工伤保险费、生育保险费、住房公积金等。

具体而言，工资薪金总额主要由下列六个部分组成：

(1) 计时工资。指按计时工资标准(包括地区生活费补贴)和工作时间支付给个人的劳动报酬。

(2) 计件工资。指对已做工作按计件单价支付的劳动报酬。

(3) 奖金。指支付给职工的超额劳动报酬和增收节支的劳动报酬。

(4) 津贴和补贴。指为了补偿职工特殊或额外的劳动消耗和因其他特殊原因支付给职工的津贴，以及为了保证职工工资水平不受物价影响支付给职工的物价补贴。

(5) 加班加点工资。指按规定支付的加班工资和加点工资。

(6) 特殊情况下支付的工资。

工资薪金的原始凭证包括：

(1) 考勤记录。指登记出勤和缺勤时间及某情况的原始记录。

(2) 工时记录。指登记产品生产工人或生产小组在出勤时间内工作时数及某情况的原始记录。

(3) 产量记录。指登记产品生产工人或生产小组在出勤时间内完成产品的数量、质量的原始记录。

(4) 工资单(又称工资结算单、工资表、工资计算表等)。指根据前三项所编制，据以向每个职工发放工资和津贴的原始记录。

(5) 工资汇总表。指根据工资单汇总编制的，据以提供企业各部门工资类别并作为发放工资、进行工资分配提供资料的原始记录。

5.2.1.2 工资薪金的计算

企业可根据具体情况采用各种不同的工资制度，其中最基本的工资制度是计时工资制度和计件工资制度。

1. 计时工资的计算

计时工资是根据考勤记录登记的每一职工出勤或缺勤日数，按照规定的工资标准计算的，计算方法有年薪制、月薪制、周薪制、日薪制、钟点工资制等。最常见的是月薪制和日薪制两种方法。

（1）月薪制。月薪制是指按职工固定的月标准工资扣除缺勤工资计算其工资的一种方法，是目前普遍执行的工资制度。月薪制下计时工资的计算有两种方法：

方法一：按月标准工资扣除缺勤天数应扣工资额计算（减法）。计算公式为：

某职工应付计时工资＝该职工月标准工资－（事假天数×日标准工资）
－（病假天数×日标准工资×病假扣款率）

方法二：按出勤天数直接计算（加法）。计算公式为：

某职工应付计时工资＝该职工本月出勤天数×日标准工资＋病假天数
×日标准工资×（1－病假扣款率）

（2）日薪制。日薪制是按职工实际出勤天数和日标准工资计算其工资的一种方法。计算公式为：

某职工应付计时工资＝出勤天数×日标准工资

无论是月薪制还是日薪制，计算公式中的月标准工资可以根据职工工资卡片的记录取得，缺勤记录可以根据考勤记录取得，日标准工资的计算因方法不同而不同，详见知识链接。

·知识链接·

日标准工资的计算方法

(1) 每月固定按 30 天计算，日工资率为每月标准工资除以 30 天，即：

日标准工资＝月标准工资/30

采用这种方法计算日工资率时，缺勤期间的节假日也视为缺勤，照样要扣工资。

(2) 每月按 21.75 天计算[全年 365 天扣除 104 个公休日，再用 12 个月平均，即(365 天－104 天)/12 月＝21.75(天)]，即：

日标准工资＝月标准工资÷21.75

按照我国《劳动法》第五十一条的规定，法定节假日用人单位应当依法支付工资，即折算日标准工资时不剔除国家规定的 11 天法定节假日。采用这种方法计算日工资率时，缺勤期间的节假日、星期天不算缺勤，不扣工资。

2. 计件工资的计算

实行计件工资制的企业，应付工人的计件工资是按产量工时记录的个人（或班组）完成的合格完工产品产量乘以计件单价计算的，包括个人计件工资和集体计件工资的计算。

（1）个人计件工资的计算。个人计件工资是按产量记录和计件单价进行计算的。产量包括合格品的数量和料废品数量。料废品是指因加工材料的缺陷而导致的废品。计算方法有两种，具体内容如下：

方法一：

$$应付计件工资 = \sum(某工人本月生产每种产品产量 \times 该种产品计件单价)$$

其中：

$$某种产品计件单价 = 生产单位产品所需的工时定额 \times 该级工人小时工资率$$

注意：这里的产品产量=合格品数量+料废品数量。料废品是非工人本人过失造成的不合格产品，应计算并支付工资；工废品是由于本人过失造成的不合格产品，不计算、支付工资。

方法二：

$$应付计件工资=某工人本月生产各种产品定额工时之和 \times 该工人小时工资率$$

（2）集体计件工资的计算。集体计件工资是以工作队（组）为计算单位，工资取决于计件单位集体的劳动成果，它是以工作队（组）生产的合格产品的数量乘以计件单价，计算出应得的计件工资总额；然后在班组或工作队内部工人之间，根据每个人的技术熟练程度和贡献大小等情况进行合理的分配。集体计件工资的分配方法主要有两种：

方法一：按照本人标准工资分配，即将集体所得的计件工资，按照职工个人日工资标准和实际工作天数进行分配。其计算公式为：

$$某职工应付计件工资=个人日工资标准 \times 实际工作天数 \times 工资分配系数$$

其中：

$$工资分配系数=集体应付计件工资总额/集体应付标准工资总额$$

$$集体应付计件工资总额=工作队（组）生产合格产品数量 \times 计件单价$$

$$集体应付标准工资总额 = \sum(个人日工资标准 \times 实际工作天数)$$

方法二：按照实际工作天数平均分配。它适用于工人技术熟练程度相差不大的情形。其计算公式为：

$$某职工应付计件工资=工资分配系数 \times 个人实际工作天数$$

其中：

$$工资分配系数=集体应付计件工资总额/集体实际工作天数$$

$$集体实际工作天数 = \sum(个人实际工作天数)$$

5.2.1.3 账户设置

为了核算应付给职工的薪酬，企业设置“应付职工薪酬”账户进行总分类核算，用来核算企业根据有关规定应付给职工各种薪酬的提取、结算、使用等情况。本账户借方登记企业实际支付的工资薪金总额；贷方登记企业发生的工资薪金总额；余额在贷方，表示应付未付工资薪金金额。账户结构如图表 5-2 所示。

图表 5-2　　应付职工薪酬——短期薪酬（工资）

借方	贷方
企业实际支付的工资薪金总额	企业发生的工资薪金总额
	期末余额：应付未付工资薪金金额

“应付职工薪酬”账户应按照“工资、奖金、津贴和补贴”“职工福利费”“非货币性福利”“社会保险费”“住房公积金”“工会经费和职工教育经费”“带薪缺勤”“利润分享计划”“设定提存计划”“设定受益计划”“辞退福利”等职工薪酬项目设置明细账进行明细核算。

“应付职工薪酬”明细账采用三栏式，如图表 5-3 所示。

图表 5-3　　　　应付职工薪酬三栏式账格式

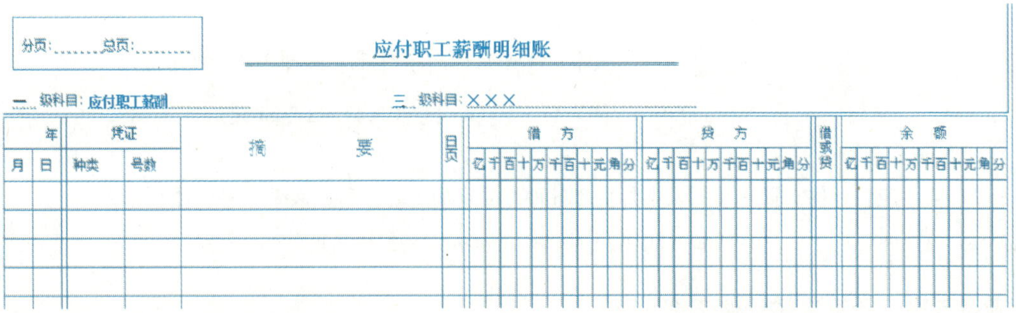
分页:........总页:........

应付职工薪酬明细账

一级科目: 应付职工薪酬　　　　三级科目: ×××

年		凭证		摘要	日页	借方	贷方	借或贷	余额
月	日	种类	号数			亿千百十万千百十元角分	亿千百十万千百十元角分		亿千百十万千百十元角分

5.2.2　工资薪金会计核算

业务 5-1　计算计时工资

上海东方有限公司行政部员工刘云婷的月基本工资为 2 700 元。12 月份为 31 天，该员工病假 1 天，事假 2 天，星期休假 8 天，出勤 20 天。根据刘云婷的工龄，其病假工资按基本工资的 90%计算，病、事假期间没有节假日。要求：计算该员工 12 月份的计时工资总额。

【业务解析】

(1) 按月标准工资扣除缺勤天数应扣工资额计算。

日标准工资按 30 天计算，有：

日标准工资＝2 700÷30＝90(元/天)

应付计时工资＝2 700－(2×90)－[1×90×(1－90%)]＝2 511(元)

日标准工资按 21.75 天计算，有：

日标准工资＝2 700/21.75＝124.137 9(元/天)

应付计时工资＝2 700－(2×124.137 9)－[1×124.137 9×(1－90%)]＝2 439(元)

(2) 按出勤天数直接计算。

日标准工资按 30 天计算，有：

日标准工资＝2 700/30＝90(元/天)

应付计时工资＝(20＋8)×90＋1×90×90%＝2 601(元)

日标准工资按 21.75 天计算，有：

日标准工资＝2 700/21.75＝124.137 9(元/天)

应付计时工资＝20×124.137 9＋1×124.137 9×90%＝2 594(元)

业务 5-2　计算个人计件工资

上海东方有限公司生产的甲、乙两种产品都应由 1 级工人加工。甲产品单件工时定额为 30 分钟，乙产品单件工时定额为 45 分钟。1 级工人的小时工资率为 4 元。某 1 级工人 12 月加工甲产品 500 件、乙产品 400 件。要求：计算该工人 12 月份的计件工资。

【业务解析】

方法一：

$$应付计件工资=\sum(某工人本月生产每种产品产量\times该种产品计件单价)$$
$$=500\times(30/60\times4)+400\times(45/60\times4)=2\ 200(元)$$

方法二：

$$应付计件工资=某工人本月生产各种产品定额工时之和\times该级工人小时工资率$$
$$=(500\times30/60+400\times45/60)\times4=2\ 200(元)$$

业务 5-3 计算集体计件工资

上海东方有限公司第一车间 A 生产班组共有甲、乙、丙、丁 4 名工人，该月生产某产品 2 000件，每件计件单价为 9 元，班组成员日工资标准和实际工作天数如图表 5-4 所示。

图表 5-4 集体计件工资计算资料

工人	等级	月工资标准(元)	日工资标准(元)	工作天数(天)
甲	1	4 500	210	22
乙	2	3 900	180	22
丙	3	3 000	145	21
丁	4	2 400	120	20
合计				85

要求计算甲、乙、丙、丁 4 名工人应分配的计件工资。

【业务解析】

方法一：

工资分配系数=2 000×9/(210×22+180×22+145×21+120×20)=1.283 4

甲应付计件工资=210×22×1.283 4=5 929(元)

乙应付计件工资=180×22×1.283 4=5 082(元)

丙应付计件工资=145×21×1.283 4=3 908(元)

丁应付计件工资=120×20×1.283 4=3 081(元)

方法二：

工资分配系数=2 000×9/(22+22+21+20)=211.764 7

甲应付计件工资=22×211.764 7=4 659(元)

乙应付计件工资=22×211.764 7=4 659(元)

丙应付计件工资=21×211.764 7=4 447(元)

丁应付计件工资=20×211.764 7=4 235(元)

业务 5-4 确认工资薪金

2×15 年 12 月 31 日，确认公司本月职工薪酬。工资结算汇总表如图表 5-5 所示。

图表 5-5　　工资结算汇总表(1)

单位：上海东方有限公司　　2×15 年 12 月 31 日　　单位：元

部门		基本工资	扣款		奖金	津贴	应付工资
			病假	事假			
车间	生产工人	148 080	464	2 100	8 970	64 354	218 840
	管理人员	22 320	98	40	1 120	8 046	31 348
管理人员		54 800	158	40	530	5 848	60 980
销售人员		26 800	80		2 080	4 760	33 560
合　计		252 000	800	2 180	12 700	83 008	344 728

审核：刘晓东　　制单：张华

【业务解析】

编制会计分录如下：

借：生产成本　218 840

　　制造费用　31 348

　　管理费用　60 980

　　销售费用　33 560

　　贷：应付职工薪酬——工资、奖金、津贴和补贴　344 728

思考与练习 5-1

根据业务 5-4，假设上海东方有限公司财务部当月员工工资薪金总额为 15 000 元，问该公司该如何进行会计处理？

·知识链接·

每月月末企业应将本月工资薪金进行分配，并根据情况计入有关成本费用：

(1) 生产部门人员的职工薪酬，借记“生产成本”“制造费用”账户等，贷记“应付职工薪酬——工资、奖金、津贴和补贴”账户。

(2) 管理部门人员的职工薪酬，借记“管理费用”账户，贷记“应付职工薪酬——工资、奖金、津贴和补贴”账户。

(3) 销售部门人员的职工薪酬，借记“销售费用”账户，贷记“应付职工薪酬——工资、奖金、津贴和补贴”账户。

(4) 应由在建工程、研发支出负担的职工薪酬，借记“在建工程”“研发支出”账户，贷记“应付职工薪酬——工资、奖金、津贴和补贴”账户。

业务 5-5　发放工资薪金

2×15 年 12 月 15 日，上海东方有限公司发放 11 月份员工工资。各凭证如图表 5-6 至图表 5-8 所示。

图表 5-6　　转账支票存根

工商银行
转账支票存根
30109810
00023328

附加信息

出票日期：2×15 年 12 月 15 日

收款人： 上海东方有限公司	
金额：￥280841.00	
用途：支付工资	

单位主管：刘晓东　　会计：张华

图表 5-7　　交通银行进账单(回　单)　1

2×15 年 12 月 15 日

交通银行　进账单（回单）

2×15 年 12 月 15 日

出票人	全称	上海东方有限公司	收款人	全称	上海东方有限公司
	账号	6200029401003636532		账号	6200029401003636532
	开户银行	工行沪海支行		开户银行	工行沪海支行
金额	人民币（大写）贰拾捌万零捌佰肆拾壹元整			亿 千 百 十 万 千 百 十 元 角 分	￥ 2 8 0 8 4 1 0 0
票据种类	转账支票	票据张数	1		
票据号码	00023328				
复核　记账				工商银行沪海支行 2×15 年 12 月 15 业务受理章 开户银行签章	

此联是开户银行交给持票人的回单

图表 5-8　　工资结算汇总表(2)

单位：上海东方有限公司　　2×15 年 11 月 30 日　　单位：元

部门		应付工资	代扣款项						实发金额
			住房公积金	养老保险费	医疗保险费	失业保险费	个人所得税	合计	
车间	生产工人	218 700	15 260	17 440	4 360	2 180	456	39 696	179 004
	管理人员	31 342	2 184	2 496	624	312	694	6 310	25 032
管理人员		60 970	4 214	4 816	1 204	602	261	11 097	49 873
销售人员		33 548	2 310	2 640	660	330	676	6 616	26 932
合　计		344 560	23 968	27 392	6 848	3 424	2 087	63 719	280 841

【业务解析】

编制会计分录如下：

借：应付职工薪酬——工资、奖金、津贴和补贴　　280 841
　　贷：银行存款　　280 841

思考与练习 5-2

根据业务 5-5，上海东方有限公司如果采用现金发放的方式支付 11 月工资薪金，则该企业如何进行会计处理？

·知识链接·

企业按照有关规定向职工支付工资薪金时，借记“应付职工薪酬——工资、奖金、津贴和补贴”账户，贷记“银行存款”“库存现金”等账户。

业务 5-6　结转代扣款项

2×15 年 12 月 31 日，上海东方有限公司结转 12 月份职工工资薪金中代扣款项。如图表 5-9 所示。

图表 5-9　　工资结算汇总表(3)

单位：上海东方有限公司　　2×15 年 12 月 31 日　　单位：元

部门		应付工资	代扣款项						实发金额
			住房公积金	养老保险费	医疗保险费	失业保险费	个人所得税	合计	
车间	生产工人	218 840	15 260	17 440	4 360	2 180	468	39 708	179 132
	管理人员	31 348	2 184	2 496	624	312	695	6 311	25 037
管理人员		60 980	4 214	4 816	1 204	602	262	11 098	49 882
销售人员		33 560	2 310	2 640	660	330	677	6 617	26 943
合　计		344 728	23 968	27 392	6 848	3 424	2 102	63 734	280 994

【业务解析】

编制会计分录如下：

借：应付职工薪酬——工资、奖金、津贴和补贴　　63 734
　　贷：其他应付款——住房公积金　　23 968
　　　　　　　　　——养老保险　　27 392
　　　　　　　　　——医疗保险　　6 848
　　　　　　　　　——失业保险　　3 424
　　　　应交税费——应交个人所得　　2 102

思考与练习 5-3

根据业务 5-5、5-6，向职工 11 月、12 月代扣的住房公积金、养老保险费、医疗保险费、失业保险费金额是否一样？计算原理是怎么样的？

·知识链接·

（1）“五险一金”中的五险是指基本养老保险，医疗保险，失业保险，工伤保险，生育保险；一金指住房公积金。平时个人薪资中所指的“四金”就是指养老保险金、医疗保险金、失业保险金和住房公积金。

（2）按照国家规定，五险一金由用人单位和个人共同支付，定期上缴，存入以个人身份开设的保险账户或公积金账户，由相关社会职能部门统一管理。

（3）“五险一金”的缴费基数每年调整一次，以上海为例，2015 年度单位在职职工“五险”的缴费基数最高 16 353 元（为 2014 年度本市职工月均工资 3 倍），最低为 3 271元（为 2014 年度本市职工月均工资 60%），调整时间窗口为每年的 4 月 1 日，即 2015 年度“五险”缴费标准执行期为 2015 年 4 月 1 日至 2016 年 3 月 31 日；“住房公积金”的缴费基数最高 16 353 元（为 2014 年度本市职工月均工资 3 倍），最低为 1 820元（为 2015 年上海市月最低工资标准），调整时间窗口为每年的 7 月 1 日，即 2015 年度“住房公积金”缴费标准执行期为 2015 年 7 月 1 日至 2016 年 6 月 30 日，以此类推。2015 年和 2019 年度上海户籍职工“五险一金”的具体缴费基数和费率如图表 5-10 所示。

图表 5-10　2015 年和 2019 年度上海户籍职工“五险一金”的缴费基数和费率表

年度	类型	缴费基数(元)	缴费比例		小计
			企业缴费	个人缴费	
2015	养老保险	3 271～16 353	21%	8%	29%
	工伤保险	3 271～16 353	0.50%	0%	0.50%
	失业保险	3 271～16 353	1.50%	0.50%	2%
	生育保险	3 271～16 353	1%	0%	1%
	医疗保险	3 271～16 353	11%	2%	13%
	住房公积	1 820～16 353	7%	7%	14%
	合计		42%	17.50%	59.50%
2019	养老保险	4 927～24 633	16%	8%	24%
	工伤保险	4 927～24 633	0.16%～1.52%	0%	0.16%～1.52%
	失业保险	4 927～24 633	0.5%	0.50%	1%
	生育保险	4 927～24 633	1%	0%	1%
	医疗保险	4 927～24 633	9.5%	2%	11.5%
	住房公积	3 290～23 496	7%	7%	14%
	合计		34.16%	17.50%	51.66%

5.3 其他职工薪酬的核算

任务目标	
知识目标	• 能了解职工福利费的核算内容 • 能了解社会保险费和住房公积金的核算内容 • 能了解工会经费和职工教育经费的核算内容 • 能了解短期带薪缺勤的核算内容 • 能了解非货币性福利的核算内容 • 能了解离职后福利的核算内容 • 能了解辞退福利的核算内容
能力目标	• 能正确进行职工福利费的会计账务处理 • 能正确进行社会保险费和住房公积金的会计账务处理 • 能正确进行工会经费和职工教育经费的会计账务处理 • 能正确进行短期带薪缺勤的会计账务处理 • 能正确进行非货币性福利的会计账务处理 • 能正确进行离职后福利的会计账务处理 • 能正确进行辞退福利的会计账务处理

5.3.1 认识其他职工薪酬

本节介绍的其他职工薪酬包括短期薪酬中非工资薪金内容(主要包括职工福利费,医疗保险费、工伤保险费和生育保险费等社会保险费,住房公积金,工会经费和职工教育经费,短期带薪缺勤,非货币性福利等)、离职后福利和辞退福利等内容。

1. 职工福利费的核算内容

职工福利费是指企业向职工提供的生活困难补助、丧葬补助费、抚恤费、职工异地安家费、防暑降温费等职工福利支出。

2. 社会保险费和住房公积金的核算内容

自 2014 年 7 月 1 日起施行的《企业会计准则第 9 号——职工薪酬》中规定,医疗保险费、工伤保险费和生育保险费等社会保险费,是指企业按照国家规定的基准和比例计算,向社会保险经办机构缴存的医疗保险费、工伤保险费和生育保险费。住房公积金是指企业按照国家规定的基准和比例计算,向住房公积金管理机构缴存的住房公积金。

3. 工会经费和职工教育经费的核算内容

工会经费和职工教育经费,是指企业为了改善职工文化生活、为职工学习先进技术和提高文化水平及业务素质,用于开展工会活动和职工教育及职业技能培训等相关支出。

4. 短期带薪缺勤的核算内容

带薪缺勤是指企业支付工资或提供补偿的职工缺勤,包括年休假、病假、短期伤残、婚假、产假、丧假、探亲假等。从时间长短来看,带薪缺勤分为短期带薪缺勤和长期带薪缺勤，其中短期带薪缺勤属于短期薪酬，长期带薪缺勤属于其他长期职工福利。

带薪缺勤根据其性质及其职工享有的权利，分为累积带薪缺勤和非累积带薪缺勤两类。其中，累积带薪缺勤，是指带薪缺勤权利可以结转下期，本期尚未用完的带薪缺勤权利可以在未来期间使用的带薪缺勤。非累积带薪缺勤，是指带薪缺勤权利不能结转下期，本期尚未用完的带薪缺勤权利将予以取消带薪缺勤，并且职工离开企业时也无权获得现金支付的带薪缺勤。一般情况下，我国企业职工产假、丧假、探亲假、病假期间的工资通常属于非累积带薪缺勤。

5. 非货币性福利的核算内容

非货币性福利是指企业以非货币性资产支付给职工的薪酬，主要包括企业以自产产品发放给职工作为福利、将企业拥有的资产无偿提供给职工使用、为职工无偿提供医疗保健服务等。

6. 离职后福利的核算内容

离职后福利是指企业为获得职工提供的服务而在职工退休或与企业解除劳动关系后，提供的各种形式的报酬和福利，但短期薪酬和辞退福利除外。离职后福利分为设定提存计划和设定受益计划。其中，设定提存计划是指企业向独立的基金缴存固定费用后，不再承担进一步支付义务的离职后福利计划，主要包括养老保险费、企业年金、失业保险费等；设定受益计划是指除设定提存计划以外的离职后福利计划。

7. 辞退福利的核算内容

辞退福利是指企业在职工劳动合同到期之前解除与职工的劳动关系，或者为鼓励职工自愿接受裁减而给予职工的补偿。辞退福利主要包括：①在职工劳动合同尚未到期前，不论职工本人是否愿意，企业决定解除与职工的劳动关系而给予的补偿。②在职工劳动合同尚未到期前，为鼓励职工自愿接受裁减而给予的补偿，职工有权利选择继续在职或接受补偿离职。

5.3.2 其他职工薪酬会计核算

5.3.2.1 职工福利费的核算

职工福利费核算具体包括以下内容：

(1) 尚未实行分离办社会职能的企业，其内设福利部门所发生的设备、设施和人员费用，包括职工食堂、职工浴室、理发室、医务所、托儿所、疗养院等集体福利部门的设备、设施及维修保养费用和福利部门工作人员的工资薪金、社会保险费、住房公积金、劳务费等。

(2) 为职工卫生保健、生活、住房、交通等所发放的各项补贴和非货币性福利，包括企业向职工发放的因公外地就医费用、未实行医疗统筹企业职工医疗费用、职工供养直系亲属医疗补贴、供暖费补贴、职工防暑降温费、职工困难补贴、救济费、职工食堂经费补贴、职工交通补贴等。

(3) 按照其他规定发生的其他职工福利费，包括丧葬补助费、抚恤费、安家费、探亲假路费等。

业务 5-7　支付职工生活困难补助

2×15 年 12 月 10 日，上海东方有限公司财务部以现金支付职工困难补助 2 000 元。申请单如图表 5-11 所示。

图表 5-11　　职工生活困难补助申请单

2×15 年 12 月 10 日　　编号：201512-01

<table>
<tr><td>部门</td><td>生产车间</td><td>姓名</td><td>刘平</td><td>本人工资收入</td><td>2800 元</td><td>家庭其他成员收入</td><td>无</td></tr>
<tr><td rowspan="2">补助原因</td><td colspan="5" rowspan="2">工厂员工刘平为残疾人，且其家属无其他外来收入</td><td>补助性质</td><td>临时性补助</td></tr>
<tr><td>申请金额</td><td>￥2 000.00</td></tr>
<tr><td>部门意见</td><td colspan="3">建议给予临时补助！
周海</td><td>工会意见</td><td>现金付讫
同意！
王昕</td><td>签收人</td><td>刘平</td></tr>
</table>

【业务解析】

编制会计分录如下：

借：制造费用　　2 000
　贷：应付职工薪酬——职工福利费　　2 000

借：应付职工薪酬——职工福利费　　2 000
　贷：库存现金　　2 000

思考与练习 5-4

根据业务 5-7，如果申请困难补助的员工是上海东方有限公司行政部的陆一，则，问该如何进行会计处理。

·知识链接·

关于职工福利费的相关规定

(1)《企业会计准则》(2006)规定，职工福利费不再按工资总额的 14%进行计提，实际发生时，按实际发生额进行核算。

(2) 企业发生的职工福利费，应当在实际发生时，根据实际发生额计入当期损益或相关资产成本。

5.3.2.2　“五险一金”的核算

“五险”主要包括医疗保险、工伤保险、生育保险、养老保险、失业保险，“一金”指的是住房公积金。“五险一金”的核算指的是计提和缴纳两个环节的核算。

业务 5-8　计提“五险一金”

2×15 年 12 月 31 日，上海东方有限公司财务部计提公司 12 月份的“五险一金”。计算分配如图表 5-12 所示。

图表 5-12　　社会保险费和住房公积金计算分配表

单位:上海东方有限公司　　2×15 年 12 月 31 日　　单位:元

部门		计提基数	社会保险费							住房公积金(7%)	合计
			医疗保险费(11%)	工伤保险费(0.5%)	生育保险费(1%)	小计	养老保险费(21%)	失业保险费(1.5%)	小计		
车间	生产工人	218 000	23 980	1 090	2 180	27 250	45 780	3 270	49 050	15 260	91 560
	管理人员	31 200	3 432	156	312	3 900	6 552	468	7 020	2 184	13 104
管理人员		60 200	6 622	301	602	7 525	12 642	903	13 545	4 214	25 284
销售人员		33 000	3 630	165	330	4 125	6 930	495	7 425	2 310	13 860
合　计		342 400	37 664	1 712	3 424	42 800	71 904	5 136	77 040	23 968	143 808

【业务解析】

编制会计分录如下：

借：生产成本　　91 560
　　制造费用　　13 104
　　管理费用　　25 284
　　销售费用　　13 860
　　贷：应付职工薪酬——社会保险费　　119 840
　　　　　　　　　——短期薪酬(住房公积金)　　23 968

思考与练习 5-5

根据业务 5-8,如果表格中“销售人员”改为“在建工程建设人员”,请问该如何进行会计处理?

·知识链接·

企业为职工缴纳的医疗保险费、工伤保险费、生育保险费等社会保险费和住房公积金应当在职工为其提供服务的会计期间,根据规定的计提基础和计提比例计算确定相应的职工薪酬金额,并确认相应负债,将其计入当期损益或相关资产成本。

企业缴纳的养老、失业保险等社会保险费属于职工离职后福利中的设定提存计划,企业应当在职工为其提供服务的会计期间,根据设定提存计划计算的应缴存金额确认为负债,并计入当期损益或相关资产成本。

业务 5-9　缴纳“五险一金”

2×15 年 12 月 15 日,上海东方有限公司财务部通过银行转账缴纳公司 11 月份的“五险一金”(仅附原始单据一张,如图表 5-13 所示,其他省略)。

图表 5-13　　社会保险费和住房公积金计算分配表

单位:上海东方有限公司　　2×15 年 11 月 30 日　　金额单位:元

部门		计提基数	社会保险费							住房公积金(7%)	合计
			医疗保险费(11%)	工伤保险费(0.5%)	生育保险费(1%)	小计	养老保险费(21%)	失业保险费(1.5%)	小计		
车间	生产工人	218 000	23 980	1 090	2 180	27 250	45 780	3 270	49 050	15 260	91 560
	管理人员	31 200	3 432	156	312	3 900	6 552	468	7 020	2 184	13 104
管理人员		60 200	6 622	301	602	7 525	12 642	903	13 545	4 214	25 284
销售人员		33 000	3 630	165	330	4 125	6 930	495	7 425	2 310	13 860
合　计		342 400	37 664	1 712	3 424	42 800	71 904	5 136	77 040	23 968	143 808

【业务解析】

编制会计分录如下:

借:应付职工薪酬——社会保险费　　119 840
　　　　　　——短期薪酬(住房公积金)　　23 968
　贷:银行存款　　143 808

思考与练习 5-6

根据业务 5-5 中图表 5-8 应付职工薪酬明细账的数据,上海东方有限公司通过银行转账缴纳职工 11 月份的代扣款项。问该如何进行会计处理?并比较与业务 5-9 的区别。

5.3.2.3　工会经费和职工教育经费的核算

工会经费开支范围通常包括:①会员活动费。用于组织会员开展集体活动及会员特殊困难补助的费用,如会员活动日郊游活动、联欢会、参观、电影、舞会、游园以及其他集体活动的费用等。②职工活动费。用于职工开展教育、文娱、体育、宣传活动以及其他活动等方面的开支。③工会业务费。用于履行工会职能、加强自身建设和开展业务工作等方面的费用。④事业支出。用于工会管理的为职工服务的文化、体育、教育、生活服务等附属事业的相关费用以及对所属事业单位必要的补助支出。⑤其他支出。

企业的职工教育经费的列支范围包括:①上岗和转岗培训。②各类岗位适应性培训。③岗位培训、职业技术等级培训、高技能人才培训。④专业技术人员继续教育。⑤特种作业人员培训。⑥企业组织的职工外送培训的经费支出。⑦职工参加的职业技能鉴定、职业资格认证等经费支出。⑧购置教学设备与设施。⑨职工岗位自学成才奖励费用。⑩职工教育培训管理费用及有关职工教育的其他开支。

一般情况下企业的工会经费是按照职工工资总额的 2%计提。职工教育经费一般由企业按照每月工资总额的 8%计提,主要用于职工接受岗位培训、继续教育等方面的支出。

企业按规定提取的工会经费和发生的职工教育经费,应当在职工为其提供服务的会计期间确定相应的职工薪酬金额,并确认相应负债,计入当期损益或相关资产成本。

业务 5-10　计提工会经费、职工教育经费

2×15 年 12 月 31 日,上海东方有限公司财务部计提公司 12 月份的工会经费和职工教育经费,如图表 5-14 所示。

图表 5-14　　工会经费和职工教育经费计算分配表

单位:上海东方有限公司　　2×15 年 12 月 31 日　　单位:元

部门		计提基数(本月工资总额)	工会经费(2%)	职工教育经费(8%)
车间	生产工人	218 840.00	4 376.80	17 507.02
	管理人员	31 348.00	626.96	2 507.84
管理人员		60 980.00	1 219.60	4 878.4
销售人员		33 560.00	671.20	2 684.8
合　计		344 728.00	6 894.56	27 578.24

【业务解析】

编制会计分录如下:

借:生产成本　　21 884
　　制造费用　　3 134.8
　　管理费用　　6 098
　　销售费用　　3 356
　　贷:应付职工薪酬——工会经费　　6 894.56
　　　　　　　　　——职工教育经费　　27 578.24

思考与练习 5-7

根据业务 5-10,如果表格中"销售人员"改为"在建工程建设人员",则请问该如何进行会计处理?

业务 5-11　发生职工教育经费

2×15 年 12 月 31 日,上海东方有限公司转账支付管理部门人员的培训费 2 000 元。

【业务解析】

编制会计分录如下:

借:管理费用　　2 000
　　贷:应付职工薪酬——职工教育经费　　2 000

借:应付职工薪酬——职工教育经费　　2 000
　　贷:银行存款　　2 000

5.3.2.4　短期带薪缺勤的核算

业务 5-12　短期带薪缺勤核算

上海东方有限公司实行累积带薪缺勤制度。该制度规定,每个职工每年可享受 10 天的带薪年休假,未享受的年休假只能向后结转 1 个会计年度,超过 1 年未行使的带薪年休假权利作废,累积未行使的带薪缺勤权利可以获得相应的现金支付。职工休假以后进先出原则为基础。

(1) 2×14 年 12 月 31 日,有 10 个职工当年未享受的带薪年休假为 2 天。假定这 10 名职工全部为生产车间工人。该公司车间工人平均每名职工日工资收入为 200 元。

(2) 假定 2×15 年上述 10 名职工中有 8 名享受了 12 天的年休假,公司以银行存款支付,剩下 2 名只享受 10 天的年休假。

【业务解析】

(1) 根据《企业会计第 9 号——职工薪酬》的规定,累积带薪缺勤需要在职工提供了服务从而增加了其未来享有的带薪缺勤权利时才能确认为资本成本或者计入当期损益。因此,上海东方有限公司在 2×14 年 12 月 31 日,应当预计由于 10 名职工未享受的每人 2 天年休假权利而导致的预期支付金额发生,即这笔开支相当于 20 天(10×2)的年休假工资 4 000 元(20×200)。编制会计分录如下:

借:生产成本　　4 000
　贷:应付职工薪酬——带薪缺勤——短期带薪缺勤——累积带薪缺勤　　4 000

(2) 2×15 年 12 月 31 日,8 名享受了 12 天的年休假职工的年休假工资为 3 200 元(8×2×200),编制会计分录如下:

借:应付职工薪酬——带薪缺勤——短期带薪缺勤——累积带薪缺勤　　3 200
　贷:银行存款　　3 200

根据该公司的带薪缺勤制度规定,未行使的权利只能结转 1 年,超过 1 年未行使的权利将作废。根据《职工带薪年休假条例》的规定,对职工应休未休的年休假天数,单位应当按照该职工日工资收入的 300%支付年休假工资报酬。因此剩余 2 名没有享受 2×14 年的年休假职工工资为 2 400 元(2×2×200×300%),编制会计分录如下:

借:应付职工薪酬——带薪缺勤——短期带薪缺勤——累积带薪缺勤　　2 400
　贷:银行存款　　2 400

补计入生产成本金额为 1 600 元[(3 200+2 400)-4 000],编制会计分录如下:

借:生产成本　　1 600
　贷:应付职工薪酬——带薪缺勤——短期带薪缺勤——累积带薪缺勤　　1 600

思考与练习 5-8

根据业务 5-12,假设题目中未休假的职工全部为行政人员,则,问该如何进行会计处理?

·知识链接·

(1) 企业应当在职工提供服务从而增加了其未来享有的带薪缺勤权利时,确认与累积带薪缺勤相关的职工薪酬,并以累积未行使权利而增加的预期支付金额计量。企业应当在职工实际发生缺勤的会计期间确认与非累积带薪缺勤相关的职工薪酬。

(2) 对于非累积的带薪休假,诸如产假等,由于权利和义务不能结转下期,故年末时会计上不作处理。对于可累积的带薪休假,由于权利和义务可以结转下期,根据下一年度预期休假数超过带薪休假数对应的工资金额确认为负债,计入资产成本或当期费用;以现金补偿未行使的职工累积带薪休假时,冲减已计提的负债,差额计入当期损益或相关资产成本。

(3) 如果带薪缺勤属于长期带薪缺勤的,企业应当作为其他长期职工福利处理。

5.3.2.5 非货币性福利的核算

企业向职工提供非货币性福利的，当按照公允价值计量。公允价值不能可靠取得的，可以采用成本计量。

企业以其生产的产品作为非货币性福利提供给职工的，应当按照该产品的公允价值和相关税费，计量应计入成本费用的职工薪酬金额。相关收入的确认、销售成本的结转和相关税费的处理，与正常商品销售相同。以外购商品作为非货币性福利提供给职工的，应当按照该商品的公允价值和相关税费计入成本费用。需要注意的是，在以自产产品或外购商品发放给职工作为福利的情况下，企业在进行账务处理时，应当先通过"应付职工薪酬"账户归集当期应计入成本费用的非货币性薪酬金额。

企业将拥有的房屋等资产无偿提供给职工使用的，应当根据受益对象，将住房每期的公允价值计入当期损益或相关资产成本，同时确认应付职工薪酬。公允价值无法可靠取得的，可以按照成本计量。租赁住房等资产供职工无偿使用的，应当根据受益对象，将每期应付的租金计入相关资产成本或当期损益，并确认应付职工薪酬。

业务 5-13 非货币性福利核算

假设上海东方有限公司共有员工 300 名。2×15 年 10 月，公司以其生产的成本为1 000元的产品 A 作为福利发放给公司每名员工。该产品的售价为每台 2 000 元，公司适用的增值税税率为 13%。假设 300 名员工中 200 名为直接参加生产的员工，100 名为管理人员。

【业务解析】

编制会计分录如下：

(1) 公司将产品 A 发放给员工时：

借：应付职工薪酬——非货币性福利	702 000	
贷：主营业务收入		600 000
应交税费——应交增值税(销项税额)		102 000

借：主营业务成本	300 000	
贷：库存商品		300 000

(2) 2×15 年 10 月，该公司分配应付职工薪酬时：

借：生产成本	468 000	
管理费用	234 000	
贷：应付职工薪酬——非货币性福利		702 000

思考与练习 5-9

上海东方有限公司为总部部门经理级别以上职工每人提供一辆某品牌汽车免费使用。该公司总部共有部门经理级别以上职工 5 名，假定每辆该品牌汽车每月计提折旧 1 000 元；该公司还为其 2 名高级管理人员每人租赁一套公寓免费使用，月租金为每套 6 000 元(假定上述发生的费用无法认定受益对象)。请问该公司应如何进行会计处理？

5.3.2.6 辞退福利的核算

企业向职工提供辞退福利的，应当在下列两者孰早确认辞退福利产生的职工薪酬负债，并计入当期损益(管理费用)：

(1) 企业不能单方面撤回因解除劳动关系计划或裁减建议所提供的辞退福利时。

(2) 企业确认与涉及支付辞退福利的重组相关的成本或费用时。

对于满足负债确认条件的所有辞退福利，不管是哪个部门的，借方均应当记入账户“管理费用”，不计入资产成本，不再是谁受益谁负担的原则。

业务 5-14　辞退福利核算

2×15 年 11 月 10 日，上海东方有限公司因公司发展需要，拟解除与一部分管理人员的劳动关系，需一次性支付具有辞退福利性质的经济补偿，共计金额 500 000 元，已审核通过。该笔金额于 2×15 年 12 月 15 日完成支付。问该公司应如何进会计处理？

【业务解析】

编制会计分录如下：

(1) 2×15 年 11 月 10 日，补偿方案通过时：

借：管理费用　500 000
　贷：应付职工薪酬——辞退福利　500 000

(2) 2×15 年 12 月 15 日，支付经济补偿时：

借：应付职工薪酬——辞退福利　500 000
　贷：银行存款　500 000

思考与练习 5-10

根据业务 5-14，如果上海东方有限公司需解除的是部分生产工人的劳动关系而给予经济补偿，则，问该如何进行会计处理？

5.4　个人所得税的核算

任务目标	
知识目标	• 能熟悉个人所得税的征税范围 • 能区分个人所得税纳税义务人 • 能熟悉工资薪金所得适应的个人所得税税率 • 能了解工资薪金所得的应纳税额的计算方法
能力目标	• 能正确计算工资薪金所得的应纳税额 • 能正确进行工资薪金所得的应纳税额的会计核算

5.4.1　认识个人所得税

5.4.1.1　个人所得税的征税核算范围

个人所得税是指个人(自然人)取得的各项应税所得为征税对象而征收的一种所得税，是政府利用税收对个人收入进行调节的一种手段。个人所得税征税范围包括：

(1) 工资、薪金所得。

(2) 经营所得。

(3) 劳务报酬所得。

(4) 稿酬所得。

(5) 特许权使用费所得。

(6) 利息、股息、红利所得。

(7) 财产租赁所得。

(8) 财产转让所得。

(9) 偶然所得。

本节介绍的个人所得税的核算仅涉及工资薪金所得的个人所得税核算。

5.4.1.2 个人所得税的纳税义务人

个人所得税的纳税义务人，既包括居民纳税义务人，也包括非居民纳税义务人。居民纳税义务人是指在中国境内有住所，或者无住所而在中国境内居住满 1 年的个人。居民纳税义务人负有无限纳税义务，必须就其来源于中国境内、境外的全部所得缴纳个人所得税。非居民纳税义务人是指不符合居民纳税义务人判定标准。非居民纳税义务人承担有限纳税义务，仅就其来源于中国境内的所得，缴纳个人所得税。

5.4.1.3 个人所得税的税率和应纳税额

本节仅介绍居民工资、薪金所得个人所得税的税率和应纳税额。

1. 工资、薪金所得适应税率

工资、薪金所得，适用 7 级超额累进税率，按月应纳税所得额计算征税，税率为 3%～45%，每月工资预扣预缴，采用全年累计预扣预缴方式，计算公式如下：

$$\text{本期应预扣预缴税额}=\left(\text{累计预扣预缴应纳税所得额}\times\text{预扣率}-\text{速算扣除数}\right)-\text{累计减免税额}-\text{累计已预扣预缴税额}$$

工资、薪金所得个人所得税预扣预缴表如图表 5-15 所示。

图表 5-15 工资、薪金所得个人所得税预扣预缴表

级数	累计预扣预缴应纳税所得额	预扣税率	速算扣除数
1	不超过 36 000 元的部分	3%	0
2	超过 36 000 元至 144 000 元的部分	10%	2 520
3	超过 144 000 元至 300 000 元的部分	20%	16 920
4	超过 300 000 元至 420 000 元的部分	25%	31 920
5	超过 420 000 元至 660 000 元的部分	30%	52 920
6	超过 660 000 元至 960 000 元的部分	35%	85 920
7	超过 960 000 元的部分	45%	181 920

注：依据全年收入减除 60 000 元后的余额再减除专项扣除及专项附加扣除后的余额对照本表计算应纳个人所得税额。

2. 工资、薪金所得的应纳税额

自 2018 年 10 月 1 日起，普通职工的工资、薪金所得是以每月收入额减除费用 5 000 元后的余额为应纳税所得额，累计预缴应纳税所得额的计算公式为：

累计预缴应纳税所得额 = 累计收入 − 累计免税收入 − 累计基本减除费用 − 累计专项扣除 − 累计专项附加扣除 − 累计依法确定的其他扣除

其中：累计基本减除费用按照每月 5 000 元乘以当前月份数计算。

专项附加扣除项目汇总表如图表 5-16 所示。

图表 5-16　专项附加扣除项目汇总表

序号	扣除项目	基本内容
1	子女教育	• 年龄≥3 岁的学前教育、学历教育 • 扣除标准：12 000 元/年 • 可以父母一方扣除，也可以双方各扣 50%
2	继续教育	• 继续教育按照每月 400 元定额扣除，同一学历（学位）继续教育的扣除期限不能超过 48 个月 • 取得职业资格、专业技术人员的职业资格的年度，扣除标准为 3 600 元/年 • 学历教育、职业资格不得同时扣除
3	大病医疗	• 一个纳税年度内，个人负担的医药费超过 15 000 元/年，由纳税人在办理年度汇算清缴时，在 80 000 元限额内据实扣除 • 大病医疗指出由纳税人本人扣除 • 可以父母一方扣除，也可以双方各扣 50%
4	住房贷款利息	• 首套住房贷款利息，在偿还贷款期间，按 12 000 元/年扣除 • 非首套住房贷款利息，不得扣除 • 经夫妻双方约定，可以选择由其一方扣除，具体扣除方式在一个纳税年度不得变更
5	住房租金	• 在主要工作城市没有住房的扣除标准：住房位于直辖市、省会城市、计划单列市以及国务院规定的其他城市，每月 1 500 元；住房位于其他城市，城市人口超过 100 万的，每月 1 100 元；住房位于城市人口不超过 100 万的，每月 800 元 • 住房租金指出由签订租赁合同的承租人扣除 • 纳税人及配偶不得同时分别享受住房贷款利息和住房租金专项附加扣除
6	赡养老人（60 岁以上）	• 独生子女 2 000 元/月，非独生子女由其与兄弟姐妹分摊 2 000 元/月，可平均分摊，也可指定分摊、约定分摊 • 指定分摊与约定分摊不一致的，以指定分摊为准 • 纳税人赡养两个及以上老人的，不按老人人数加倍扣除

具体内容见（国家税务总局公告 2018 年第 60 号）《国家税务总局关于发布〈个人所得税专项附加扣除操作办法（试行）〉的公告》。

5.4.1.4　账户设置

个人所得税的核算通过设置"应交税费——应交个人所得税"明细账户进行核算，贷方登记应代扣代缴的职工个人所得税，借方登记已缴纳的代扣职工个人所得税，期末贷方余额反映尚未缴纳的代扣个人所得税，如图表 5-17 所示。

图表 5-18 应交税费——应交个人所得税

借方	贷方
已缴纳的代扣职工个人所得税	应代扣代缴的职工个人所得税
	期末余额：尚未缴纳的代扣个人所得税

“应交税费——应交个人所得税”明细账采用三栏式，格式如图表 5-18 所示。

图表 5-18 “应交税费——应交个人所得税”明细账

分页:________总页:________

应交税费明细账

一级科目：应交税费　　二级科目：应交个人所得税

年		凭证		摘要	页	借方											贷方											借或贷	余额										
月	日	种类	号数			亿	千	百	十	万	千	百	十	元	角	分	亿	千	百	十	万	千	百	十	元	角	分		亿	千	百	十	万	千	百	十	元	角	分

业务 5-15 工资薪金应纳税额的计算

上海东方有限公司职工刘平 2015 年入职，2019 年每月应发工资均为 30 000 元，每月减除费用 5 000 元，“三险一金”等专项扣除为 4 500 元，享受子女教育、赡养老人两项专项附加扣除共计 2 000 元根据每月减免收入及减免税额等情况，计算其个人所得税 1～3 月当月的预扣预缴税额。

【业务解析】

1 月份预扣预缴税额＝(30 000－5 000－4 500－2 000)×3%＝555(元)

2 月份预扣预缴税额＝(30 000×2－5 000×2－4 500×2－2 000×2)×10%－2 520－555＝625(元)

由于 2 月份累计预扣预缴应纳税所得额为 37 000 元，适用 10%的税率。

3 月份预扣预缴税额＝(30 000×3－5 000×3－4 500×3－2 000×3)×10%－2 520－555－625＝1 850(元)

思考与练习 5-11

假设 2019 年甲公司职员李某全年工资、薪金收入 180 000 元，当地规定的社会保险费和住房公积金个人缴存比例为：基本养老保险 8%，基本医疗保险 2%，失业保险 0.5%，住房公积金 12%。李某缴纳社会保险费核定的缴费工资基数为 10 000 元。李某正在偿还首套住房贷款及利息；李某的独生子正就读大学 3 年级；李某为独生女，其父母均已年过 60 岁。李某夫妻约定由李某扣除贷款利息和子女教育费。计算李某 2019 年应缴纳的个人所得税税额。

·知识链接·

根据我国目前个人收入的构成情况，规定对于一些不属于工资、薪金性质的补贴、津贴或者不属于纳税人本人工资、薪金所得项目的收入，不予征税。这些项目包括：

① 独生子女补贴。

② 执行公务员工资制度未纳入基本工资总额的补贴、津贴差额和家属成员的副食品补贴。

③ 托儿补助费。

④ 差旅费津贴、误餐补助。其中，误餐补助是指按照财政部规定，个人因公在城区、郊区工作，不能在工作单位或返回就餐的，根据实际误餐顿数，按规定的标准领取的误餐费。单位以误餐补助名义发给职工的补助、津贴不能包括在内。奖金，是指所有具有工资性质的奖金，免税奖金的范围在税法中另有规定。

业务 5-16　结转代扣个人所得税

上海东方有限公司结转代扣代缴当月职工个人所得税，共计 100 000 元，该如何做会计核算？

【业务解析】

编制会计分录如下：

借：应付职工薪酬——职工工资、奖金、津贴和补贴	100 000	
贷：应交税费——应交个人所得税		100 000

思考与练习 5-12

根据业务 5-15 和 5-16 中关于个人所得税核算的账务处理，总结规律。

业务 5-17　缴纳个人所得税

根据业务 5-16 中数据，上海东方有限公司通过银行缴纳代扣的个人所得税，该如何做会计核算？

【业务解析】

编制会计分录如下：

借：应交税费——应交个人所得税	100 000	
贷：银行存款		100 000

5.5　职工薪酬岗位的信息化处理

5.5.1　职工薪酬管理系统功能简介

职工薪酬岗位核算的任务是以职工个人的工资原始数据为基础，计算应发工资、扣款和实发工资等，编制工资结算单；按部门和人员类别进行汇总，进行个人所得税计算；提供对工资相关数据的多种方式的查询和分析；进行工资费用分配与计提，并实现自动转账处理。

5.5.2　职工薪酬管理系统的业务流程

职工薪酬管理系统的业务流程如图表 5-19 所示。

图表 5-19 职工薪酬管理系统业务流程

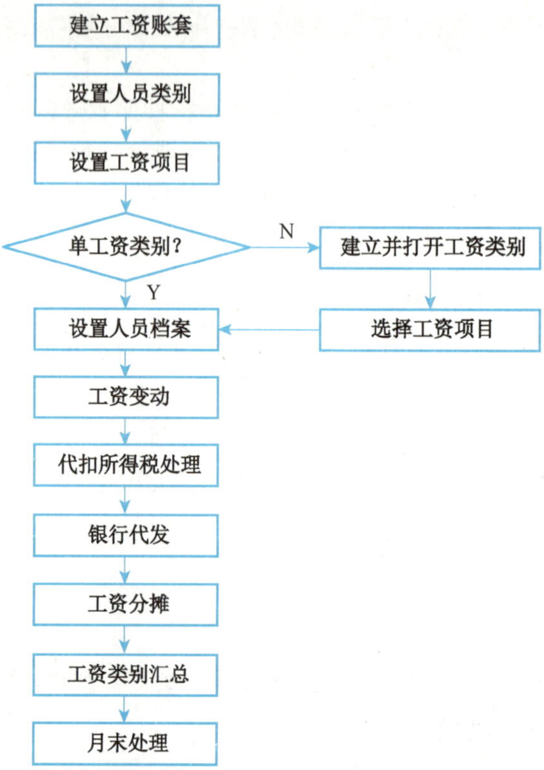

5.5.3 任务实施

建立账套

【任务一】 根据给定资料建立工资账套

执行“业务工作→人力资源→薪资管理”命令，在初始化向导的指引下，根据给定资料完成工资账套设置。

基础设置

【任务二】 根据给定资料完成基础信息设置

(1) 执行“业务工作→人力资源→薪资管理→设置”命令，根据给定资料分别完成工资类别、人员类别、工资项目、人员档案等内容。

(2) 执行“业务工作→人力资源→薪资管理→业务处理→工资变动”命令，输入工资原始数据。

(3) 执行“业务工作→人力资源→薪资管理→业务处理→扣缴所得税”命令，完成代扣所得税的处理。

(4) 执行“业务工作→人力资源→薪资管理→业务处理→银行代发”命令，完成银行代发信息处理。

工资分摊

【任务三】 根据给定资料完成工资分摊日常业务

执行“业务工作→人力资源→薪资管理→业务处理→工资分摊”命令，完成工资分摊类型和分摊构成设置，生成凭证，点击“保存”按钮。

【任务四】　月末处理

执行"业务工作→人力资源→薪资管理→业务处理→月末处理"命令，完成月末处理工作。

月末处理

项目小结

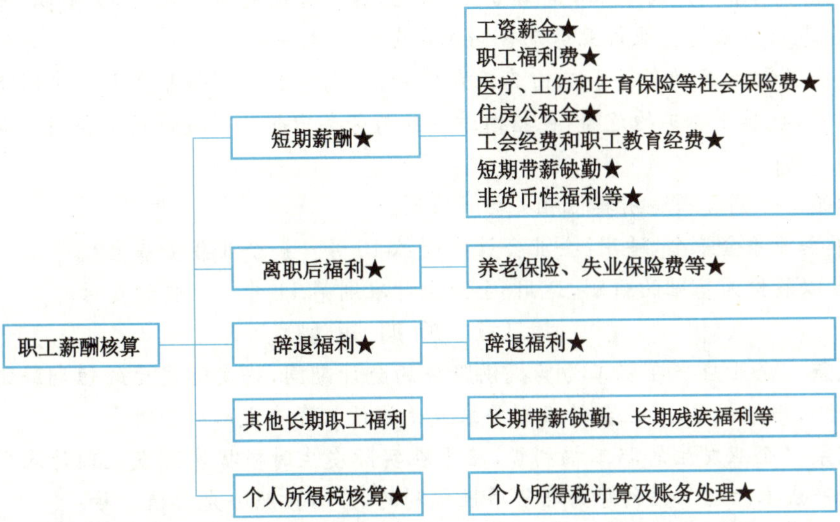

补充阅读

企业会计准则第9号——职工薪酬

第一章　总　　则

第一条　为了规范职工薪酬的确认、计量和相关信息的披露，根据《企业会计准则——基本准则》，制定本准则。

第二条　职工薪酬，是指企业为获得职工提供的服务或解除劳动关系而给予的各种形式的报酬或补偿。职工薪酬包括短期薪酬、离职后福利、辞退福利和其他长期职工福利。企业提供给职工配偶、子女、受赡养人、已故员工遗属及其他受益人等的福利，也属于职工薪酬。

短期薪酬，是指企业在职工提供相关服务的年度报告期间结束后十二个月内需要全部予以支付的职工薪酬，因解除与职工的劳动关系给予的补偿除外。短期薪酬具体包括：职工工资、奖金、津贴和补贴，职工福利费，医疗保险费、工伤保险费和生育保险费等社会保险费，住房公积金，工会经费和职工教育经费，短期带薪缺勤，短期利润分享计划，非货币性福利以及其他短期薪酬。

带薪缺勤，是指企业支付工资或提供补偿的职工缺勤，包括年休假、病假、短期伤残、婚假、产假、丧假、探亲假等。

利润分享计划，是指因职工提供服务而与职工达成的基于利润或其他经营成果提供薪酬的协议。

离职后福利，是指企业为获得职工提供的服务而在职工退休或与企业解除劳动关系后，提供的各种形式的报酬和福利，但短期薪酬和辞退福利除外。

辞退福利，是指企业在职工劳动合同到期之前解除与职工的劳动关系，或者为鼓励职工自愿接受裁减而给予职工的补偿。

其他长期职工福利，是指除短期薪酬、离职后福利、辞退福利之外所有的职工薪酬，包括长期带薪缺勤、长期残疾福利、长期利润分享计划等。

第三条 本准则所称职工，是指与企业订立劳动合同的所有人员，含全职、兼职和临时职工，也包括虽未与企业订立劳动合同但由企业正式任命的人员。

未与企业订立劳动合同或未由其正式任命，但向企业所提供服务与职工所提供服务类似的人员，也属于职工的范畴，包括通过企业与劳务中介公司签订用工合同而向企业提供服务的人员。

第四条 下列各项适用其他相关会计准则：

（一）企业年金基金，适用《企业会计准则第10号——企业年金基金》。

（二）以股份为基础的薪酬，适用《企业会计准则第11号——股份支付》。

第二章 短期薪酬

第五条 企业应当在职工为其提供服务的会计期间，将实际发生的短期薪酬确认为负债，并计入当期损益，其他会计准则要求或允许计入资产成本的除外。

第六条 企业发生的职工福利费，应当在实际发生时根据实际发生额计入当期损益或相关资产成本。职工福利费为非货币性福利的，应当按照公允价值计量。

第七条 企业为职工缴纳的医疗保险费、工伤保险费、生育保险费等社会保险费和住房公积金，以及按规定提取的工会经费和职工教育经费，应当在职工为其提供服务的会计期间，根据规定的计提基础和计提比例计算确定相应的职工薪酬金额，并确认相应负债，计入当期损益或相关资产成本。

第八条 带薪缺勤分为累积带薪缺勤和非累积带薪缺勤。企业应当在职工提供服务从而增加了其未来享有的带薪缺勤权利时，确认与累积带薪缺勤相关的职工薪酬，并以累积未行使权利而增加的预期支付金额计量。企业应当在职工实际发生缺勤的会计期间确认与非累积带薪缺勤相关的职工薪酬。

累积带薪缺勤，是指带薪缺勤权利可以结转下期的带薪缺勤，本期尚未用完的带薪缺勤权利可以在未来期间使用。

非累积带薪缺勤，是指带薪缺勤权利不能结转下期的带薪缺勤，本期尚未用完的带薪缺勤权利将予以取消，并且职工离开企业时也无权获得现金支付。

第九条 利润分享计划同时满足下列条件的，企业应当确认相关的应付职工薪酬：

（一）企业因过去事项导致现在具有支付职工薪酬的法定义务或推定义务。

（二）因利润分享计划所产生的应付职工薪酬义务金额能够可靠估计。属于下列三种情形之一的，视为义务金额能够可靠估计：

1. 在财务报告批准报出之前企业已确定应支付的薪酬金额。

2. 该短期利润分享计划的正式条款中包括确定薪酬金额的方式。

3. 过去的惯例为企业确定推定义务金额提供了明显证据。

第十条 职工只有在企业工作一段特定期间才能分享利润的，企业在计量利润分享计划产生的应付职工薪酬时，应当反映职工因离职而无法享受利润分享计划福利的可能性。

如果企业在职工为其提供相关服务的年度报告期间结束后十二个月内，不需要全部支付利润分享计划产生的应付职工薪酬，该利润分享计划应当适用本准则其他长期职工福利的有关规定。

第三章 离职后福利

第十一条 企业应当将离职后福利计划分类为设定提存计划和设定受益计划。

离职后福利计划，是指企业与职工就离职后福利达成的协议，或者企业为向职工提供离职后福利制定的规章或办法等。其中，设定提存计划，是指向独立的基金缴存固定费用后，企业不再承担进一步支付义务的离职后福利计划；设定受益计划，是指除设定提存计划以外的离职后福利计划。

第十二条 企业应当在职工为其提供服务的会计期间，将根据设定提存计划计算的应缴存金额确认为负债，并计入当期损益或相关资产成本。

根据设定提存计划，预期不会在职工提供相关服务的年度报告期结束后十二个月内支付全部应缴存金额的，企业应当参照本准则第十五条规定的折现率，将全部应缴存金额以折现后的金额计量应付职工薪酬。

第十三条 企业对设定受益计划的会计处理通常包括下列四个步骤：

（一）根据预期累计福利单位法，采用无偏且相互一致的精算假设对有关人口统计变量和财务变量等做出估计，计量设定受益计划所产生的义务，并确定相关义务的归属期间。企业应当按照本准则第十五条规定的折现率将设定受益计划所产生的义务予以折现，以确定设定受益计划义务的现值和当期服务成本。

（二）设定受益计划存在资产的，企业应当将设定受益计划义务现值减去设定受益计划资产公允价值所形成的赤字或盈余确认为一项设定受益计划净负债或净资产。

设定受益计划存在盈余的，企业应当以设定受益计划的盈余和资产上限两项的孰低者计量设定受益计划净资产。其中，资产上限，是指企业可从设定受益计划退款或减少未来对设定受益计划缴存资金而获得的经济利益的现值。

（三）根据本准则第十六条的有关规定，确定应当计入当期损益的金额。

（四）根据本准则第十六条和第十七条的有关规定，确定应当计入其他综合收益的金额。

在预期累计福利单位法下，每一服务期间会增加一个单位的福利权利，并且需对每一个单位单独计量，以形成最终义务。企业应当将福利归属于提供设定受益计划的义务发生的期间。这一期间是指从职工提供服务以获取企业在未来报告期间预计支付的设定受益计划福利开始，至职工的继续服务不会导致这一福利金额显著增加之日为止。

第十四条 企业应当根据预期累计福利单位法确定的公式将设定受益计划产生的福利义务归属于职工提供服务的期间，并计入当期损益或相关资产成本。

当职工后续年度的服务将导致其享有的设定受益计划福利水平显著高于以前年度时，企业应当按照直线法将累计设定受益计划义务分摊确认于职工提供服务而导致企业第一次产生设定受益计划福利义务至职工提供服务不再导致该福利义务显著增加的期间。在确定该归属期间时，不应考虑仅因未来工资水平提高而导致设定受益计划义务显著增加的情况。

第十五条 企业应当对所有设定受益计划义务予以折现，包括预期在职工提供服务的年度报告期间结束后的十二个月内支付的义务。折现时所采用的折现率应当根据资产负债表日与设定受益计划义务期限和币种相匹配的国债或活跃市场上的高质量公司债券的市场收益率确定。

第十六条 报告期末，企业应当将设定受益计划产生的职工薪酬成本确认为下列组成部分：

（一）服务成本，包括当期服务成本、过去服务成本和结算利得或损失。其中，当期服务成本，是指职工当期提供服务所导致的设定受益计划义务现值的增加额；过去服务成本，是指设定受益计划修改所导致的与以前期间职工服务相关的设定受益计划义务现值的增加或减少。

（二）设定受益计划净负债或净资产的利息净额，包括计划资产的利息收益、设定受益计划义务的利息费用以及资产上限影响的利息。

（三）重新计量设定受益计划净负债或净资产所产生的变动。

除非其他会计准则要求或允许职工福利成本计入资产成本，上述第（一）项和第（二）项应计入当期损益；第（三）项应计入其他综合收益，并且在后续会计期间不允许转回至损益，但企业可以在权益范围内转移这些在其他综合收益中确认的金额。

第十七条 重新计量设定受益计划净负债或净资产所产生的变动包括下列部分：

（一）精算利得或损失，即由于精算假设和经验调整导致之前所计量的设定受益计划义务现值的增加或减少。

（二）计划资产回报，扣除包括在设定受益计划净负债或净资产的利息净额中的金额。

（三）资产上限影响的变动，扣除包括在设定受益计划净负债或净资产的利息净额中的金额。

第十八条 在设定受益计划下，企业应当在下列日期孰早日将过去服务成本确认为当期费用：

（一）修改设定受益计划时。

（二）企业确认相关重组费用或辞退福利时。

第十九条 企业应当在设定受益计划结算时，确认一项结算利得或损失。

设定受益计划结算，是指企业为了消除设定受益计划所产生的部分或所有未来义务进行的交易，而不是根据计划条款和所包含的精算假设向职工支付福利。设定受益计划结算利得或损失是下列两项的差额：

（一）在结算日确定的设定受益计划义务现值。

（二）结算价格，包括转移的计划资产的公允价值和企业直接发生的与结算相关的支付。

第四章 辞 退 福 利

第二十条 企业向职工提供辞退福利的，应当在下列两者孰早日确认辞退福利产生的职工薪酬负债，并计入当期损益：

（一）企业不能单方面撤回因解除劳动关系计划或裁减建议所提供的辞退福利时。

（二）企业确认与涉及支付辞退福利的重组相关的成本或费用时。

第二十一条 企业应当按照辞退计划条款的规定，合理预计并确认辞退福利产生的应付职工薪酬。辞退福利预期在其确认的年度报告期结束后十二个月内完全支付的，应当适用短期薪酬的相关规定；辞退福利预期在年度报告期结束后十二个月内不能完全支付的，应当适用本准则关于其他长期职工福利的有关规定。

第五章 其他长期职工福利

第二十二条 企业向职工提供的其他长期职工福利，符合设定提存计划条件的，应当适用本准则第十二条关于设定提存计划的有关规定进行处理。

第二十三条　除上述第二十二条规定的情形外，企业应当适用本准则关于设定受益计划的有关规定，确认和计量其他长期职工福利净负债或净资产。在报告期末，企业应当将其他长期职工福利产生的职工薪酬成本确认为下列组成部分：

（一）服务成本。

（二）其他长期职工福利净负债或净资产的利息净额。

（三）重新计量其他长期职工福利净负债或净资产所产生的变动。

为简化相关会计处理，上述项目的总净额应计入当期损益或相关资产成本。

第二十四条　长期残疾福利水平取决于职工提供服务期间长短的，企业应当在职工提供服务的期间确认应付长期残疾福利义务，计量时应当考虑长期残疾福利支付的可能性和预期支付的期限；长期残疾福利与职工提供服务期间长短无关的，企业应当在导致职工长期残疾的事件发生的当期确认应付长期残疾福利义务。

第六章　披　露

第二十五条　企业应当在附注中披露与短期职工薪酬有关的下列信息：

（一）应当支付给职工的工资、奖金、津贴和补贴及其期末应付未付金额。

（二）应当为职工缴纳的医疗保险费、工伤保险费和生育保险费等社会保险费及其期末应付未付金额。

（三）应当为职工缴存的住房公积金及其期末应付未付金额。

（四）为职工提供的非货币性福利及其计算依据。

（五）依据短期利润分享计划提供的职工薪酬金额及其计算依据。

（六）其他短期薪酬。

第二十六条　企业应当披露所设立或参与的设定提存计划的性质、计算缴费金额的公式或依据，当期缴费金额以及期末应付未付金额。

第二十七条　企业应当披露与设定受益计划有关的下列信息：

（一）设定受益计划的特征及与之相关的风险。

（二）设定受益计划在财务报表中确认的金额及其变动。

（三）设定受益计划对企业未来现金流量金额、时间和不确定性的影响。

（四）设定受益计划义务现值所依赖的重大精算假设及有关敏感性分析的结果。

第二十八条　企业应当披露支付的因解除劳动关系所提供辞退福利及其期末应付未付金额。

第二十九条　企业应当披露提供的其他长期职工福利的性质、金额及其计算依据。

第七章　衔接规定

第三十条　对于本准则施行日存在的离职后福利计划、辞退福利、其他长期职工福利，除本准则三十一条规定外，应当按照《企业会计准则第 28 号——会计政策、会计估计变更和差错更正》的规定采用追溯调整法处理。

第三十一条　企业比较财务报表中披露的本准则施行之前的信息与本准则要求不一致的，不需要按照本准则的规定进行调整。

第八章　附　则

第三十二条　本准则自 2014 年 7 月 1 日起施行。

项目六　税务会计岗位核算操作

情境导入

刘敏通过报纸看到上海浦江有限公司发布的一则招聘信息：

税务会计岗位

任职要求：

1. 财务会计类专业大专以上学历。

2. 2年以上税务会计或全盘会计工作流程经验，具有会计从业资格证。

3. 熟悉国家会计、税务、审计法规和相关税收政策，熟悉审计要求。

4. 熟练掌握财务软件金蝶或用友，熟悉建账到年结的全套财务软件处理。

5. 良好的沟通、协调能力，主动思维学习能力，吃苦耐劳……

显然，税务会计岗位工作是建立在全盘会计工作流程经验之上的，有一定难度啊，不过收入也会相应高一些。于是，刘敏暗下决心，准备朝税务会计岗位方向努力。

问题：

(1) 你了解税吗？税有何作用？什么是国税，什么是地税，两者有何区别？

(2) 企业税务会计岗位通常需要掌握哪些税费的会计处理？

6.1　认识税务会计岗位

6.1.1　岗位职责

严格按照国家税法规定对企业进行账务处理及纳税申报，具体内容如下：

(1) 负责及时购买各类空白发票，负责日常开具各种与税务相关的票据，负责增值税进项发票的认证，并负责登记管理各类涉税资料。

（2）负责日常对纳税业务凭证的财务软件录入等账务处理。

（3）每月编制地税、国税纳税申报表，负责在规定时间内按时缴纳各种地方税费及进行纳税申报，遇节假日顺延。

6.1.2　岗位工作基本流程

基本流程如图表 6-1 所示。

图表 6-1　　岗位工作基本流程

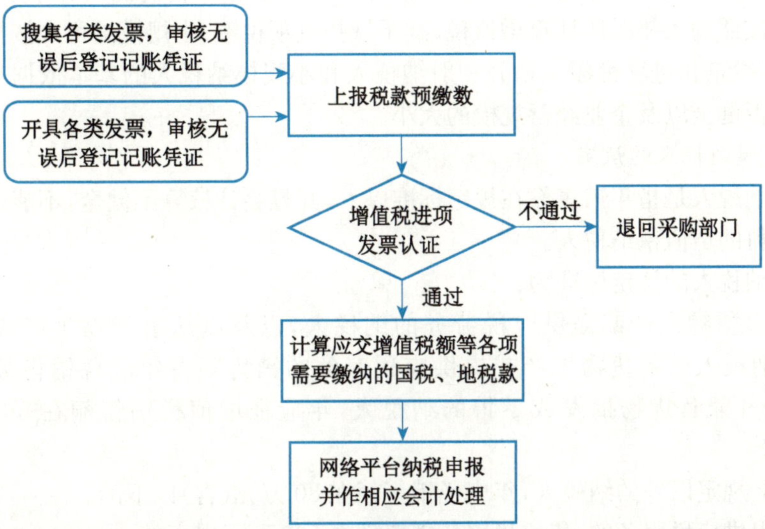

6.2　增值税的核算

任 务 目 标	
知识目标	• 能说出增值税的定义 • 能判断增值税纳税人 • 能判别增值税征税对象 • 能区别增值税税率与征收率
能力目标	• 能开具增值税专用发票 • 能正确计算一般纳税人与小规模纳税人应纳增值税额 • 能进行一般纳税人与小规模纳税人增值税会计核算 • 能初步掌握增值税纳税申报流程

6.2.1　认识增值税

6.2.1.1　增值税的征税范围

增值税是以商品（含应税劳务应税行为）在流转过程中实现的增值额作为计税依据而

征收的一种流转税。按照我国现行增值税制度的规定，增值税是对在我国境内销售货物或者提供加工、修理修配劳务、服务、无形资产和不动产以及进口货物的企业单位和个人而课征的一种流转税。

其中应税服务（营改增），包括交通运输业服务、建筑服务、金融服务、生活服务、现代服务（研发与技术服务、信息技术服务、文化创意服务、物流辅助服务、有形动产租赁服务、鉴证咨询服务、广播影视服务等）、邮政服务、电信服务等。

6.2.1.2 增值税纳税人的认定

为加强增值税的征收管理，可将增值税纳税人划分为一般纳税人和小规模纳税人。一般纳税人按照购入扣税法计算增值税，准予抵扣进项税额；小规模纳税人按征收率计算增值税额，不得抵扣进项税额。划分一般纳税人和小规模纳税人的基本依据是纳税人的会计核算是否健全以及企业经营规模的大小。

1. 小规模纳税人的认定

小规模纳税人是指年销售额在规定标准以下，并且会计核算不健全，不能按规定报送有关税务资料的增值税纳税人。

小规模纳税人的认定标准为：

(1) 从事货物生产或提供应税劳务的纳税人，以及以从事货物生产或提供应税劳务为主（纳税人的年货物生产或提供应税劳务的销售额占年应税销售额的比重在50%以上），并兼营货物批发或零售的纳税人，年应征增值税销售额在50万元（含）以下的。

(2) 以上规定以外的纳税人，年应税销售额在80万元（含）以下的。

(3) 对提供应税服务的，年应税服务销售额在500万元以下的。

(4) 年应税销售额超过小规模纳税人标准的其他个人按小规模纳税人纳税。

(5) 非企业性单位、不经常发生应税行为的企业可选择按小规模纳税人纳税。

小规模纳税人会计核算健全，能够提供准确税务资料的，可以向主管税务机关申请一般纳税人资格认定，成为一般纳税人。除国家税务总局另有规定外，一经被认定为一般纳税人后，不得转为小规模纳税人。

2. 一般纳税人的认定

增值税纳税人年应税销售额超过小规模纳税人标准的，应当向主管税务机关申请一般纳税人资格认定。

下列纳税人不属于一般纳税人：个体经营者以外的其他个人；选择按照小规模纳税人纳税的非企业性单位；选择按照小规模纳税人纳税的不经常发生应税行为的企业。

一般纳税人使用税控系统开出增值税专用发票，上海增值税专用发票基本联次为三联：第一联是记账联，是销货方的记账凭证；第二联是抵扣联，购货方用来扣税；第三联是发票联，购货方用来记账。增值税专用发票如图表6-2所示。

图表 6-2　　增值税专用发票

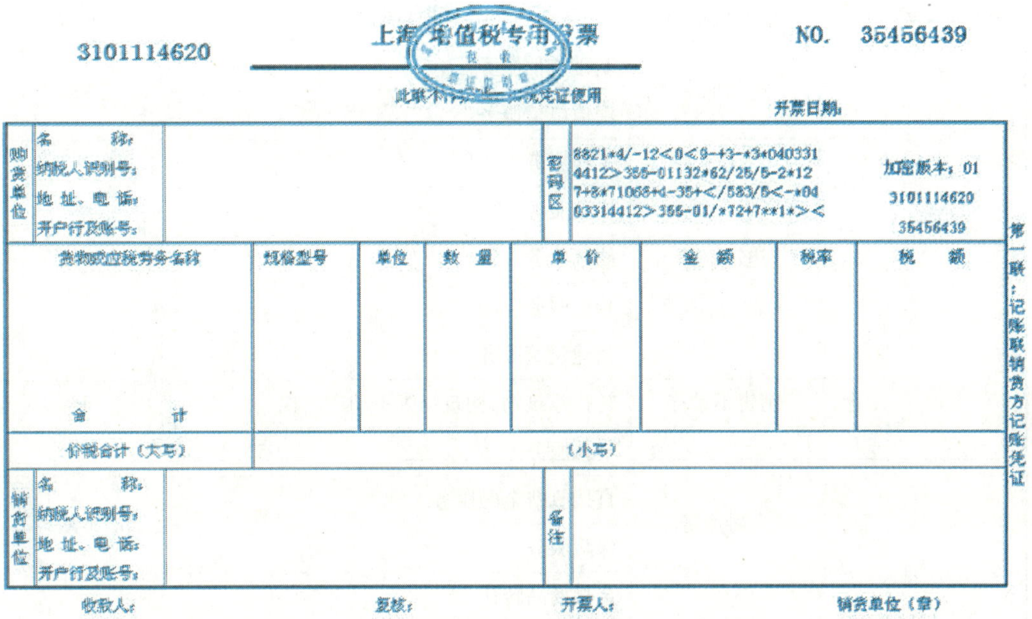
3101114620　　上海增值税专用发票　　NO.　35456439

此联不作报销、扣税凭证使用

开票日期：

购货单位　名　称：　纳税人识别号：　地址、电话：　开户行及账号：

密码区　8821*4/-12<0<9-+3-*3*040331　4412>355-01132*62/25/5-2*12　7+8*71068+d-35+</583/5<-*04　03314412>366-01/*72+7**1*><　加密版本：01　3101114620　35456439

货物或应税劳务名称	规格型号	单位	数量	单价	金额	税率	税额
合　计							
价税合计（大写）	（小写）						

销货单位　名　称：　纳税人识别号：　地址、电话：　开户行及账号：

备注

收款人：　复核：　开票人：　销货单位（章）

第一联：记账联　销货方记账凭证

6.2.1.3　税率与征收率

增值税税率与征收率如图表 6-3 所示。

图表 6-3　　增值税税率与征收率表(2019 年 4 月 1 日后)

纳税人种类	序号	增值税项目	项目明细	税率
一般纳税人	一	销售或进口货物(另有列举的除外);销售劳务		13%
	二	销售或者进口	粮食等农产品、食用植物油、食用盐	9%
			自来水、暖气、冷气、热水、煤气、石油液化气、天然气、二甲醚、沼气、居民用煤炭制品	
			图书、报纸、杂志、音像制品、电子出版物	
			饲料、化肥、农药、农机、农膜	
			国务院规定的其他货物	
	三	交通运输服务	陆路运输服务	9%
			水路运输服务	
			航空运输服务	
			管道运输服务	
			无运输工具承运业务	
	四	邮政服务	邮政普遍服务	9%
			邮政特殊服务	
			其他邮政服务	

（续表）

纳税人种类	序号	增值税项目	项目明细	税率
一般纳税人	五	电信服务	基础电信服务	9%
			增值电信服务	
	六	建筑服务	工程服务	9%
			安装服务	
			修缮服务	
			装饰服务	
			其他建筑服务	
	七	销售不动产	转让建筑物、构筑物等不动产产权	9%
	八	金融服务	贷款服务	6%
			直接收费金融服务	
			保险服务	
			金融商品转让	
	九	现代服务	科研和技术服务	6%
			信息技术服务	
			文化创意服务	
			物流辅助服务	
			鉴证咨询服务	
			广播影视服务	
			商务辅助服务	
			其他现代服务	
			有形动产租赁服务	13%
			不动产租赁服务	9%
	十	生活服务	文化体育服务	6%
			教育医疗服务	
			餐饮住宿服务	
			居民日常服务	
			其他生活服务	
	十一	销售无形资产	转让技术、商标、著作权、商誉、自然资源和其他权益性无形资产使用权或所有权	6%
			转让土地使用权	9%
	十二	购进农产品进项税额扣除率	对增值税一般纳税人购进农产品	9%
			对增值税一般纳税人购进用于生产或委托加工13%税率货物的农产品	10%

（续表）

纳税人种类	序号	增值税项目	项目明细	税率
小规模纳税人及采用简易计税的一般纳税人	十三	小规模纳税人销售或者加工、修理修配劳务；销售应税服务、无形资产；一般纳税人发生按规定使用或者可以选择使用简易计税方法计税的特定应税行为，但使用5%征收率的除外		3%
	十四	销售不动产；符合条件的经营租赁不动产（土地使用权）；转让营改增前取得的土地使用权；房地产开发企业销售、出租自行开发的房地产老项目；符合条件的不动产融资租赁；选择差额纳税的劳务派遣、安全保护服务；一般纳税人提供人力资源外包服务		5%
	十五	个人出租住房		5%减按1.5%
	十六	纳税人销售旧货；小规模纳税人（不含其他个人）以及符合规定情形的一般纳税人销售自己使用过的固定资产		3%减按2%
纳税人	十七	纳税人出口货物		零税率
	十八	境内单位和个人跨境销售国务院规定范围内的服务、无形资产		零税率
	十九	销售货物、劳务，提供的跨境应税行为，符合免税条件的		免税
	二十	境内的单位和个人销售适用增值税零税率的服务或无形资产的，可以放弃适用增值税零税率，选择免税或按规定缴纳增值税。放弃适用增值税零税率后，36个月内不得再申请增值税零税率		

6.2.1.4　账户设置

为了核算企业应交增值税的发生，抵扣、缴纳、退税及转出等情况，增值税一般纳税人应当在“应交税费”账户下设置“应交增值税”“未交增值税”“预交增值税”“待抵扣进项税额”“待认证进项税额”“待转销项税额”“增值税留抵税额”“简易计税”“转让金融商品应交增值税”“代扣代交增值税”等明细账户。

1. “应交增值税”明细账户

增值税一般纳税人应在“应交增值税”明细账内设置“进项税额”“销项税额抵减”“已交税金”“转出未交增值税”“转出多交增值税”“减免税款”“出口抵减内销产品应纳税额”“销项税额”“出口退税”“进项税额转出”等专栏。其中：

（1）“进项税额”专栏，记录一般纳税人购进货物、加工修理修配劳务、服务、无形资产或不动产而支付或负担的、准予从当期销项税额中抵扣的增值税额。

（2）“销项税额抵减”专栏，记录一般纳税人按照现行增值税制度规定因扣减销售额而减少的销项税额。

（3）“已交税金”专栏，记录一般纳税人当月已缴纳的应交增值税额。

（4）“转出未交增值税”和“转出多交增值税”专栏，分别记录一般纳税人月度终了转出当月应交未交或多交的增值税额。

“应交税费——未交增值税”账户，核算一般纳税企业月终时转入的应交未交增值税额及转入多交的增值税，如企业当月发生的应交未交增值税额，借记“应交税费——应交增值税（转出未交增值税）”账户，贷记“应交税费——未交增值税”账户；反之，对于本月多交的增值税，借记“应交税费——未交增值税”账户，贷记“应交税费——应交增值税（转出多交增值税)"账户。

(5)"减免税款"专栏,记录一般纳税人按现行增值税制度规定准予减免的增值税额。

(6)"出口抵减内销产品应纳税额"专栏,记录实行"免、抵、退"办法的一般纳税人按规定计算的出口货物的进项税抵减内销产品的应纳税额。

(7)"销项税额"专栏,记录一般纳税人销售货物、加工修理修配劳务、服务、无形资产或不动产应收取的增值税额。

(8)"出口退税"专栏,记录一般纳税人出口货物、加工修理修配劳务、服务、无形资产按规定退回的增值税额。

(9)"进项税额转出"专栏,记录一般纳税人购进货物、加工修理修配劳务、服务、无形资产或不动产等发生非正常损失以及其他原因而不应从销项税额中抵扣、按规定转出的进项税额。

2."未交增值税"明细账户

该明细账户核算一般纳税人月度终了从"应交增值税"或"预交增值税"明细账户转入当月应交未交、多交或预缴的增值税额,以及当月缴纳以前期间未交的增值税额。

3."预交增值税"明细账户

该明细账户核算一般纳税人转让不动产、提供不动产经营租赁服务、提供建筑服务、采用预收款方式销售自行开发的房地产项目等,以及其他按现行增值税制度规定应预缴的增值税额。

4."待抵扣进项税额"明细账户

该明细账户核算一般纳税人已取得增值税扣税凭证并经税务机关认证,按照现行增值税制度规定准予以后期间从销项税额中抵扣的进项税额。

5."待认证进项税额"明细账户

该明细账户核算一般纳税人由于未经税务机关认证而不得从当期销项税额中抵扣的进项税额,包括:一般纳税人已取得增值税扣税凭证、按照现行增值税制度规定准予从销项税额中抵扣,但尚未经税务机关认证的进项税额;一般纳税人已申请稽核但尚未取得稽核相符结果的海关缴款书进项税额。

6."待转销项税额"明细账户

该明细账户核算一般纳税人销售货物、加工修理修配劳务、服务、无形资产或不动产,已确认相关收入(或利得)但尚未发生增值税纳税义务而需于以后期间确认为销项税额的增值税额。

7."简易计税"明细账户

该明细账户核算一般纳税人采用简易计税方法发生的增值税计提、扣减、预缴、缴纳等业务。

8."转让金融商品应交增值税"明细账户

该明细账户核算增值税纳税人转让金融商品发生的增值税额。

9."代扣代交增值税"明细账户

该明细账户核算纳税人购进在境内未设经营机构的境外单位或个人在境内的应税行为代扣代缴的增值税。

小规模纳税人只需在"应交税费"账户下设置"应交增值税"明细账户,不需要设置上述专栏及除“转让金融商品应交增值税”“代扣代交增值税”外的明细账户。

6.2.2　一般纳税人增值税会计核算

6.2.2.1　一般纳税人销售货物或提供劳务

销售物资或提供应税劳务，按营业收入和应收取的增值税额，借记“应收账款”“应收票据”“银行存款”等账户；按确认的营业收入，贷记“主营业务收入”“其他业务收入”等账户；按专用发票等上注明的增值税额，贷记“应交税费——应交增值税（销项税额）”账户。发生销售退回作相反的会计分录。

业务 6-1　一般纳税人销售货物

20××年 12 月 4 日，上海东方有限公司销售玩具兔 1 000 只给上海祥天商贸公司，价税合计每只 56.50 元，该产品增值税税率为 13%，开出增值税专用发票。问上海东方有限公司应如何进行会计核算？

【业务解析】

（1）开出增值税专用发票，如图表 6-4 所示。

图表 6-4　上海增值税专用发票

记　账　联

开票日期：20××年 12 月 04 日　　No. 00187967

购货单位	名　　称：上海祥天商贸公司 纳税人识别号：370105104018001 地 址 、电 话：上海市北京路 369 号　021-X2354760 开户行及账号：宁波银行黄浦支行 470003150900252553	密码区	7/1>>61<98>8->*5　加密版本号：01 3/9>3327867>383527567 97/>5-710079>-08/1312　440004314 *38426>>2-23/186>>49　00187967

货物及应税劳务名称	规格型号	单位	数量	单价	金额	税率	税额
玩具兔	321	千克	1 000	50	50 000	13%	6 500
合计					50 000		6 500
价税合计（大写）	伍万陆仟伍佰元整				（小写）￥56 500.00		

销货单位	名　　称：上海东方有限公司 纳税人识别号：215280104013105 地 址 、电 话：上海市海天路 58 号 开户行及账号：工行沪海支 62000294010036365 32	备注	上海东方有限公司 2152801040131 发票专用章

收款人：　　复核：　　开票人：冯小刚　　销货单位（章）：

第一联：记账联　销货方记账凭证

（2）编制会计分录如下：

借：银行存款　　56 500

　　贷：主营业务收入——玩具兔　　50 000

　　　　应交税费——应交增值税（销项税额）　　6 500

提示：售价为含税价格，需还原成不含税价格，才能计入主营业务收入，计算公式如下。

$$\text{不含税销售额}=\frac{\text{含税销售额}}{1+\text{税率}}$$

思考与练习 6-1

根据业务 6-1，上海东方有限公司为外单位加工玩具熊 500 个，每个收取 30 元加工费，开具增值税专用发票，款项存入银行。问上海东方有限公司如何进行会计处理？

6.2.2.2 一般纳税人视同销售行为的业务

视同销售货物行为无论会计上是否作为销售处理，只要税法规定需要缴纳增值税的，均应按照税法规定的价格或者税务机关按税法认定的价格计算应缴纳的增值税额，贷记“应交税费——应交增值税(销项税额)”账户。

目前税法中将以下八种行为归入视同销售行为：

(1) 将货物交付他人代销。

(2) 销售代销货物。

(3) 非同一县(市)，将货物从一个机构移送其他机构用于销售。

(4) 将自产、委托加工或购买货物作为投资，提供给其他单位或个体经营者(按成本转账)。

(5) 将自产、委托加工或购买的货物分配给股东或投资者(按成本转账)。

(6) 将自产或委托加工的货物用于集体福利或个人消费(按成本转账)。

(7) 将自产、委托加工或购买的货物无偿赠送他人(按成本转账)。

2016 年全面实行“营改增”政策后，下列情形视同销售服务、无形资产或者不动产：

(1) 单位或者个体工商户向其他单位或者个人无偿提供服务，但用于公益事业或者以社会公众为对象的除外。

(2) 单位或者个人向其他单位或者个人无偿转让无形资产或者不动产，但用于公益事业或者以社会公众为对象的除外。

(3) 财政部和国家税务总局规定的其他情形。

业务 6-2 视同销售

12 月 6 日，上海东方有限公司将 120 只泰迪熊赠送给员工，其中生产工人为 100 人，管理人员 20 人。该泰迪熊每件产品成本为 90 元，计税价格(售价)每件产品为 100 元。问该笔业务是否属于销售？上海东方有限公司应如何进行会计核算？

【业务解析】

(1) 根据税法规定，该笔业务属于视同销售的范围。

(2) 编制会计分录如下：

借：生产成本(100×100×1.13)	11 300	
管理费用(100×20×1.13)	2 260	
贷：应付职工薪酬——非货币性福利		13 560
借：应付职工薪酬——非货币性福利	13 560	
贷：主营业务收入——泰迪熊(100×120)		12 000
应交税费——应交增值税(销项税额)		1 560
借：主营业务成本——泰迪熊	10 800	
贷：库存商品——泰迪熊		10 800

6.2.2.3　一般纳税人购进货物、接受应税劳务(服务)及免税农产品

一般纳税人企业购进货物、加工修理修配劳务、服务、无形资产或者不动产，应按其计入相关成本费用或资产的，借记“材料采购”“在途物资”或“原材料”“库存商品”“生产成本”“无形资产”“固定资产”“管理费用”等账户；按当月已认证的可抵扣的增值税额，借记“应交税费——应交增值税(进项税额)”账户；按当月未认证的可抵扣增值税额，借记“应交税费——待认证进项税额”账户。按应付或实际支付的金额，贷记“应付账款”“应付票据”“银行存款”等账户。购入物资发生退货时作相反的会计分录。

企业购进免税农产品时，除取得增值税专用发票或者《海关进口增值税专用缴款书》外，可按照农产品收购发票或者销售发票上注明的农产品买价和9%的扣除率计算进项税额，并准予从销项税额中抵扣。购进免税农业产品的进项税额，其计算公式为：

外购免税农产品进项税额＝买价(包含农业特产税)×9%

业务6-3　一般纳税人购进货物

12月8日，上海东方有限公司向道达有限责任公司购入玩具大白填充料A材料1 000千克，每千克200元，增值税税率为13%。款未付。问此笔业务可抵扣的进项税额为多少元？如何进行会计核算？

【业务解析】

(1) 可抵扣进项税额＝20 000×13%＝26 000(元)

(2) 编制会计分录如下：

借：材料采购——A材料	200 000	
应交税费——应交增值税(进项税额)	26 000	
贷：应付账款——道达公司		226 000

思考与练习6-2

ABC企业购进免税农产品，价款为30 000元，款项以支票付讫，收购的农产品已验收入库。该企业采用实际成本进行材料的日常核算。问ABC企业该如何进行会计处理？

6.2.2.4　一般纳税人进项税额不予抵扣的核算

下列项目的进项税额不得从销项税额中抵扣，应从进项税额中转出：

(1) 用于适用简易计税方法计税项目、非增值税应税项目、免征增值税项目、集体福利或者个人消费的购进货物或者应税服务。

(2) 非正常损失的购进货物及相关的应税劳务。

(3) 非正常损失的在产品、产成品所耗用的购进货物或者应税劳务。

(4) 纳税人取得的增值税扣税凭证不符合法律、行政法规或者国家税务总局有关规定的，其进项税额不得从销项税额中抵扣。增值税扣税凭证是指增值税专用发票、《海关进口增值税专用缴款书》、农产品收购发票、农产品销售发票和税收缴款凭证。

业务6-4　进项税额转出的会计处理

12月30日，上海东方有限公司因管理不善，仓库盘亏玩具大白填充料A材料一批，详见财产盘点报告表，如图表6-5所示。问原购进A材料的增值税进项税额作何会计处

理？请编制记账凭证。

图表 6-5 财产盘点报告单

单位名称：2 号仓库　　20××年 12 月 30 日　　金额单位：元

财产名称	计量单位	实存	账存	单价	盘盈		盘亏		原因
					数量	金额	数量	金额	
A 材料	千克	900	1 000	200			100	20 000	管理不善
合计								20 000	

仓库保管员：马敏　　盘点人：杨旭东

【业务解析】

(1) 盘亏 A 材料属管理不善，其进项税额不能抵扣，需通过"进项税额转出"核算。

(2) 编制记账凭证如图表 6-6 所示。

图表 6-6 记 账 凭 证　　编号：

20××年 12 月 02 日　　附件 1 张

摘　　要	一级科目	二级或明细科目	√	借方金额	贷方金额
盘亏 A 材料	待处理财产损溢	待处理流动资产损溢		22 600.00	
	原材料——A				20 000.00
	应交税费	应交增值税（进项税额转出）			2 600.00
合　　计				¥22 600.00	¥22 600.00

会计主管：　记账：　审核：　出纳：　制单：白云

6.2.2.5 一般纳税人增值税缴纳与申报

1. 月末转出多缴纳的增值税和未缴纳的增值税的会计处理

月末终了，企业应通过计算来确定是否存在应缴而未缴或多缴的增值税额。其计算公式如下：

本月应缴而未缴增值税额＝本月销项税额＋本月进项税额转出额－月初结转的尚未抵扣的进项税额－本月进项税额－本月已缴本月的增值税额

其计算结果一般有两种情况，处理方法如图表 6-7 所示。

图表 6-7 月末增值税会计处理表

计算结果	增值税情况	会计处理
大于零	表示企业有应缴而未缴的增值税额	应借记"应交税费——应交增值税（转出未交增值税）"账户，贷记"应交税费——未交增值税"账户
小于零	表示企业有多交或者尚未抵扣的增值税额	会计实务中要区分是否采用预缴增值税的方式分别核算 如果采用预缴增值税方式，计算结果小于零一般表示企业有当月多缴的增值税额，应借记"应交税费——未交增值税"账户，贷记"应交税费——应交增值税（转出多交增值税）"账户 如果不采用预缴增值税方式，计算结果小于零，表示企业有尚未抵扣的进项税额，尚未抵扣的进项税额会在以后月份继续从销项税额中抵扣，不必进行会计处理

2. 缴纳增值税的会计处理

企业缴纳当期的增值税，应借记“应交税费——应交增值税（已交税金）”账户，贷记“银行存款”账户。如果交纳以前期间的增值税，应借记“应交税费——未交增值税”账户，贷记“银行存款”账户。

业务 6-5　增值税月末转出和缴纳

上海新海有限公司为一般纳税人企业。2×15 年 11 月份发生销项税额 680 000 元，进项税额 510 000 元，当月进项税额转出 34 000 元。问如何在 11 月月末对增值税进行会计处理？2×15 年 12 月 10 日，需缴纳当月增值税额 510 000 元，另缴纳上月未缴的增值税额。问如何进行缴纳增值税的会计处理？

【业务解析】

(1) 2×15 年 11 月月末计算未缴（或多缴）的增值税：

应缴未缴的增值税额＝680 000＋34 000－510 000＝204 000（元）

应缴未缴的增值税额大于零，表示企业有应缴而未缴的增值税额。

(2) 结转 11 月未缴的增值税，会计分录如下：

借：应交税费——应交增值税（转出未交增值税）	204 000	
贷：应交税费——未交增值税		204 000

(3) 2×15 年 12 月 10 日，缴纳未缴的增值税额，会计分录如下：

未缴增值税额＝204 000＋510 000＝714 000（元）

借：应交税费——应交增值税（已交税金）	510 000	
——未交增值税	204 000	
贷：银行存款		714 000

思考与练习 6-3

根据业务 6-1 至业务 6-4，参考图表 6-4 的相关说明，登记东方公司 20××年 12 月“应交税费——应交增值税”明细账。

3. 增值税纳税申报

增值税纳税人进行纳税申报必须实行电子信息采集。使用防伪税控系统开具增值税专用发票的纳税人必须在抄报税成功后，方可进行纳税申报。纳税人应按月进行纳税申报，申报期为次月 1 日至 15 日，遇最后一日为法定节假日的，顺延 1 日；在每月 1～15 日内有连续 3 日以上法定休假日的，按休假日天数顺延。

增值税纳税申报具体流程分为以下几个环节：

(1) 开具增值税专用发票。纳税单位经过税务机关认证。具备一般纳税人资格，可安装增值税防伪开票系统，进行增值税开票。

(2) 增值税进项发票的认证。纳税人取得增值税进项发票后，可到税务机关大厅或者购扫描仪对增值税发票进行认证，其目的是确认增值税发票的真假。只有通过认证的发票的增值税额才能被抵扣。

(3) 抄报税。抄报税指的是将防伪开票系统开具发票的信息报送税务机关。经过抄税，税务机关确保了所有开具的销项发票都进入了“金税”系统，经过报税，税务机关确保了所有抵扣的进项发票都进入了“金税”系统，就可以在系统内由系统自动进行比对。

（4）纳税申报。一般情况下上月留抵税加本月进项税额与销项税额的差额就是本月留抵税或者应纳税额。

（5）税款缴纳。增值税申报之后，税务机关会自动开具税款缴纳的单据，国家税务系统凭这些单据传送到开户银行，由银行进行转账处理。

增值税一般纳税人申报流程如图表 6-8 所示。

图表 6-8　　增值税一般纳税人申报流程

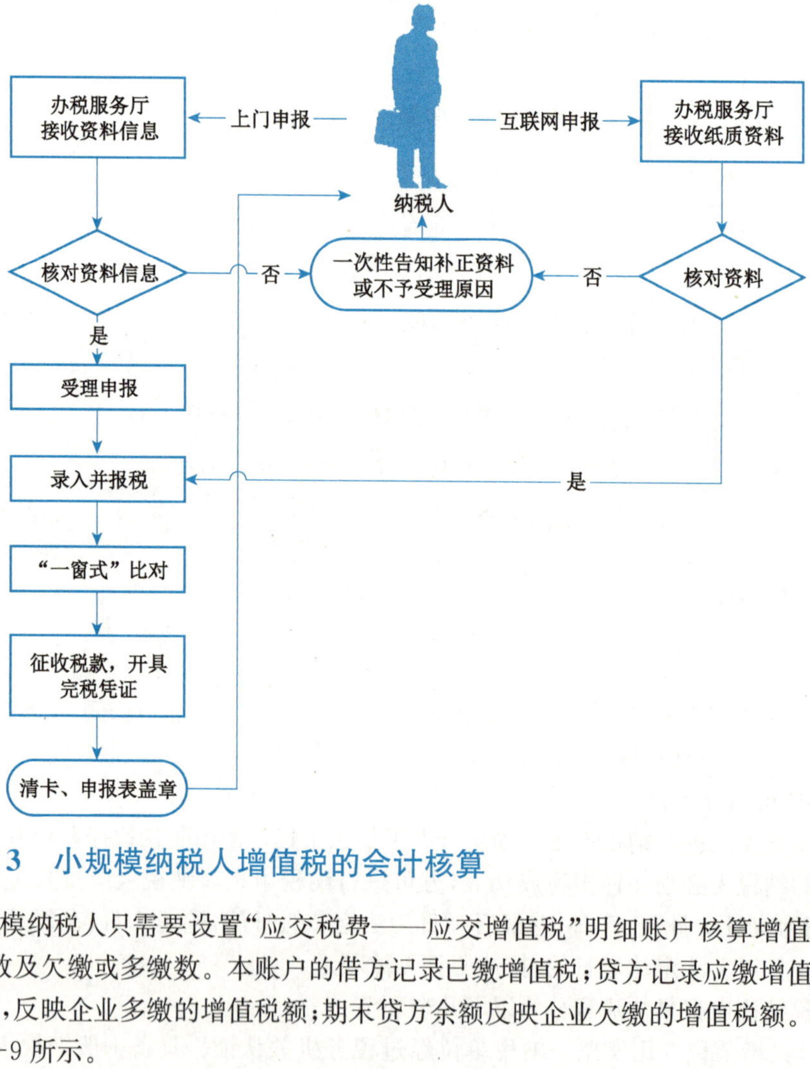

6.2.3　小规模纳税人增值税的会计核算

小规模纳税人只需要设置“应交税费——应交增值税”明细账户核算增值税的应缴数、已缴数及欠缴或多缴数。本账户的借方记录已缴增值税；贷方记录应缴增值税。期末借方余额，反映企业多缴的增值税额；期末贷方余额反映企业欠缴的增值税额。账户结构如图表 6-9 所示。

图表 6-9　　应交税费——应交增值税

借方	贷方
已交增值税 退货、折让等	应交增值税
期末余额：企业多缴的增值税额	期末余额：企业应缴未缴的增值税额

6.2.3.1　小规模纳税人购进货物或接受应税劳务

小规模纳税人购进货物或接受应税劳务所支付的增值税，不管是取得增值税专用发票还是普通发票，都必须与所购货物支付的价款一起直接计入有关货物及劳务的成本。借记“库存商品”等账户，贷记“银行存款”等账户。

业务 6-6　小规模纳税人购进货物

博华公司为小规模纳税人企业。2×15 年 11 月 3 日，购入 A 材料一批，取得增值税专用发票上注明的价格为 20 000 元，增值税额为 2 600 元，款项以银行存款支付。问博华公司应如何进行会计核算？

【业务解析】

博华公司购进材料编制会计分录如下：

借：材料采购——A 材料	22 600	
贷：银行存款		22 600

6.2.3.2　小规模纳税人销售货物或提供劳务

如果小规模纳税人销售货物或提供劳务时，采用销售额和应纳税额合并定价的，则必须按规定方法将计税销售额换算出来。一般按 3%的征收率计算应缴纳的增值税，借记“应收账款”或“银行存款”等账户，贷记“主营业收入”和“应交税费——应交增值税”账户。

业务 6-7　小规模纳税人销售货物

博华公司为小规模纳税人企业，2×15 年 11 月共取得销售收入 41 200 元，款项已通过银行收讫。问博华公司应如何进行会计核算？

【业务解析】

(1) 计算计税销售额。

$$计税销售额=41\ 200/(1+3\%)=40\ 000(元)$$

(2) 博华公司销售货物编制会计分录如下：

借：银行存款	41 200	
贷：主营业务收入		40 000
应交税费——应交增值税		1 200

6.2.3.3　小规模纳税人增值税缴纳和申报

小规模纳税人企业在上缴增值税时，应按实际缴纳的税款，借记“应交税费——应交增值税”账户，贷记“银行存款”账户。

业务 6-8　小规模纳税人缴纳增值税

根据业务 6-6、业务 6-7，博华公司于 2×15 年 12 月 10 日缴纳上月增值税额。会计分录如下：

借：应交税费——应交增值税	1 200	
贷：银行存款		1 200

小规模纳税人(非定期定额户)申报流程如图表 6-10 所示。

图表 6-10 小规模纳税人(非定期定额户)申报流程

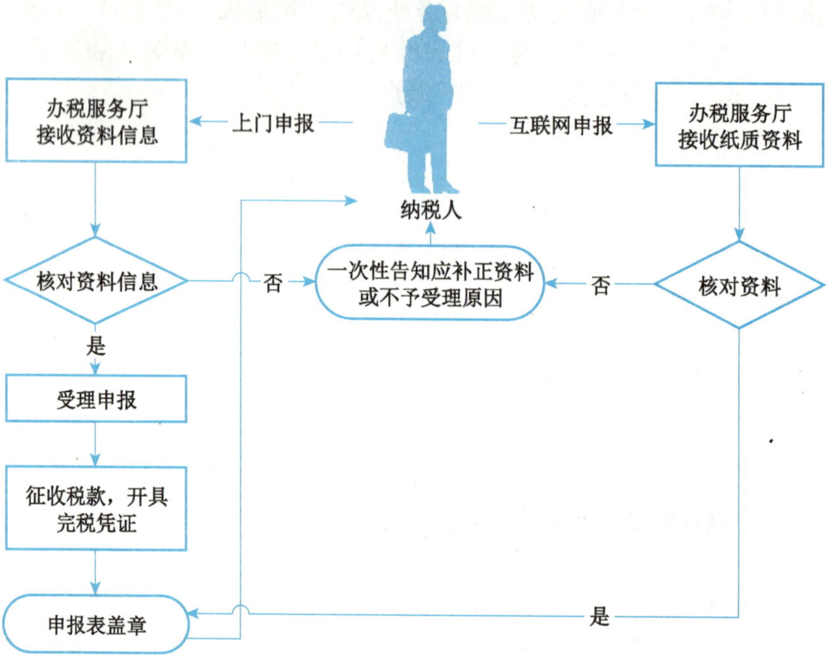

6.3 消费税的核算

任务目标	
知识目标	• 能说出消费税的征税对象 • 能判断消费税纳税人 • 能说出消费税税目与税率的关系
能力目标	• 能正确计算不同环节的消费税额 • 能进行消费税会计核算 • 能初步掌握消费税纳税申报基本方法

6.3.1 认识消费税

6.3.1.1 消费税的征税对象及征收方法

1. 消费税的概念

消费税是对我国境内从事生产、委托加工和进口应税消费品的单位和个人，就其销售额和销售数量征收的一种税。在我国现行的税制中，消费税是中央财政收入中仅次于增值税的第二大税。

2. 消费税的征税环节

我国消费税采用一次性课征制，即只在消费品的生产、流通或销售环节一次征收，而不是每一环节都征收。这样，减少了征收费用，提高了征管效率，这点与增值税道道环节征收不同。

3. 消费税的征税对象

消费税并不是对所有消费品普遍征收，而是选择部分消费品征收，其目的在于配合国家的经济社会政策，促进社会经济健康、协调发展，达到限制某些产品的生产和消费的目的，适时有序地调整经济的运行。征税对象主要有：特殊消费品、奢侈品、不可再生的稀缺资源产品、危害人类健康和社会生活环境的消费品等，对这些物品征税，不会影响人民的生活水平，还可以增加国家的财政收入。

4. 消费税的征收方法

消费税对一部分价格差异大，且便于按价格核算的应税消费品，依消费品的价格实行从价定率征收；对一部分价格差异较小，品种、规格比较单一的大宗应税消费品，依消费品的数量实行从量定额征收；对卷烟等实行复合征收制，复合征收是指从价定率与从量定额征收相结合的方法。消费税实行价内征收，即消费税是产品价格的组成部分，包含在价格中的消费税额最终都要转嫁到消费者身上，由消费者负担。消费税是一种间接税。

6.3.1.2　消费税纳税人

消费税的纳税人为在中华人民共和国境内生产、委托加工和进口应税消费品的单位和个人。单位是指国有企业、集体企业、私有企业、股份制企业、外商投资企业和外国企业、其他企业和行政单位、事业单位、军事单位、社会团体及其他单位。个人是指个体经营者及其他个人。

消费税纳税环节分为以下几种情况。

1. 生产环节

纳税人生产的应税消费品，由生产者于销售时纳税。其中，生产者自产自用的应税消费品，用于本企业连续生产应税消费品的不征税；用于其他方面的，于移送使用时纳税。

2. 委托加工环节

委托加工的应税消费品，由受托方在向委托方交货时代收代缴税款。

3. 进口环节

进口的应税消费品，由进口报关者于报关进口时纳税。

4. 零售环节

纳税人零售的金银首饰（含以旧换新），于销售时纳税；用于馈赠、赞助、广告、样品、职工福利、奖励等方面的金银首饰，于移送使用时纳税；带料加工、翻新改制的金银首饰，于受托方交货时纳税。

6.3.1.3　消费税税目及税率

现行消费税按从价征税和从量征税实行比例税率和定额税率两种形式，具体规定如图表 6-11 所示。

图表 6-11　　消费税税目税率表

税　　目	税　　率
一、烟	
1. 卷烟	
（1）甲类卷烟（调拨价 70 元（不含增值税）/条以上（含 70 元））	56%加 0.003 元/支（生产环节）

（续表）

税　　目	税　　率
(2) 乙类卷烟(调拨价70元(不含增值税)/条以下)	36%加0.003元/支(生产环节)
(3) 商业批发	11%(批发环节)加0.005元/支
2. 雪茄烟	36%(生产环节)
3. 烟丝	30%(生产环节)
二、酒及酒精	
1. 白酒	20%加0.5元/500克(或者500毫升)
2. 黄酒	240元/吨
3. 啤酒	
(1) 甲类啤酒	250元/吨
(2) 乙类啤酒	220元/吨
4. 其他酒	10%
5. 酒精	5%
三、化妆品	30%
四、贵重首饰及珠宝玉石	
1. 金银首饰、铂金首饰和钻石及钻石饰品	5%
2. 其他贵重首饰和珠宝玉石	10%
五、鞭炮、焰火	15%
六、成品油	
1. 汽油	
(1) 含铅汽油	1.52元/升
(2) 无铅汽油	1.52元/升
2. 柴油	1.20元/升
3. 航空煤油	1.20元/升
4. 石脑油	1.52元/升
5. 溶剂油	1.52元/升
6. 润滑油	1.52元/升
7. 燃料油	1.20元/升
七、摩托车	
1. 气缸容量(排气量，下同)在250毫升(含250毫升)以下的	3%
2. 气缸容量在250毫升以上的	10%

（续表）

税 目	税 率
八、小汽车	
1. 乘用车	
(1) 气缸容量(排气量,下同)在1.0升(含1.0升)以下的	1%
(2) 气缸容量在1.0升以上至1.5升(含1.5升)的	3%
(3) 气缸容量在1.5升以上至2.0升(含2.0升)的	5%
(4) 气缸容量在2.0升以上至2.5升(含2.5升)的	9%
(5) 气缸容量在2.5升以上至3.0升(含3.0升)的	12%
(6) 气缸容量在3.0升以上至4.0升(含4.0升)的	25%
(7) 气缸容量在4.0升以上的	40%
2. 中轻型商用客车	5%
九、高尔夫球及球具	10%
十、高档手表	20%
十一、游艇	10%
十二、木制一次性筷子	5%
十三、实木地板	5%
十四、铅蓄电池	4%(2016年1月1日起实施)
无汞原电池、金属氢化物镍蓄电池、锂原电池、锂离子蓄电池、太阳能电池、燃料电池和全钒液流电池	免征
十五、涂料	4%
施工状态下挥发性有机物(Volatile Organic Compounds,VOC)含量低于420克/升(含)	免征

6.3.1.4 消费税核算的账户设置

纳税人应在“应交税费”账户下设置“应交消费税”明细账户进行会计核算。本明细账户采用三栏式记账,借方登记实际缴纳的消费税额或待扣的消费税额;贷方登记按规定应缴纳的消费税额。期末贷方余额表示尚未缴纳的消费税额;借方余额表示多交或待扣的消费税额。本账户结构如图表6-12所示。

图表6-12 应交税费——应交消费税

借方	贷方
实际缴纳的消费税 待扣的消费税	应交消费税
期末余额:企业多缴或待扣的消费税	期末余额:企业应缴未缴的消费税

缴纳消费税的企业,还需要设置“税金及附加”账户,本账户核算应由销售产品、提供

劳务等负担的消费税金及附加，包括消费税、城市维护建设税、资源税、土地增值税和教育费附加。期末，应将“税金及附加”账户余额转入“本年利润”账户，结转后“税金及附加”账户应无余额。

6.3.2 消费税的业务处理

6.3.2.1 消费税的计算

1. 从价定率计算方法

在从价定率方法下，应纳税额的计算取决于应税消费品的销售额和使用税率两个因素。其基本计算公式为：

应纳税额＝销售额×适用税率

2. 从量定额计算方法

现行消费税仅对黄酒、啤酒以及成品油完全实行定额税率。在从量定额计算方法下，应纳税额的计算取决于应税消费品的销售数量和单位税率两个因素。其基本计算公式为：

应纳税额＝销售数量×单位税额

3. 从价定率与从量定额复合计税方法

复合计税方法是从价定率与从量定额相结合的方法。采用复合计税方法的消费品主要有：卷烟、白酒等。其应纳税额的计算公式为：

应纳税额＝销售数量×定额税率＋销售额×比例税率

6.3.2.2 消费税的会计核算

企业生产销售需要缴纳消费税的消费品，同样需要缴纳增值税。尽管增值税采用价外计征办法，而消费税是价内税，但两者的计税依据是一致的，均为含消费税而不含增值税的销售额。

在销售实现时，按取得的销售收入和增值税额，借记“银行存款”“应收账款”等账户，贷记“主营业务收入”和“应交税费——应交增值税（销项税额）”账户。

结转销售成本时，借记“主营业务成本”账户，贷记“库存商品”账户；同时计提消费税金，借记“税金及附加”账户，贷记“应交税费——应交消费税”账户。

实际缴纳消费税时，借记“应交税费——应交消费税”账户，贷记“银行存款”账户。发生销货退回或退税时，作相反的会计分录。

业务 6-9 销售应税消费品

百合花化妆品公司为一般纳税人企业，20××年 10 月份销售额为 3 000 000 元（不含增值税，含消费税），适用消费税税率为 30%，试计算该厂应缴纳的消费税并作相关会计分录。

【业务解析】

(1) 应纳消费税＝销售额×消费税税率
＝3 000 000×30%
＝900 000（元）

(2) 编制相关会计分录如下：

借：税金及附加 900 000
　贷：应交税费——应交消费税 900 000

思考与练习 6-4

百合花化妆品公司为一般纳税人企业，20××年11月份发放自产产品，该产品账面价值为50 000元，市场价格为100 000元(不含增值税)，适用消费税税率为30%，增值税税率为13%，问该公司应纳增值税和消费税分别为多少？如何进行会计处理？

业务6-10 委托加工应税消费品的处理

天华高尔夫用品公司是一般纳税人企业。20××年11月发生业务如下：

11月1日，天华高尔夫用品公司购买A材料，不含税价格是1 000 000元(不含增值税、不含消费税)。11月2日，委托博克斯箱包公司加工成200个高尔夫球包，加工费用是300 000元。11月20日，天华公司收回高尔夫球包，并支付加工费用300 000元与代扣代缴消费税(需要缴纳消费税的委托加工物资，应由受托方代扣代缴消费税)，用于出售。博克斯箱包公司发生辅助材料费用5 000元，人工费用9 000元，制造费用1 000元。问：天华高尔夫用品公司如何进行会计核算？

【业务解析】

(1) 天华高尔夫用品公司和博克斯箱包公司的业务处理，如图表6-13所示。

(备注：委托加工物资用于直接销售，消费税直接计入委托加工物资成本。)

图表6-13 天华公司与博克斯公司的业务处理情况

日期	天华高尔夫用品公司业务处理	博克斯箱包公司业务处理
11/1	购买材料 借：原材料——A材料1 000 000 　应交税费——应交增值税(进项税额) 　130 000 　贷：银行存款 1 130 000	
11/2	发出材料 借：委托加工物资——高尔夫球包 　1 000 000 　贷：原材料——A材料1 000 000	加工材料入库 可不作会计处理，但对收到的受托加工物资要在备查簿中进行登记，记录其收到、投入加工等材料增减。
11/20	支付加工费 借：委托加工物资——高尔夫球包 　300 000 　应交税费——应交增值税(进项税额) 　39 000 　贷：银行存款 339 000	收取加工费 借：银行存款 339 000 　贷：主营业务收入 300 000 　　应交税费——应交增值税(销项税额) 　　39 000

（续表）

日期	天华高尔夫用品公司业务处理	博克斯箱包公司业务处理
11/20	支付代扣代缴消费税 [(1 000 000＋300 000)÷(1－10%)]×10%≈144 444.44(元) 借：委托加工物资——高尔夫球包 144 444.44 贷：银行存款 144 444.44	收取代扣代缴消费税 借：银行存款 144 444.44 贷：应交税费——应交消费税 144 444.44 缴纳消费税 借：应交税费——应交消费税 144 444.44 贷：银行存款 144 444.44
		加工过程中发生的生产成本 借：生产成本 15 000 贷：原材料——辅助材料 5 000 应付职工薪酬 9 000 制造费用 1 000 完工入库 借：库存商品——受托加工完工商品 15 000 贷：生产成本 15 000
	加工高尔夫球包入库 借：库存商品——高尔夫球包 1 444 444.44 贷：委托加工物资——高尔夫球包 1 444 444.44	高尔夫球包加工完毕，交天华，结转库存商品 借：主营业务成本 15 000 贷：库存商品——受托加工完工商品 15 000

思考与练习 6-5

天华高尔夫用品公司是一般纳税人企业，20××年11月同时发生以下业务：

11月3日，天华高尔夫用品公司购买B材料，用于加工高尔夫球杆，不含税价格为4 000 000元。11月4日，该公司委托祥云运动器材厂加工100套高尔夫球杆，加工费用50万元。11月22日，加工后收回。11月26日，继续加工产生人工加工费用100 000元。11月28日实现销售，收到不含税价格7 000 000元。请为天华高尔夫用品公司作相应会计处理。

备注：委托加工物资收回后用于连续生产应税消费品，按规定准予抵扣的，应按已由受托方代缴的消费税，借记“应交税费——应交消费税”账户，贷记“应付账款”或“银行存款”等账户。

6.3.2.3 消费税的纳税申报

1. 消费税纳税义务发生时间

纳税人销售的应税消费品，其纳税义务发生的时间为：

(1) 纳税人采取赊销和分期收款结算方式的，其纳税义务发生的时间为销售合同规定的收款日期的当天。

(2) 纳税人采取预收货款结算方式，其纳税义务发生的时间为发出应税消费品的当天。

(3) 纳税人采取托收承付结算方式,其纳税义务发生的时间为发出应税消费品并办妥托收手续的当天。

(4) 纳税人采取其他结算方式的,其纳税义务发生的时间为收讫销售款或取得索取销售款凭据的当天。

纳税人自产自用的应税消费品,其纳税义务发生的时间为移送使用的当天。

纳税人委托加工的应税消费品,其纳税义务发生的时间为纳税人提货的当天。

纳税人进口的应税消费品,其纳税义务发生的时间为报关进口的当天。

2. 消费税纳税期限

消费税的纳税期限分别为 1 日、3 日、5 日、10 日、15 日或者 1 个月、1 个季度。纳税人具体的纳税期限,由主管税务机关根据纳税人应纳税额的大小分别核定;不能按固定期限纳税的,可以按次纳税。

纳税人以 1 个月为一期的,自期满之日起 10 日内申报纳税;以 1 日、3 日、5 日、10 日或者 15 日为一期纳税的,自期满之日起 5 日内预缴税款,于次月 1 日起 15 日内申报纳税并结清上月应纳税款。

3. 消费税纳税地点

(1) 纳税人销售的应税消费品及自产、自用的应税消费品,除国家另有规定外,应向纳税核算地主管税务机关申报纳税。纳税人总机构与分支机构不在同一县(市)的,应在生产应税消费品的分支机构所在地申报纳税。但经国家税务总局及所属分局批准,纳税人分支机构应纳消费税,也可由总机构汇总,向总机构所在地主管税务机关申报纳税。

(2) 纳税人到外县(市)销售或委托外县(市)代销自产应税消费品的,应事先向其所在地主管税务机关提出申请,并于应税消费品销售后,回纳税人核算地缴纳税款。

(3) 委托加工的应税消费品,由受托方向所在地主管税务机关报缴消费税额款。

(4) 进口的应税消费品,由进口人或其代理人向报关地海关申报纳税。此外,个人携带或者邮寄进境的应税消费品,连同关税,由海关一并计征。

4. 消费税纳税申报

纳税人报缴税款的方法,由所在地税务机关视不同情况,从下列方法中确定一种:

(1) 纳税人按期向税务机关填报纳税申报表,并填写纳税缴款书,向其所在地代理金库的银行缴纳税款。

(2) 纳税人按期向税务机关填报纳税申报表,由税务机关审核后填发缴款书,按期缴纳。

(3) 对会计核算不健全的小型业户,税务机关可根据其产销情况,按季或按年核定应纳税额,分月缴纳。

消费税的纳税人无论有无发生消费税的纳税义务,均应按规定期限填制《消费税纳税申报表》,向主管税务机关办理消费税的纳税申报。消费税申报表分为烟类应税消费品消费税申报、酒类应税消费品消费税申报、成品油消费税申报、小汽车消费税申报、其他类应税消费品消费税申报,其基本申报流程如图表 6-14 所示。

图表 6-14　　消费税申报流程

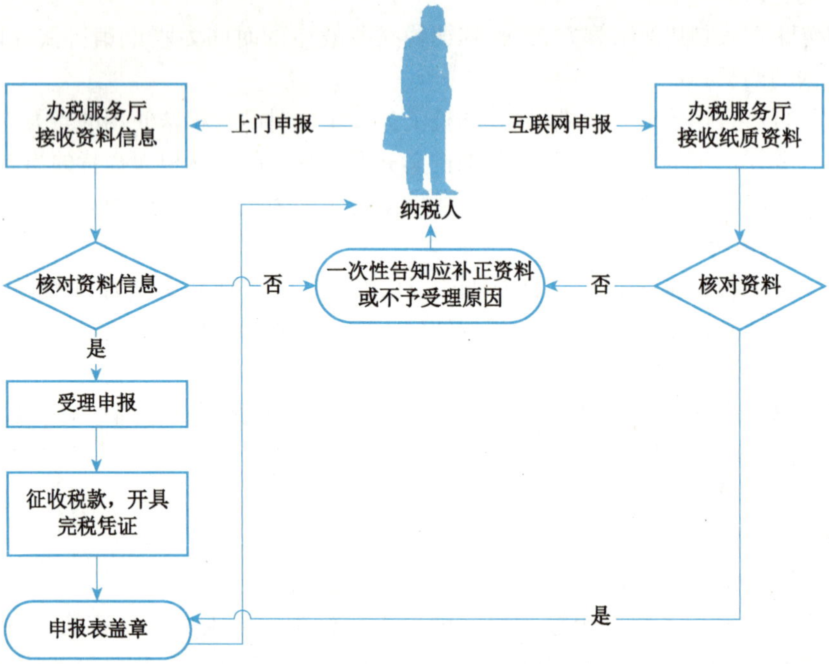

·知识链接·

其他类消费税申报

其他类消费税是指从事化妆品、贵重首饰及珠宝玉石、鞭炮焰火、气缸容量 250 毫升(含)以上摩托车、高尔夫球及球具、高档手表、游艇、木制一次性筷子、实木地板应税消费品生产、委托加工、零售的纳税人依照税收法律、法规及相关规定确定的申报期限、申报内容申报缴纳消费税。

6.4　其他税费的核算

任务目标	
知识目标	• 能说出城市维护建设税的纳税范围 • 能判断教育费附加的纳税人
能力目标	• 能正确计算城市维护建设税、教育费附加等其他税费 • 能对城市维护建设税、教育费附加等其他税费进行会计处理

6.4.1　城市维护建设税的核算

6.4.1.1　认识城市维护建设税

城市维护建设税(以下简称“城建税”)是国家对缴纳增值税、消费税的单位和个人以其实际缴纳的增值税额、消费税额为依据而征收的一种附加税。现行城建税的基本规范是1985年2月8日国务院颁布并于同年1月1日开始实施的《中华人民共和国城市维护建设税暂行条例》。

1. 纳税人

城市维护建设税的纳税人是指缴纳增值税、消费税的单位和个人，具体包括国有企业、集体企业、私有企业、股份制企业、其他企业和行政单位、事业单位、军事单位、社会团体、其他单位，以及个体工商户及其他个人。只要缴纳了增值税、消费税中的任何一种税，就必须同时缴纳城建税。

2. 税率

城建税按纳税人所在地的不同，分别设置了三档地区差别比例税率。

(1) 纳税人所在地在城市市区的，税率为7%。

(2) 纳税人所在地在县城、建制镇的，税率为5%。

(3) 纳税人所在地不在城市市区、在县城、建制镇的，税率为1%。

城建税的适用税率，一般按纳税人所在地的适用税率执行，但是有下列情况的，可以按缴纳增值税、消费税所在地的规定税率就地缴纳城建税：由受托方代扣代缴、代收代征“增值税、消费税”的单位和个人，其应缴纳的城建税按受托方所在地适用税率执行；流动经营等无固定纳税地点的单位和个人，在经营地缴纳增值税、消费税的，其应缴纳的城建税按经营地适用税率执行。

3. 计算方法

应纳消费税税额＝(实际缴纳的增值税＋实际缴纳的消费税)×适用税率

6.4.1.2　城市维护建设税的业务处理

企业核算城建税，应设立“应交税费——应交城市维护建设税”账户。计算出应缴纳的城建税额时，借记“税金及附加”账户，贷记“应交税费——应交城市维护建设税”账户；实际缴纳该税金时，借记“应交税费——应交城市维护建设税”账户，贷记“银行存款”账户。

业务6-11　城市维护建设税的会计核算

博克斯箱包公司于2×15年3月实际缴纳增值税额800 000元，消费税额700 000元。博克斯箱包公司适用的城市维护建设税税率为7%，请作出相关会计处理。

【业务解析】

(1) 计算博克斯箱包公司应缴的城市维护建设税：

应缴的城市维护建设税＝(800 000＋700 000)×7%＝105 000(元)

(2) 博克斯箱包公司应作如下会计分录：

应缴城建税的会计处理：

借：税金及附加	105 000	
贷：应交税费——应交城市维护建设税		105 000

实际缴纳的会计处理：

借：应交税费——应交城市维护建设税　　105 000
　　贷：银行存款　　105 000

6.4.2 教育费附加的核算

6.4.2.1 认识教育费附加

教育费附加是国家对缴纳增值税、消费税的单位和个人就其实际缴纳的增值税额、消费税额为依据而收取的一种费用。由于教育费附加是由税务机关随同增值税、消费税一起征收的，因此，通常将其视同税收。

1. 纳税人

缴纳增值税的单位和个人，包括外商投资企业、外国企业和外籍个人。

2. 征收率

除国家规定教育费附加的征收率为3%以外，根据沪财教〔2011〕10号，上海地方教育费附加的征收率为2%，用于上海市教育事业发展。

3. 计算方法

应纳教育费附加＝纳税人实际缴纳的“增值税、消费税”金额×征收比率

·知识链接·

关于教育费附加的优惠政策

从2016年2月1日起，教育费附加、地方教育费附加的免征范围由月销售额或营业额不超过3万元的缴纳义务人，扩大到不超过10万元，免征政策长期有效。

6.4.2.2 教育费附加的业务处理

企业核算教育费附加，应设立“应交税费——应交教育费附加”账户。计算出应缴纳的教育费附加的金额时，借记“税金及附加”账户，贷记“应交税费——应交教育费附加”账户；实际缴纳税金时，借记“应交税费——应交教育费附加”账户，贷记“银行存款”账户。

业务 6-12 教育费附加的会计核算

根据业务6-11，博克斯箱包公司是上海注册并开展业务的公司，问该公司应缴纳多少教育费附加？如何进行会计处理？

【业务解析】

(1) 计算博克斯箱包公司应交的教育费附加：

应交的教育费附加＝(800 000＋700 000)×(3%＋2%)＝75 000(元)

(2) 博克斯箱包公司应作如下会计分录：

应交教育费附加的会计处理：

借：税金及附加　　75 000
　　贷：应交税费——应交教育费附加　　75 000

实际缴纳教育费附加的会计处理：

借：应交税费——应交教育费附加　　75 000
　　贷：银行存款　　75 000

6.5　税务会计岗位的电算化操作

6.5.1　网上纳税申报简介

随着电子科技产品的进步以及税收征管改革的不断深入和完善，采用信息化、现代化的远程电子申报纳税是一种先进的申报方式。申报时需执行申报纳税规范，该规范是指税务机关和税务人员依照税收法律、法规及相关规定，受理纳税人、扣缴义务人、委托代征人申报、缴纳、解缴、退还税费等业务的服务规范。享受税收优惠的纳税人无论当期是否产生应纳税额，均应按期、如实向税务机关报告其税收优惠享受情况，税务人员应按减免税管理规定，将纳税人申报信息与税务机关掌握的备案、审批信息进行核对，在核对一致情况下，如实完整录入征管信息系统。

6.5.1.1 办税指南

我们可通过国家税务总局网站(http://www.chinatax.gov.cn/)了解办税知识，进行纳税业务处理，如图表 6-15 所示。

图表 6-15　　国家税务总局网站导航图

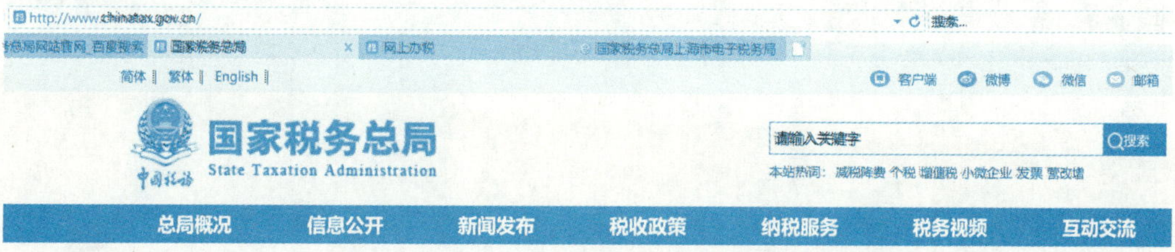

在首页右侧，设有"纳税服务平台"和"办税指南"板块，如图表 6-16 所示。在"纳税服务平台"设有智能咨询、网上办税、发票查询等模块。在"办税指南"设有申报纳税等模块。

图表 6-16　　"纳税服务平台"及"办税指南"导航图

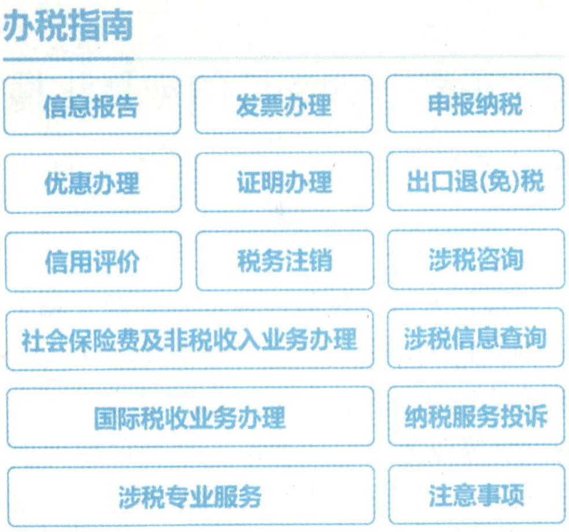

在“纳税服务平台”点击“网上报税”，点击所在区域，出现所属地方网上办事服务厅，通过用户登录，即可在网络平台办理纳税申报，如图表 6-17、图表 6-18 所示。

图表 6-17　　“纳税服务平台——网上办税”视图

图表 6-8 国家税务总局上海电子税务局视图

6.5.2 网上纳税申报基本流程

基本流程如图表 6-19 所示。

图表 6-19 网上纳税申报基本流程

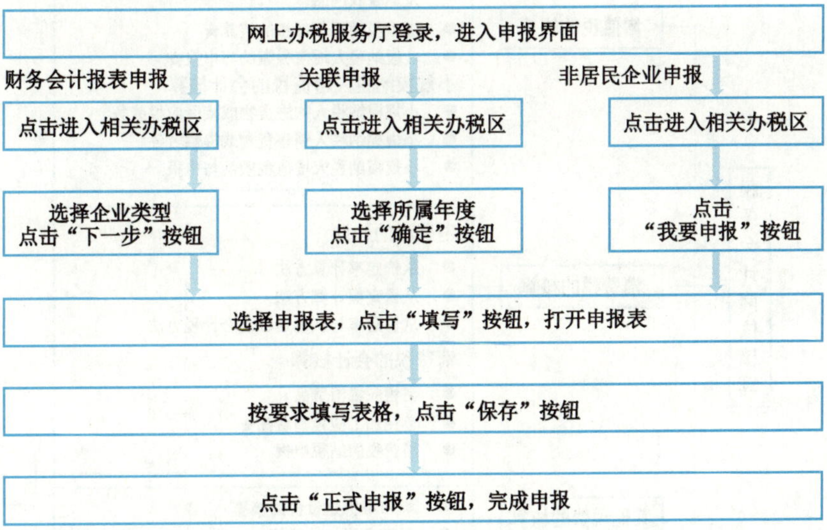

6.5.3 任务实施

【任务一】 填写申报表

利用“填写申报表”功能，填写需申报的申报表。没有在地税部门做过税种登记的税种，网上不能申报；分主附表的，先填写并保存所有附表，然后打开主表进行编辑或直接保存。

【任务二】 正式申报

利用“正式申报”功能，将已填写并保存过的申报表正式申报到地税征管系统。申报表正式申报成功后，不能再进行填写和修改。未正式申报或正式申报失败的申报表，其包含的税种按未申报对待。

【任务三】 网上划款

利用“网上划款”功能，对正式申报的申报表进行开票，开票成功后，地税局会根据开票信息进行划款，纳税人可在一日后通过“网上划款”功能的实缴查询获取地税扣款信息。

【任务四】 申报查询、划款查询

正式申报及网上划款结束后应利用“申报查询”“划款查询”进行申报查询、划款查询。确保需要申报的申报表都已经申报、划款成功。

【任务五】 打印申报表和完税证明

正式申报成功后，可以通过“申报查询”功能打印出申报表（纸张为 A4 纸）。

扣款成功后，可以到开户银行打印完税凭证。

项目小结

- 税务会计岗位核算
  - 增值税的核算
    - 一般纳税人增值税的会计核算
      - 一般纳税人销售货物或提供劳务
      - 视同销售业务★
      - 一般纳税人购进货物、接受应税劳务（服务）及免税农产品
      - 进项税额不予抵扣的核算★
      - 一般纳税人增值税缴纳与申报★
    - 小规模纳税人增值税的会计核算
      - 小规模纳税人购进货物或接受应税劳务
      - 小规模纳税人销售货物或提供劳务
      - 小规模纳税人增值税缴纳与申报
  - 消费税的核算
    - 消费税的计算
      - 从价定率计算方法
      - 从量定额计算方法
      - 从价定率与从量定额复合计税方法
    - 消费税的会计核算
      - 销售应税消费品
      - 委托加工应税消费品★
      - 消费税的纳税申报
  - 其他税费的核算
    - 城市维护建设税的核算
    - 教育费附加的核算

补充阅读

税收基础知识

税收——国家为实现其职能，满足社会公共需要，依照法律预先规定的标准，强制、无偿地取得公共财政收入的一种规范形式。

税收是政府财政收入中的最主要部分，一般占经常性公共财政收入的 90%以上。

1. 税收种类

税收根据征税对象，税收可分为——流转税（货物与劳务税）、所得税、财产税、资源税、行为税五类。

（1）流转税是对流通中商品和劳务买卖的总额征税。增值税是流转税的主要税种之一。

（2）所得税是对个人和公司的所得征税。在西方国家的税收中，所得税占有很大的比重，因此所得税税率的变动对社会经济活动会产生很大的影响。

（3）财产税是对不动产或房地产即对土地和地上建筑物等所征收的税。

（4）资源税是以开发、生产的矿产资源和盐为征税对象的税收。

（5）行为税是以纳税人的特定行为为征税对象的税收。

财政收入政策主要是通过各种所得税、增值税和其他税种的设置、税率的变化来影响总需求，调节宏观经济。

2. 税收特征

税收具有强制性、无偿性和固定性三大特征，这三个特征使税收调节具有权威性。

3. 国税地税征管体制改革方案简介

中国实行的是分税制的体制，分税制是一种财政管理体制，已在西方国家广泛采用，中国在清朝末期曾出现过分税制的萌芽；当今世界，实行市场经济体制的国家，特别是发达国家，一般都实行了分税制。中国从 1994 年开始实行分税制，具体内容包括：将税种统一划分成中央税、地方税、中央和地方共享税；建起中央和地方两套税收管理体制，并分设了国税和地税两套税收机构进行纳税；在核定地方收支数额的基础上，实行了中央财政对地方财政的税收返还和转移支付制度等。

2018 年 6 月，全国各省（自治区、直辖市）级以及计划单列市国税局、地税局合并且统一挂牌。与此同时，中共中央办公厅、国务院办公厅印发了《国税地税征管体制改革方案》。该方案明确从 2019 年 1 月 1 日起，将基本养老保险费、基本医疗保险费、失业保险费、工伤保险费、生育保险费等各项社会保险费交由税务部门统一征收；按照便民、高效的原则，合理确定非税收入征管职责划转到税务部门的范围，对依法保留、适宜划转的非税收入项目成熟一批划转一批，逐步推进；要求整合纳税服务和税收征管等方面业务，优化完善税收和缴费管理信息系统，更好地便利纳税人和缴费人。

注：税收岗位涉及个人所得税，见“职工薪酬岗位核算”，所得税见“总账岗位核算”，本项目不再赘述。如需了解更多税务会计岗位核算知识，请通过国家税务总局网站 http://www.chinatax.gov.cn/n810346/index.html 进入“税收政策”及“纳税服务——办税指南”，阅读相关内容。

项目七　总账会计岗位核算操作

情境导入

李静是上海某高职会计专业的大三学生，即将面临就业，她与她的导师张老师讨论起了未来的职业规划：

李　静：张老师，马上毕业了，我想跟您探讨一下我以后的专业规划。

张老师：好的，初入社会，一般从会计一些基本的岗位做起，如会计助理、出纳等。

李　静：对，这些岗位我利用假期实习有了初步的了解，那么在我有了一定的经验后，是不是可以尝试其他岗位了呢？

张老师：当然，你可以试试资金核算、往来核算、工资核算这些岗位，对你的专业会有很大帮助的。

李　静：那么，如果几年后我想进一步提升，我又该如何发展呢？

张老师：看来，你是个有上进心的同学，工作几年后，你对企业一般会计准则，国家税收政策这些都比较熟悉了，又能熟练操作财务软件，那么你可以试试总账岗位工作了。

总账岗位工作是建立在全盘会计工作流程经验之上的，对相应人员能力要求较高，当然总账岗位收入也相应较高，对会计人员的能力也是极大的挑战，同时总账岗位往往是财务部门职位晋升的必要路径……

李　静：谢谢张老师，我明白了，我一定会不断往会计专业化方向努力的。

问题：

(1) 哪些业务属于总账会计核算范围？

(2) 企业期末会计核算主要包括哪些？所得税费用如何计算？如何进行利润结转与分配的会计处理？

(3) 资产负债表和利润表的一般格式是怎样的？如何编制资产负债表和利润表？

7.1　认识总账会计岗位

7.1.1　岗位职责

(1) 审核记账凭证，据实登记各类明细账，并根据审核无误的记账凭证汇总、登记总账。

(2) 负责设置本企业会计科目、会计凭证和会计账簿，并指导会计人员做好记账、结账和对账工作。

(3) 定期对总账与各类明细账进行结账，并进行总账与明细账的对账，保证账账相符。

(4) 月底负责结转各项期间费用及损益类凭证，并据以登账。

(5) 编制各种会计报表，编写会计报表附注，进行财务报表分析并上报高层管理人员。

7.1.2 岗位工作基本流程

基本流程如图表 7-1 所示。

图表 7-1 岗位工作基本流程

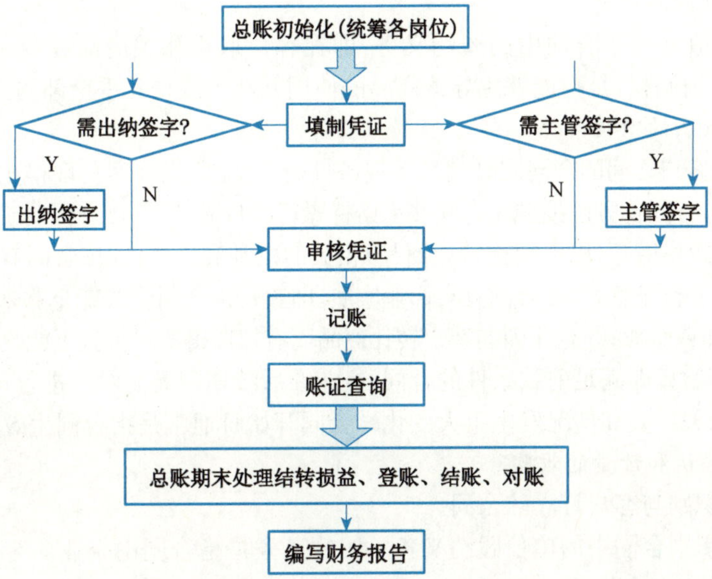

7.2 收入与费用的发生与结转

任务目标	
知识目标	• 能说出收入、费用的定义与范围 • 能判断收入与费用 • 能说出销售商品收入确认条件 • 能区别一般销售商品业务收入确认的时间点 • 能描述税金及附加、期间费用的内容
能力目标	• 能进行已经发出但不符合销售商品收入确认条件的会计核算 • 能进行商业折扣与现金折扣、销售折让、销售退回的会计核算 • 能进行销售材料的会计核算 • 能进行税金及附加的会计核算 • 能进行销售费用、管理费用、财务费用的会计核算 • 能进行收入与费用结转的会计核算

结转损益是指在期末损益类账户的余额将全部结转到“本年利润”账户中，结转后，损

益类账户余额为零的过程。即期末将各项收入类账户和费用类账户分别结转到“本年利润”账户，收入和费用抵减后，正数为净利润，负数为净亏损。

为了正确计算企业利润，月末损益结转的核算必须建立在正确核算收入、费用等相关业务基础之上。

7.2.1 认识收入

7.2.1.1 收入的确认和计量

收入是指企业在日常活动中形成的、会导致所有者权益增加的、与所有者投入资本无关的经济利益的总流入。

1. 收入确认的原则

企业应当在履行了合同中的履约义务，即在客户取得相关商品控制权时确认收入。取得相关商品控制权，是指能够主导该商品的使用并从中获得几乎全部的经济利益。

2. 收入确认的前提条件

当企业与客户之间的合同同时满足下列条件时，企业应当在客户取得相关商品控制权时确认收入：①合同各方已批准该合同并承诺将履行各自义务；②该合同明确了合同各方与所转让商品或提供劳务(以下简称转让商品)相关的权利和义务；③该合同有明确的与所转让商品相关的支付条款；④该合同具有商业实质，即履行该合同将改变企业未来现金流量的风险、时间分布或金额；⑤企业因向客户转让商品而有权取得的对价很可能收回。

在合同开始日即满足前款条件的合同，企业在后续期间无需对其进行重新评估，除非有迹象表明相关事实和情况发生重大变化。合同开始日通常是指合同生效日。

3. 收入确认和计量的步骤

第一步，识别与客户订立的合同。

第二步，识别合同中的单独履约义务。履约义务是指合同中企业向客户转让可明确区分商品或服务的承诺。

第三步，确定交易价格。

第四步，将交易价格分配至合同中各项履约义务。当合同中包含两项或多项履约义务时，需要将交易价格分摊至各单项履约义务。

第五步，履行各单项履约义务的时间(某时点或某段时间)确认收入。

对于在某一时点履行的履约义务，企业应当在客户取得相关商品控制权时点确认收入。在确定商品控制权转移时，企业应当考虑下列迹象：

(1) 企业就该商品享有现时收款权利，即客户就该商品负有现时付款义务。

(2) 企业已将该商品的法定所有权转移给客户，即客户已拥有该商品的法定所有权。

(3) 企业已将该商品实物转移给客户，即客户已实物占有该商品。

(4) 企业已将该商品所有权上的主要风险和报酬转移给客户，即客户已取得该商品所有权上的主要风险和报酬。

(5) 客户已接受该商品。

(6) 其他表明客户已取得商品控制权的迹象。

7.2.1.2 收入的分类

收入包括主营业务收入和其他业务收入两部分。主营业务收入是由企业的主营业务产生的收入，如商品销售收入；其他业务收入是除主营业务活动以外的其他经营活动实现的收入，如销售材料、出租固定资产、出租无形资产等收入。收入按交易性质可分为转让商品收入和提供服务收入。

收入分类如图表 7-2 所示。

图表 7-2 收入分类

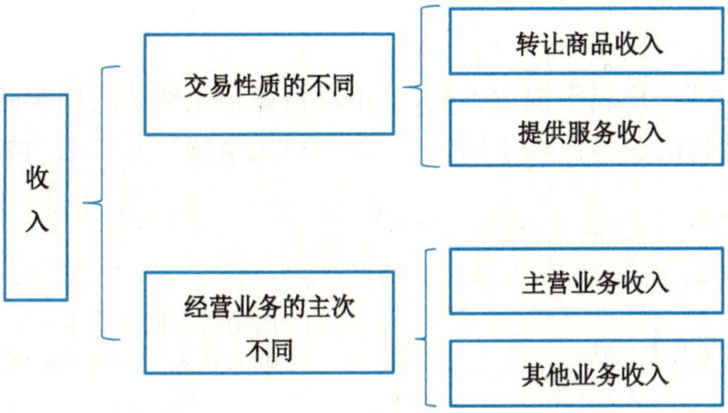

思考与练习 7-1

【判断题】 企业在商品售出后，即使仍然能够对售出商品实施有效控制，也应确认商品销售收入。 （ ）

【判断题】 已完成销售手续、但购买方在当月尚未提取的产品，销售方仍应作为本企业库存商品核算。 （ ）

企业销售商品满足确认收入条件时，应按照已收或应收合同或协议价款的公允价值确定销售商品收入的金额。在确认销售商品收入的金额时，应注意商业折扣、现金折扣等因素，项目一已涉及，此处不再赘述。

7.2.1.4 账户设置

企业销售商品时，应设置的主要账户如下所述。

1. “发出商品”账户

“发出商品”账户属于资产类账户，用以核算一般商品销售中已经发出但尚未确认销售收入的商品成本。账户结构如图表 7-3 所示。

图表 7-3 发出商品

借方	贷方
发出商品成本	已确认收入的商品的成本
期末余额：尚未确认收入的已发出商品成本	

2. “主营业务收入”账户

“主营业务收入”账户属于损益类账户，用以核算企业确认的销售商品、提供劳务等主营业务的收入。期末结转后，该账户无余额。账户结构如图表 7-4 所示。

图表 7-4　主营业务收入

借方	贷方
因销售退回和销售折让而冲减本期的主营业务收入的金额 期末转入"本年利润"账户的金额	企业实现的主营业务收入
	期末无余额

3. "主营业务成本"账户

"主营业务成本"账户属于损益类账户,用以核算企业确认的销售商品、提供劳务等主营业务收入时应结转的成本。期末结转后,该账户无余额。账户结构如图表 7-5 所示。

图表 7-5　主营业务成本

借方	贷方
主营业务发生的实际成本	因销售退回的金额 期末转入"本年利润"账户的金额
期末无余额	

4. "其他业务收入"账户

"其他业务收入"账户属于损益类账户,用以核算企业确认的除主营业务活动以外的其他经营活动实现的收入,包括销售材料、出租固定资产、出租无形资产、出租包装物等。期末结转后,该账户无余额。账户结构如图表 7-6 所示。

图表 7-6　其他业务收入

借方	贷方
期末转入"本年利润"账户的金额	企业实现的其他业务收入
	期末无余额

5. "其他业务成本"账户

"其他业务成本"账户属于损益类账户,用以核算企业确认的除主营业务活动以外的其他经营活动实现的收入,包括销售材料的成本、出租固定资产和投资性房地产的折旧额、出租无形资产的摊销、出租包装物的成本或摊销额。期末结转后,该账户无余额。账户结构如图表 7-7 所示。

图表 7-7　其他业务成本

借方	贷方
其他业务的支出额	期末转入"本年利润"账户的金额
期末无余额	

7.2.2　与收入相关的会计核算

7.2.2.1　销售商品业务收入的处理

销售收入的确认时间:

(1) 销售商品采用托收承付方式的，在办妥托收手续时确认收入。

(2) 交款提货销售商品的，在开出发票账单收到货款时确认收入。

对销售商品收入的会计处理：

(1) 在符合确认收入的条件时，按照已收或应收合同、协议价款的公允价值确定销售商品收入的金额，贷记“主营业务收入”账户。

(2) 结转相关的销售成本时，借记“主营业务成本”账户。

7.2.2.2　已经发出但不符合销售商品收入确认条件的商品的处理

如果企业售出商品不符合销售商品收入确认的五个条件中的任何一条，均不应确认收入。

企业应增设“发出商品”账户核算已经发出但尚未确认销售收入的商品成本。

发出商品不符合收入确认条件时，如果销售该商品的纳税义务已经发生，比如已经开出增值税专用发票，则应确认应缴的增值税销项税额。借记“应收账款”等账户，贷记“应交税费——应交增值税(销项税额)”账户。如果纳税义务没有发生，则不需进行上述会计处理。

业务 7-1　已经发出但不符合销售商品收入确认条件

上海东方有限公司于2×19年3月3日销售给上海祥天商贸公司玩具大白1 000只，开出的增值税专用发票上注明售价为100 000元，增值税额为13 000元，款未收，该批玩具成本为50 000元。上海东方有限公司在销售这批玩具时已得知上海祥天商贸公司资金流转发生暂时困难，但为了减少存货积压，同时为了维持与上海祥天商贸公司长期以来建立的商业关系，上海东方有限公司仍将商品发出。假定上海东方有限公司销售该批商品的纳税义务已经发生。问上海东方有限公司应如何进行会计核算？

【业务解析】

(1) 发出商品时：

借：发出商品	50 000	
贷：库存商品		50 000

(2) 同时，因上海东方有限公司销售该批商品的纳税义务已经发生，应确认应缴的增值税销项税额，编制如下会计分录：

借：应收账款——上海祥天商贸公司	13 000	
贷：应交税费——应交增值税(销项税额)		13 000

(3) 假定2×19年11月上海东方有限公司得知上海祥天商贸公司经营情况逐渐好转，祥天公司承诺近期付款，上海东方有限公司应在祥天公司承诺付款时确认收入，编制如下会计分录：

借：应收账款——上海祥天商贸公司	100 000	
贷：主营业务收入——大白		100 000

同时结转成本：

借：主营业务成本	50 000	
贷：发出商品		50 000

(4) 假定上海东方有限公司于2×19年12月6日收到上海祥天商贸公司支付的货款，应编制如下会计分录：

借：银行存款　　113 000
　　贷：应收账款——上海祥天商贸公司　　113 000

业务 7-2　商业折扣和现金折扣的处理

上海东方有限公司 2×19 年 4 月 1 日向上海吉祥有限公司销售泰迪熊 10 000 只，每件商品的标价为 20 元(不含增值税)，每件商品的实际成本为 13 元。由于是成批销售，甲公司给予购货方 10%的商业折扣，并在销售合同中规定现金折扣条件为 2/10，1/20，n/30。泰迪熊于 4 月 1 日发出，购货方于 4 月 9 日付款。假定计算现金折扣时考虑增值税。请计算应收账款入账价值、现金折扣，并编制记账凭证。

【业务解析】

(1) 4 月 1 日销售商品时：

应收账款的入账价值＝20×10 000×(1－10%)×(1＋13%)＝203 400(元)

编制会计分录：

借：应收账款——上海吉祥有限公司　　203 400
　　贷：主营业务收入——泰迪熊　　180 000
　　　　应交税费——应交增值税(销项税额)　　23 400

借：主营业务成本——泰迪熊　　(13 元×10 000 只)130 000
　　贷：库存商品——泰迪熊　　130 000

(2) 3 月 9 日收到货款时：

根据题意，计算现金折扣时考虑增值税，则：

现金折扣＝203 400×2%＝4 068(元)

编制会计分录：

借：银行存款　　199 332
　　财务费用　　4 068
　　贷：应收账款——上海吉祥有限公司　　203 400

如计算现金折扣时不考虑增值税，则：

现金折扣＝180 000×2%＝3 600(元)

编制会计分录：

借：银行存款　　199 800
　　财务费用　　3 600
　　贷：应收账款——上海吉祥有限公司　　203 400

(3) 若上海吉祥有限公司于 4 月 19 日付款：

计算现金折扣时考虑增值税，则：

现金折扣＝203 400×1%＝2 034(元)

编制会计分录：

借：银行存款　　201 366
　　财务费用　　2 034
　　贷：应收账款——上海吉祥有限公司　　203 400

(4) 若上海吉祥有限公司于 4 月底才付款：

编制会计分录：

借：银行存款　　203 400
　　贷：应收账款——上海吉祥有限公司　　203 400

思考与练习 7-2

根据业务 7-2，上海吉祥有限公司于 4 月 19 日付款，计算现金折扣时不考虑增值税。问上海东方有限公司如何进行会计处理？

7.2.2.3　销售折让的会计处理

销售折让是企业因售出商品质量不合格等原因而在售价上给予的减让。企业已经确认销售商品收入发生销售折让，应在发生时冲减当期的销售商品收入，如按规定允许扣减增值税额的，还应冲减已确认的应缴增值税销项税额。

业务 7-3　销售折让的会计处理

上海东方有限公司销售一批玩具兔给上海祥天商贸公司，具体内容见增值税专用发票，如图表 7-8 所示。该批商品的成本为 100 000 元。货到后上海祥天商贸公司发现商品质量不符合合同的要求，要求在价格上给予 5%的折让。上海祥天商贸公司提出的销售折让要求符合原合同的约定，上海东方有限公司同意并办妥了相关手续，开具了增值税专用发票(红字)。假定此前上海东方有限公司已确认该批商品的销售收入，销售款项尚未收到，发生的销售折让允许扣减当期增值税销项税额。问上海东方有限公司应如何进行会计处理？

图表 7-8

上海增值税专用发票

记账联

开票日期：2×15 年 12 月 4 日　　No. 00188567

购货单位	名　　称：上海祥天商贸公司 纳税人识别号：370105104018001 地 址、电 话：上海市北京路 369 号　021-X2354760 开户行及账号：宁波银行黄浦支行 470003150900252553			密码区	7/1≫61<98>8->＊5　加密版本号：01 3/9>3327867>383527567 97/>5-710079>-08/1312　440004314 ＊38426≫2-23/186≫49　00187967		
货物及应税劳务名称	规格型号	单位	数量	单价	金额	税率	税额
玩具兔	321	只	4 000	50	200 000	13%	26 000
合计					200 000		26 000
价税合计(大写)	贰拾贰万陆仟元整　　(小写)￥226 000.00						
销货单位	名　　称：上海东方有限公司 纳税人识别号：215280104013105 地 址、电 话：上海市海天路 58 号 开户行及账号：工行沪海支 6200029401003636532			备注	上海东方有限公司 2152801040131 发票专用章		

第一联：记账联　销货方记账凭证

收款人：　　复核：　　开票人：冯小刚　　销货单位(章)：

全国统一发票监制章 上海市国家税务局监制

【业务解析】

(1) 销售实现时：

借：应收账款——上海祥天商贸公司　　226 000
　　贷：主营业务收入——玩具兔　　200 000
　　　　应交税费——应交增值税(销项税额)　　26 000

借：主营业务成本——玩具兔　　100 000
　　贷：库存商品——玩具兔　　100 000

(2) 发生销售折让时，依据红字增值税发票，编制如下会计分录：

借：主营业务收入——玩具兔　　(200 000 元×5%)10 000
　　应交税费——应交增值税(销项税额)　　1 300
　　贷：应收账款——上海祥天商贸公司　　11 300

(3) 实际收到款项时：

借：银行存款　　214 700
　　贷：应收账款——上海祥天商贸公司　　214 700

7.2.2.4 销售退回的会计处理

企业售出的商品由于质量、品种不符合要求等原因而发生的销售退回，已确认销售商品收入的售出商品发生销售退回的，除属于资产负债表日后事项外，一般应在发生时冲减当期销售商品收入，同时冲减当期销售商品成本；如按规定允许扣减增值税的，应同时冲减已确认的应缴增值税销项税额。

业务 7-4 销售退回的会计处理

上海东方有限公司 2×19 年 3 月 20 日销售泰迪熊给上海百吉公司，增值税专用发票上注明售价为 400 000 元，增值税额为 52 000 元；该批商品成本为 200 000 元。上海东方有限公司于 2×19 年 3 月 20 日发出商品，百吉公司 3 月 27 日付款。上海东方有限公司对这项销售确认了销售收入。2×19 年 9 月 15 日，该批泰迪熊出现了严重的质量问题，百吉公司将该批商品全部退回给上海东方有限公司，上海东方有限公司同意退货，于退货当日支付了退货款，并按规定向百吉公司开具了增值税专用发票(红字)。问上海东方有限公司应进行哪些会计核算？

【业务解析】

(1) 销售实现时：

借：应收账款——上海百吉公司　　452 000
　　贷：主营业务收入——泰迪熊　　400 000
　　　　应交税费——应交增值税(销项税额)　　52 000

借：主营业务成本——泰迪熊　　200 000
　　贷：库存商品——泰迪熊　　200 000

(2) 收到货款时：

借：银行存款　　468 000
　　贷：应收账款——上海百吉公司　　468 000

(3) 销售退回时,依据红字增值税发票:

借:主营业务收入——泰迪熊 400 000
　　应交税费——应交增值税(销项税额) 52 000
　　贷:银行存款 452 000

借:库存商品——泰迪熊 200 000
　　贷:主营业务成本——泰迪熊 200 000

·知识链接·

销售折让与销售退回的异同

销售折让与销售退回的相同点在于折让款和退回款均作冲减主营业务收入处理,即借记"主营业务收入"账户;两者的不同点在于折让时,所售商品不退回。

7.2.2.5 销售材料等存货

企业在日常活动中还可能发生对外销售不需用的原材料、随同商品对外销售单独计价的包装物等业务。企业销售原材料、包装物等存货也视同商品销售,其收入确认和计量原则比照商品销售处理。企业销售原材料、包装物等存货实现的收入以及结转的相关成本,通过"其他业务收入""其他业务成本"账户核算。

业务 7-5 销售材料

上海东方有限公司销售玩具大白填充料 A 材料给上海吉祥有限公司,开出的增值税专用发票上注明的售价为 10 000 元,增值税额为 1 300 元,款项已由银行收妥。该批原材料的实际成本为 7 000 元。问上海东方有限公司应如何进行会计核算?

【业务解析】

(1) 取得原材料销售收入:

借:银行存款 11 300
　　贷:其他业务收入——A 材料 10 000
　　　　应交税费——应交增值税(销项税额) 1 300

(2) 结转已销原材料的实际成本:

借:其他业务成本——A 材料 7 000
　　贷:原材料——A 材料 7 000

思考与练习 7-3

期末损益类账户结转时,下列选项中"本年利润"账户贷方的对应账户有( )。

A. 主营业务成本 B. 税金及附加 C. 其他业务收入 D. 主营业务收入

7.2.3 认识费用

7.2.3.1 费用的含义与特点

费用是指企业在日常活动中发生的、会导致所有者权益减少的、与向所有者分配利润无关的经济利益的总流出。

费用具有以下特征：

(1) 费用是企业在日常活动中发生的。费用中的日常活动，与收入定义中涉及的日常活动一致，包括销售成本(营业成本)、管理费用等。企业因非日常活动所形成的经济利益的流出不能确认为费用，应计入损失，如企业处置固定资产、处置无形资产等。

(2) 费用会导致所有者权益的减少。与费用相关的经济利益的流出会导致所有者权益的减少，不会导致所有者权益减少的经济利益的流出不符合费用的定义，不应确认为费用。

(3) 费用是与向所有者分配利润无关的经济利益的总流出。费用的发生应当会导致经济利益的流出，从而导致资产的减少或负债的增加。

7.2.3.2 费用的分类

费用包括成本费用和期间费用。成本费用包括营业成本(包括主营业务成本和其他业务成本)、税金及附加、期间费用(包括管理费用、销售费用、财务费用)。费用分类如图表 7-9 所示。

图表 7-9 费 用 分 类

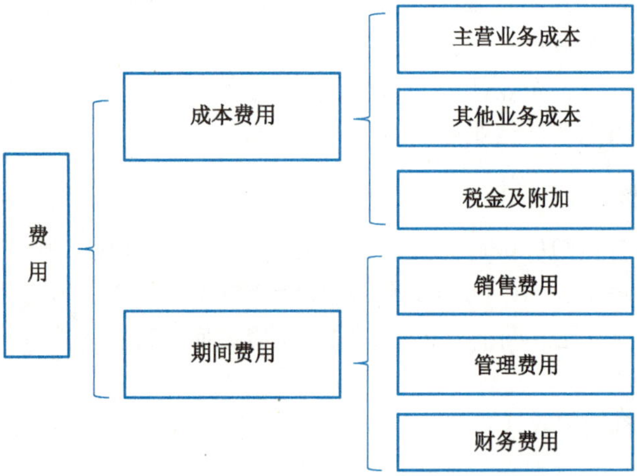

7.2.3.3 费用的确认条件

费用的确认应当符合以下条件：

(1) 与费用相关的经济利益很可能流出企业。

(2) 经济利益流出企业的结果会导致资产的减少和负债的增加。

(3) 经济利益的流出额能够可靠计量。

7.2.3.4 账户设置

1. “税金及附加”账户

本账户用来核算企业经营活动发生的消费税、城市维护建设税、资源税和教育费附加、环境保护税、土地增值税、房产税、城镇土地使用税、车船税、印花税、耕地占用税、契税、车辆购置税等相关税费。期末结转后，本账户无余额。账户结构如图表 7-10 所示。

图表 7-10 税 金 及 附 加

借方	贷方
按规定计算的与经营活动有关的税费	期末转入“本年利润”账户的金额
期末无余额	

2. "销售费用"账户

销售费用是指企业在销售商品和材料、提供劳务过程中发生的各项费用,包括保险费、包装费、展览费和广告费、商品维修费、预计产品质量保证损失、运输费、装卸费等以及为销售本企业商品而专设的销售机构(含销售网点、售后服务网点等)的职工薪酬、业务费、折旧费等经营费用。期末结转后,本账户无余额。账户结构如图表7-11所示。

图表 7-11 销 售 费 用

借方	贷方
发生的各项销售费用	期末转入"本年利润"账户的金额
期末无余额	

3. "管理费用"账户

管理费用包括企业在筹建期间内发生的开办费,董事会费和行政管理部门在企业的经营管理中发生的,以及应由企业统一负担的公司经费。工会经费、董事会费(包括董事会成员津贴、会议费和差旅费等)、聘请中介机构费、咨询费(含顾问费)、诉讼费、业务招待费、技术转让费、矿产资源补偿费、研究费用、排污费等。期末结转后,本账户应无余额。账户结构如图表7-12所示。

图表 7-12 管 理 费 用

借方	贷方
发生的各项管理费用	期末转入"本年利润"账户的金额
期末无余额	

4. "财务费用"账户

财务费用是指企业为筹集生产经营所需资金等而发生的筹资费用,包括利息支出(减利息收入)、汇兑损益以及相关的手续费、企业发生或收到的现金折扣等。期末结转后,本账户无余额。账户结构如图表7-13所示。

图表 7-13 财 务 费 用

借方	贷方
发生的筹资费用、利息支出、相关手续费等各项财务费用	利息收入等 期末转入"本年利润"账户的金额
期末无余额	

7.2.4 与费用相关的会计核算

7.2.4.1 税金及附加的会计处理

业务 7-6 税金及附加的计算与处理

2×19年5月,上海东方有限公司当月实际应缴增值税为400 000元,应缴消费税额200 000元,城建税税率7%,教育费附加3%。计算东方公司应缴城建税和教育费附加,并作会计核算。

【业务解析】

(1) 计算应缴城建税和教育费附加时：

城市维护建设税=(400 000+200 000)×7%=42 000(元)

教育费附加=(400 000+200 000)×3%=18 000(元)

借：税金及附加　　60 000

　　贷：应交税费——应交城建税　　42 000

　　　　　　　　——应交教育费附加　　18 000

(2) 实际缴纳城建税和教育费附加时：

借：应交税费——应交城建税　　42 000

　　　　　　——应交教育费附加　　18 000

　　贷：银行存款　　60 000

企业缴纳的印花税，不需要预计应纳税金，于购买印花税票时，借记“税金及附加”账户，贷记“银行存款”账户。

7.2.4.2 销售费用的会计处理

业务 7-7 销售费用的会计处理

上海东方有限公司 2×19 年 11 月 3 日发生广告费 67 000 元，以银行存款支付。2015 年 11 月 30 日将本月“销售费用”账户发生的 67 000 元结转至“本年利润”账户。问该公司应如何进行会计处理？

【业务解析】

借：销售费用　　67 000

　　贷：银行存款　　67 000

借：本年利润　　67 000

　　贷：销售费用　　67 000

7.2.4.3 管理费用的会计处理

业务 7-8 管理费用的会计处理

上海东方有限公司 2×19 年 12 月 31 日将“管理费用”账户余额 80 000 元转入“本年利润”账户。问该公司应如何进行会计处理？

【业务解析】

借：本年利润　　80 000

　　贷：管理费用　　80 000

7.2.4.4 财务费用的会计处理

业务 7-9 财务费用的会计处理

上海东方有限公司 2×19 年 3 月 31 日，将“财务费用”账户余额 100 000 元结转到“本年利润”账户。问该公司应如何进行会计处理？

【业务解析】

借：本年利润　　100 000

　　贷：财务费用　　100 000

思考与练习 7-4

期末损益类账户结转时，下列选项中“本年利润”账户借方的对应账户有(　　)。

A. 主营业务成本

B. 税金及附加

C. 其他业务成本

D. 管理费用

·知识链接·

手工做账与电算化结转损益的区别

在手工做账情况下，结转损益是指月末将收入类账户结转到“本年利润”账户贷方，将费用类账户结转到“本年利润”账户借方，而运用财务软件结转损益只需点击“结转损益”，系统将自动结转损益类账户。

7.3　利润的形成与分配

任务目标	
知识目标	• 能描述利润的构成 • 能区别营业外收入与营业外支出 • 能说出所得税费用的含义 • 能描述利润分配的顺序
能力目标	• 能进行营业外收入与营业外支出的会计核算 • 能进行所得税费用计算及会计核算 • 能进行利润结转的会计核算 • 能进行利润分配的会计核算

7.3.1　认识利润

7.3.1.1　利润的含义

利润是指企业在一定会计期间的经营成果。利润包括收入减去费用后的净额、直接计入当期利润的利得和损失等。

7.3.1.2　利润的构成

(1) 营业利润＝营业收入－营业成本－税金及附加－销售费用－管理费用－研发费

用－财务费用＋其他收益＋投资收益（－投资损失）＋净敞口套期收益（－净敞口套期收益）＋公允价值变动收益（－公允价值变动损失）－信用减值损失－资产减值损失＋资产处置收益（－资产处置损失）

其中：

营业收入＝主营业务收入＋其他业务收入

营业成本＝主营业务成本＋其他业务成本

（2）利润总额＝营业利润＋营业外收入－营业外支出

（3）净利润＝利润总额－所得税费用

（4）综合收益总额＝净利润＋其他综合收益

7.3.2 营业外收入的核算

7.3.2.1 营业外收入的含义

营业外收入是指企业确认的与其日常活动无直接关系的各项利得。营业外收入主要包括：非流动资产处置毁损报废收益、与企业日常活动无关的政府补助、盘盈利得、捐赠利得、债务重组利得等。

其中：非流动资产处置毁损报废收益是指因自然灾害发生毁损、已丧失使用功能而报废的非流动资产所产生的清理收益。

与企业日常活动无关的政府补助，是指企业从政府无偿取得货币性资产或非货币性资产形成的利得，且与企业日常活动无关的利得。

盘盈利得，是指企业对现金等资产清查盘点时发生盘盈，报经批准后计入营业外收入的金额。

捐赠利得，是指企业接受捐赠产生的利得。

7.3.2.2 账户设置

“营业外收入”账户属于损益类账户。期末结转后，本账户无余额。账户结构如图表7-14所示。

图表 7-14　　营业外收入

借方	贷方
期末转入“本年利润”账户的金额	发生的营业外收入
	期末无余额

业务 7-10　营业外收入的会计处理

（1）上海东方有限公司将固定资产报废清理的净收益 10 000 元转作营业外收入。问该公司应如何进行会计处理？

【业务解析】

借：固定资产清理　　10 000

　　贷：营业外收入——非流动资产处置利得　　10 000

（2）上海东方有限公司本期营业外收入总额为 20 000 元，期末结转本年利润。问该公司应如何进行会计处理？

【业务解析】

借：营业外收入　　20 000

　　贷：本年利润　　20 000

7.3.3　营业外支出的核算

7.3.3.1　营业外支出的含义

营业外支出是指企业确认的与其日常活动无直接关系的各项损失。营业外支出主要包括：非流动资产毁损报废损失、捐赠支出、盘亏损失、非常损失、罚款支出、债务重组损失等。

其中：非流动资产毁损报废损失，是指因自然灾害等发生毁损、已丧失使用功能而报废非流动资产所产生的清理损失。

捐赠支出，是指企业对外捐赠发生的支出。

盘亏损失，是指对财产清查盘点中盘亏的资产，查明原因并报经批准后计入营业外支出的损失。

非常损失，是指企业对于因自然灾害等因素造成的损失，扣除保险公司赔偿后应计入营业外支出的净损失。

罚款支出，是指企业支付的行政罚款、税务罚款，以及其他违反法律法规、合同协议等而支付的罚款、违约金、赔偿金等支出。

7.3.3.2　账户设置

“营业外支出”账户属于损益类账户。期末结转后，本账户无余额。账户结构如图表7-15所示。

图表 7-15　　营 业 外 支 出

借方	贷方
发生的营业外支出	期末转入“本年利润”账户的金额
期末无余额	

业务 7-11　营业外支出的会计处理

上海东方有限公司用银行存款支付税款滞纳金 20 000 元，问该公司应如何进行会计处理？

【业务解析】

借：营业外支出　　20 000

　　贷：银行存款　　20 000

上海东方有限公司本期营业外支出总额为 900 000 元，期末结转本年利润。问该公司应如何进行会计处理？

【业务解析】

借：本年利润　　900 000

　　贷：营业外支出　　900 000

7.3.4 所得税费用的核算

7.3.4.1 所得税费用的含义

企业的所得税费用包括当期所得税和递延所得税两个部分。其中,当期所得税是指当期应缴所得税。

应纳税所得额是在企业利润总额基础上调整确定的,计算公式为:

应纳税所得额=利润总额+纳税调整增加额-纳税调整减少额

企业当期应缴所得税的计算公式为:

应缴所得税额=应纳税所得额×所得税税率

所得税费用=当期应交所得税+递延所得税负债-递延所得税资产

7.3.4.2 账户设置

"所得税费用"账户属于损益类账户。期末结转后,本账户无余额。账户结构如图表7-16所示。

图表 7-16　所 得 税 费 用

借方	贷方
发生的所得税费用	期末转入"本年利润"账户的金额
期末无余额	

业务 7-12　所得税费用的会计处理(不考虑差异对所得税的影响)

上海东方有限公司 2×19 年度利润总额为 2 000 万元,企业所得税税率为 25%,假定不考虑其他因素,计算该公司 2×19 年的应缴所得税额并编制相关分录。

【业务解析】

(1) 应交所得税额=2 000×25%=500(万元)

(2) 编制会计分录:

借:所得税费用　　5 000 000
　　贷:应交税费——应交所得税　　5 000 000

同时,结转所得税费用账户

借:本年利润　　5 000 000
　　贷:所得税费用　　5 000 000

·知识链接·

应纳税所得额的计算

(1) 企业以货币形式和非货币形式从各种来源取得的收入,为收入总额,包括:销售货物收入,提供劳务收入,转让财产收入,股息、红利等权益性投资收益,利息收入,租金收入,特许权使用费收入,接受捐赠收入,其他收入。

(2) 收入总额中的不征税收入包括:财政拨款,依法收取并纳入财政管理的行政事业性收费、政府性基金,国务院规定的其他不征税收入。

(3) 企业的免税收入包括:国债利息收入,符合条件的居民企业之间的股息、红利等权益性投资收益,在中国境内设立机构、场所的非居民企业从居民企业取得与该机构、场所有实际联系的股息、红利等权益性投资收益，符合条件的非营利组织的收入。

(4) 各项扣除，分述如下：

成本，是指企业在生产经营过程中发生的销售成本、销货成本、业务支出以及其他耗费。

费用，是指企业在生产经营活动中发生的销售费用、管理费用和财务费用。

税金，是指企业实际发生的除企业所得税额和允许抵扣的增值税额以外的各项税金及附加。

损失，是指企业在生产经营活动中发生的固定资产和存货的盘亏、毁损、报废损失，转让财产损失，呆账损失，坏账损失，自然灾害等不可抗力因素造成的损失以及其他损失。

其他支出，是指除成本、费用、税金、损失外，企业在生产经营活动中发生的与生产经营活动有关的、合理的支出。

亏损，是指企业依照利用《企业所得税法》及其实施条例的规定，将每一纳税年度的收入总额减除不征税收入、免税收入和各项扣除后小于零的数额。

7.3.5 利润结转的核算

7.3.5.1 结转本年利润的方法

会计期末结转本年利润的方法有表结法和账结法两种。

1. 表结法

在表结法下，各损益类账户每月月末只需结计出本月发生额和月末累计余额，不结转到"本年利润"账户。但每月月末要将损益类账户的本月发生额合计数填入利润表的本月数栏。同时将本月月末累计余额填入利润表的本年累计数栏，通过利润表计算反映各期的利润(或亏损)。

2. 账结法

在账结法下，每月月末均需编制转账凭证，将在账上结计出的各损益类账户的余额结转入"本年利润"账户。结转后"本年利润"账户的本月余额反映当月实现的利润或发生的亏损；"本年利润"账户的本年余额反映本年累计实现的利润或发生的亏损。

7.3.5.2 账户设置

企业应设置"本年利润"账户，核算企业本年度实现的净利润(或发生的净亏损)。本账户属于所有者权益账户。

结转后，"本年利润"账户如为贷方余额，表示当年实现的净利润；如为借方余额，表示当年发生的净亏损。年度终了，应将本年收入和支出相抵后结出的本年利润的净利润(或发生的净亏损)，转入"利润分配——未分配利润"账户贷方或借方，结转后本账户无余额。账户结构如图表 7-17 所示。

图表 7-17 本年利润

借方	贷方
企业期(月)末转入的主营业务成本、其他业务成本、税金及附加、管理费用、销售费用、财务费用、营业外支出、公允价值变动损失、投资损失和所得税费用等 结转净利润	企业期(月)末转入的主营业务收入、其他业务收入、营业外收入和公允价值变动收益、投资收益等 结转净亏损
	期末无余额

业务 7-13 本年利润的结转

上海东方有限公司 2×19 年有关损益类账户的年末余额如图表 7-18 所示(该公司采用表结法,年末一次结转损益类账户,所得税税率为 25%)。

图表 7-18 损益类账户年末余额 单位:元

账户名称	借或贷	结账前余额
主营业务收入	贷	5 000 000
其他业务收入	贷	800 000
公允价值变动损益	贷	200 000
投资收益	贷	700 000
营业外收入	贷	40 000
主营业务成本	借	2 000 000
其他业务成本	借	300 000
税金及附加	借	70 000
销售费用	借	400 000
管理费用	借	600 000
财务费用	借	150 000
资产减值损失	借	100 000
营业外支出	借	200 000

问该公司应进行哪些会计核算?

【业务解析】

(1) 将各损益类账户年末余额结转入“本年利润”账户。

结转各项收入、利得类账户:

借:主营业务收入 5 000 000
　　其他业务收入 800 000
　　公允价值变动损益 200 000
　　投资收益 700 000
　　营业外收入 40 000
　　贷:本年利润 6 740 000

结转各项费用、损失类账户:

借:本年利润 3 820 000
　　贷:主营业务成本 2 000 000
　　　　其他业务成本 300 000
　　　　税金及附加 70 000
　　　　销售费用 400 000
　　　　管理费用 600 000
　　　　财务费用 150 000
　　　　资产减值损失 100 000
　　　　营业外支出 200 000

(2) 经过上述结转后,"本年利润"账户的贷方发生额合计数为 6 740 000 元,将其减去借方发生额合计数 3 820 000 元后,即为税前会计利润 2 920 000 元。

(3) 假设东方公司 2015 年度不存在所得税纳税调整因素。

(4) 应交所得税额＝2 920 000×25％＝730 000(元)

确认所得税费用:

借:所得税费用　　730 000
　贷:应交税费——应交所得税　　730 000

将所得税费用结转入"本年利润"账户:

借:本年利润　　730 000
　贷:所得税费用　　730 000

(5) 将"本年利润"账户年末贷方余额 2 190 000 元(6 740 000－3 820 000－730 000)转入"利润分配——未分配利润"账户:

借:本年利润　　2 190 000
　贷:利润分配——未分配利润　　2 190 000

思考与练习 7-5

根据业务 7-13,结转前本年利润如为借方余额,问上海东方有限公司如何将本年利润结转到利润分配?

7.3.6　利润分配的核算

7.3.6.1　利润分配的含义

利润分配是指企业根据国家有关规定和企业章程、投资者协议等,对企业当年可供分配的利润指定其特定用途和分配给投资者的行为。

7.3.6.2　利润分配的顺序

企业向投资者分配利润,应按一定的顺序进行。按照我国《公司法》有关规定,利润分配应按照下列顺序进行。

1. 计算可供分配利润

企业在利润分配前,应根据年初未分配利润(或亏损)与本年净利润(或亏损)、其他转入的金额(如盈余公积补亏)等项目计算可供分配利润,即:

可供分配的利润＝年初未分配利润(或－年初未弥补亏损)＋本年净利润(或亏损)＋其他转入

2. 提取法定盈余公积

按照我国《公司法》的有关规定,公司应当按照当年净利润(减弥补以前年度亏损)的10％提取法定盈余公积,提取的法定盈余公积累计额超过注册资本 50％以上的,可以不再提取。

3. 提取任意盈余公积

公司提取法定盈余公积后,经股东会或者股东大会决议,还可以从净利润中提取任意盈余公积。

4. 向投资者分配利润(或股利)

企业经股东大会或类似结构决议,可采用现金股利、股票股利和财产股利等形式向投资者分配利润(或股利)。

7.3.6.3 账户设置

企业通常应设置以下账户对利润分配进行核算。

1. "利润分配"账户

"利润分配"账户属于所有者权益账户,用以核算企业当年利润的分配(或亏损的弥补)和历年利润分配(或弥补亏损)后的余额。

本账户应分别"提取法定盈余公积""提取任意盈余公积""应付现金股利""应付利润""盈余公积补亏""未分配利润"等进行明细核算。

年末,应将"利润分配"账户下的其他明细账户的余额转入"未分配利润"明细账户,结转后,除"未分配利润"明细账户可能有余额外,其他各个明细账户均无余额。账户结构如图表 7-19 所示。

图表 7-19 利润分配

借方	贷方
实际分配的利润额,包括提取的盈余公积和分配给投资者的利润 年末从"本年利润"账户转入的本年发生的净亏损	用盈余公积弥补的亏损额等其他转入数 年末从"本年利润"账户转入的本年发生的净利润
期末余额:表示累计未弥补的亏损数额	期末余额:累计未分配的利润数额

2. "盈余公积"账户

"盈余公积"账户属于所有者权益账户,用以核算企业从净利润中提取的盈余公积。本账户应当分别"法定盈余公积""任意盈余公积"进行明细核算。账户结构如图表 7-20 所示。

图表 7-20 盈余公积

借方	贷方
实际使用的盈余公积	已提取的盈余公积
	期末余额:企业结余的盈余公积

3. "应付股利"账户

"应付股利"账户属于负债类账户,用以核算企业分配的现金股利或利润。账户结构如图表 7-21 所示。

图表 7-21 应付股利

借方	贷方
实际支付给投资者的股利或利润	应付给投资者股利或利润的增加额
	期末余额:企业应付未付的现金股利或利润

业务 7-14 结转净利润、提取盈余公积

上海东方有限公司本年实现净利润为 1 000 000 元,年初未分配利润为 0。经股东大会批准，上海东方有限公司分别按当年净利润的5%提取法定盈余公积和任意盈余公积。假定不考虑其他因素。问该公司应如何进行会计处理？

【业务解析】

（1）结转实现的净利润：

借：本年利润	1 000 000	
贷：利润分配——未分配利润		1 000 000

（2）本年提取盈余公积＝1 000 000×5%＝50 000（元）

（3）提取法定、任意盈余公积：

借：利润分配——提取法定盈余公积	50 000	
——提取任意盈余公积	50 000	
贷：盈余公积——法定盈余公积		50 000
——任意盈余公积		50 000

业务7-15 宣告发放现金股利

上海东方有限公司宣告发放现金股利500 000元。假定不考虑其他因素。问该公司应如何进行会计处理？

【业务解析】

（1）宣告发放现金股利：

借：利润分配——应付现金股利	500 000	
贷：应付股利		500 000

（2）支付现金股利：

借：应付股利	500 000	
贷：银行存款		500 000

·知识链接·

分配股票股利的处理

企业宣告分配股票股利时，投资方企业会计上不作分录，只做备查登记。

业务7-16 结转利润分配

承业务7-14、业务7-15，问上海东方有限公司应如何进行结转利润分配会计处理。

【业务解析】

借：利润分配——未分配利润	600 000	
贷：利润分配——提取法定盈余公积		50 000
——提取任意盈余公积		50 000
——应付现金股利		500 000

7.4 财务报表的编制

任务目标	
知识目标	• 能说出财务报表的概念 • 能判断财务报表的类别 • 了解财务报表编制前的准备工作 • 能说出资产负债表和利润表的概念 • 能掌握资产负债表和利润表编报要求 • 能掌握我国企业资产负债表和利润表的一般格式
能力目标	• 能识别各财务报表的格式与类型 • 能掌握资产负债表和利润表各项目的内涵及计算方法 • 能熟悉资产负债表和利润表中各项目间的钩稽关系 • 能根据财务报表编制要求初步编制资产负债表和利润表 • 能根据资产负债表和利润表了解企业整体财务状况和经营成果

7.4.1 认识财务报表

7.4.1.1 财务报告的组成

财务报告是反映企业财务状况和经营成果的书面文件,包括资产负债表、利润表、现金流量表、所有者权益变动表(《企业会计准则》要求在年报中披露)、附表及会计报表附注和财务情况说明书。财务报表是对企业财务状况、经营成果和现金流量的结构性表述。

财务报表至少应当包括下列组成部分。

1. 资产负债表

资产负债表是反映企业在某一特定日期的财务状况的财务报表。

2. 利润表

利润表是反映企业在一定会计期间的经营成果的财务报表。

3. 现金流量表

现金流量表是反映企业在一定会计期间的现金和现金等价物流入和流出的财务报表。

4. 所有者权益变动表

所有者权益变动表是反映构成所有者权益的各组成部分当期的增减变动情况的财务报表。

5. 附注

附注是对在资产负债表、利润表、现金流量表和所有者权益变动表等报表中列示项目的文字描述或明细资料,以及对未能在这些报表中列示项目的说明等。

财务报表上述组成部分具有同等的重要程度。

7.4.1.2 财务报表的分类

1. 按编报期间不同分类

按财务报表编报期间的不同,可以分为中期财务报表和年度财务报表。

（1）中期财务报表，是以短于一个完整会计年度的报告期间为基础编制的财务报表，包括月报、季报和半年报等。中期财务报表至少应当包括资产负债表、利润表、现金流量表和附注，其中，中期资产负债表、利润表和现金流量表应当是完整报表，其格式和内容应当与年度财务报表相一致。与年度财务报表相比，中期财务报表中的附注披露可适当简略。

（2）年度财务报表，是指以一个完整的会计年度（自公历1月1日起至12月31日止）为基础编制的财务报表。年度财务报表一般包括资产负债表、利润表、现金流量表、所有者权益变动表和附注等内容。

2. 按编报主体不同分类

按财务报表编报主体的不同，可以分为个别财务报表和合并财务报表。

（1）个别财务报表，是指由企业在自身会计核算基础上对账簿记录进行加工而编制的财务报表，它主要用以反映企业自身的财务状况、经营成果和现金流量情况。

（2）合并财务报表，是指以母公司和子公司组成的企业集团为会计主体，根据母公司和所属子公司的财务报表，由母公司编制的综合反映企业集团财务状况、经营成果及现金流量的财务报表。

7.4.1.3　财务报表编制的基本要求

1. 以持续经营为基础编制

企业应当以持续经营为基础，根据实际发生的交易和事项，《企业会计准则——基本准则》和其他各项会计准则的规定进行确认和计量，在此基础上编制财务报表。企业不应以附注披露代替确认和计量，不恰当的确认和计量也不能通过充分披露相关会计政策而纠正。

如果按照各项会计准则规定披露的信息不足以让报表使用者了解特定交易或事项对企业财务状况和经营成果的影响时，企业还应当披露其他的必要信息。

在编制财务报表的过程中，企业管理层应当利用所有可获得信息来评价企业自报告期期末起至少12个月的持续经营能力。

评价时需要考虑宏观政策风险、市场经营风险、企业目前或长期的盈利能力、偿债能力、财务弹性以及企业管理层改变经营政策的意向等因素。

评价结果表明，对持续经营能力产生重大怀疑的，企业应当在附注中披露导致对持续经营能力产生重大怀疑的因素以及企业拟采取的改善措施。

企业如有近期获利经营的历史且有财务资源支持，则通常表明以持续经营为基础编制财务报表是合理的。

企业正式决定或被迫在当期或将在下一个会计期间进行清算或停止营业的，则表明以持续经营为基础编制财务报表不再合理。在这种情况下，企业应当采用其他基础编制财务报表，并在附注中声明财务报表未以持续经营为基础编制的事实，披露未以持续经营为基础编制的原因和财务报表的编制基础。

2. 按正确的会计基础编制

企业除现金流量表按照收付实现制编制外，其他财务报表应当按照权责发生制编制。

3. 至少按年编制财务报表

企业至少应当按年编制财务报表。年度财务报表涵盖的期间短于1年的，应当披露年度财务报表的涵盖期间、短于1年的原因以及报表数据不具可比性的事实。

4. 项目列报遵守重要性原则

重要性，是指在合理预期下，财务报表某项目的省略或错报会影响使用者据此作出经济决策的，该项目具有重要性。

重要性应当根据企业所处的具体环境，从项目的性质和金额两方面予以判断，且对各项目重要性的判断标准一经确定，不得随意变更。判断项目性质的重要性，应当考虑该项目在性质上是否属于企业日常活动，是否显著影响企业的财务状况、经营成果和现金流量等因素；判断项目金额大小的重要性，应当考虑该项目金额占资产总额、负债总额、所有者权益总额、营业收入总额、营业成本总额、净利润、综合收益总额等直接相关项目金额的比重或所属报表单列项目金额的比重。

性质或功能不同的项目，应当在财务报表中单独列报，但不具有重要性的项目除外。

性质或功能类似的项目，其所属类别具有重要性的，应按其类别在财务报表中单独列报。

某些项目的重要性程度不足以在资产负债表、利润表、现金流量表或所有者权益变动表中单独列示，但对附注却具有重要性，则应当在附注中单独披露。

《企业会计准则第30号——财务报表列报》规定在财务报表中单独列报的项目，应当单独列报。其他会计准则规定单独列报的项目，应当增加单独列报项目。

5. 保持各个会计期间财务报表项目列报的一致性

财务报表项目的列报应当在各个会计期间保持一致，不得随意变更。这一要求不仅只针对财务报表中的项目名称，还包括财务报表项目的分类、排列顺序等方面。

在以下规定的特殊情况下，财务报表项目的列报是可以改变的：①会计准则要求改变。②企业经营业务的性质发生重大变化或对企业经营影响较大的交易或事项发生后，变更财务报表项目的列报能够提供更可靠、更相关的会计信息。

6. 各项目之间的金额不得相互抵销

财务报表中的资产项目和负债项目的金额、收入项目和费用项目的金额、直接计入当期利润的利得项目和损失项目的金额不得相互抵销，但其他会计准则另有规定的除外。

一组类似交易形成的利得和损失应当以净额列示，但具有重要性的除外。

资产或负债项目按扣除备抵项目后的净额列示，不属于抵销。

非日常活动产生的利得和损失，以同一交易形成的收益扣减相关费用后的净额列示更能反映交易实质的，不属于抵销。

7. 至少应当提供所有列报项目上一个可比会计期间的比较数据

当期财务报表的列报，至少应当提供所有列报项目上一个可比会计期间的比较数据，以及与理解当期财务报表相关的说明，但其他会计准则另有规定的除外。

财务报表的列报项目发生变更的，应当至少对可比期间的数据按照当期的列报要求进行调整，并在附注中披露调整的原因和性质，以及调整的各项目金额。对可比数据进行调整不切实可行的，应当在附注中披露不能调整的原因。

不切实可行，是指企业在作出所有合理努力后仍然无法采用某项会计准则规定。

8. 应当在财务报表的显著位置披露编报企业的名称等重要信息

企业应当在财务报表的显著位置(如表首)至少披露下列各项:①编报企业的名称。②资产负债表日或财务报表涵盖的会计期间。③人民币金额单位。④财务报表是合并财务报表的,应当予以标明。

7.4.1.4　财务报表编制前的准备工作

在编制财务报表前,需要完成下列工作:①严格审核会计账簿的记录和有关资料。②进行全面财产清查、核实债务,并按规定程序报批,进行相应的会计处理。③按规定的结账日进行结账,结出有关会计账簿的余额和发生额,并核对各会计账簿之间的余额。④检查相关的会计核算是否按照国家统一的会计制度的规定进行。⑤检查是否存在因会计差错、会计政策变更等原因需要调整前期或本期相关项目的情况等。

7.4.2　资产负债表的编制

7.4.2.1　资产负债表的概念与作用

资产负债表是反映企业在某一特定日期的财务状况的财务报表。企业编制资产负债表的目的是如实反映企业的资产、负债和所有者权益金额及其结构情况,帮助使用者评价企业资产的质量以及短期偿债能力、长期偿债能力、利润分配能力等。

资产负债表的作用主要有:①可以提供某一日期资产的总额及其结构,表明企业拥有或控制的资源及其分布情况。②可以提供某一日期的负债总额及其结构,表明企业未来需要用多少资产或劳务清偿债务以及清偿时间。③可以反映所有者所拥有的权益,据以判断资本保值、增值的情况以及对负债的保障程度。

7.4.2.2　资产负债表列报总体要求

1. 分类别列报

资产负债表列报,最根本的目标就是应如实反映企业在资产负债表日所拥有的资源、所承担的负债以及所有者所拥有的权益。因此,资产负债表应当按照资产、负债和所有者权益三大类别分类列报。

2. 资产和负债按流动性列报

资产和负债应当按照流动性强弱分为流动资产和非流动资产、流动负债和非流动负债列示。流动性,通常按资产的变现或耗用时间长短或者负债的偿还时间长短来确定。按照《企业会计准则第30号——财务报表列报》的规定,应先列报流动性强的资产或负债,再列报流动性弱的资产或负债。

银行、证券、保险等金融企业由于在经营内容上不同于一般的工商企业,导致其资产和负债的构成项目也与一般工商企业有所不同,具有特殊性。金融企业的有些资产或负债无法严格区分为流动资产和非流动资产。在这种情况下,往往按照流动性列示能够提供可靠且更相关信息,因此金融企业可以大体按照流动性顺序列示资产和负债。

3. 列报相关的合计、总计项目

资产负债表中的资产类至少应当列示流动资产和非流动资产的合计项目;负债类至少应当列示流动负债、非流动负债以及负债的合计项目;所有者权益类应当列示所有者权益的合计项目。

资产负债表遵循了“资产=负债+所有者权益”这一会计恒等式,把企业在特定时日所拥有的经济资源和与之相对应的企业所承担的债务及偿债以后属于所有者的权益充分反映出来。因此,资产负债表应当分别列示资产总计项目和负债与所有者权益之和的总计项目,并且这两者的金额应当相等。

7.4.2.3 资产负债表的分类列报要求

1. 资产的列报

资产负债表中的资产类至少应当单独列示反映下列信息的项目:"货币资金""交易性金融资产""衍生金融资产""应收票据""应收账款""预付款项""其他应收款""存货""合同资产""持有待售资产""一年内到期的非流动资产""其他流动资产""债券投资""其他债券投资""长期应收款""长期股权投资""其他权益工具投资""其他非流动金融资产""投资性房地产""固定资产""在建工程""生产性生物资产""油气资产""无形资产""开发支出""商誉""长期待摊费用""递延所得税资产""其他非流动资产"。

2. 负债的列报

资产负债表中的负债类至少应当单独列示反映下列信息的项目:"短期借款""交易性金融负债""衍生金融负债""应付票据""应付账款""预收款项""合同负债""应付职工薪酬""应交税费""其他应付款""持有待售负债""一年内到期的非流动负债""其他流动负债""长期借款""应付债券""长期应付款""预计负债""递延收益""递延所得税负债""其他非流动负债"。

3. 所有者权益的列报

资产负债表中的所有者权益类至少应当单独列示反映下列信息的项目:"实收资本""其他权益工具""资本公积""其他综合收益""专项储备""盈余公积""未分配利润"。

7.4.2.4 我国企业资产负债表的一般格式

在我国,资产负债表采用账户式的格式,即左侧列示资产;右侧列示负债和所有者权益。

资产负债表由表头和表体两部分组成。表头部分应列明报表名称、编表单位名称、资产负债表日和人民币金额单位;表体部分反映资产、负债和所有者权益的内容。其中,表体部分是资产负债表的主体和核心,各项资产和负债按流动性排列,所有者权益项目按稳定性排列。我国企业资产负债表的格式一般如图表 7-22 所示。

图表 7-22 资产负债表 企会 01 表

编制单位: 年 月 日 单位:元

资 产	期末余额	上年年末余额	负债和所有者权益(或股东权益)	期末余额	上年年末余额
流动资产:			流动负债:		
货币资金			短期借款		
交易性金融资产			交易性金融负债		
衍生金融资产			衍生金融负债		
应收票据			应付票据		
应收账款			应付账款		
预付款项			预收款项		
其他应收款			合同负债		
存货			应付职工薪酬		
合同资产			应交税费		

（续表）

资　产	期末余额	上年年末余额	负债和所有者权益（或股东权益）	期末余额	上年年末余额
持有待售资产			其他应付款		
一年内到期的非流动资产			持有待售负债		
其他流动资产			一年内到期的非流动负债		
流动资产合计			其他流动负债		
非流动资产：			流动负债合计		
债券投资			非流动负债：		
其他债券投资			长期借款		
长期应收款			应付债券		
长期股权投资			其中：优先股		
其他权益工具投资			永续债		
其他非流动金融资产			长期应付款		
投资性房地产			预计负债		
固定资产			递延收益		
在建工程			递延所得税负债		
生产性生物资产			其他非流动负债		
油气资产			非流动负债合计		
无形资产			负债合计		
开发支出			所有者权益（或股东权益）：		
商誉			实收资本（或股本）		
长期待摊费用			其他权益工具		
递延所得税资产			其中：优先股		
其他非流动资产			永续债		
非流动资产合计			资本公积		
			减：库存股		
			其他综合收益		
			专项储备		
			盈余公积		
			未分配利润		
			所有者权益（或股东权益）合计		
资产总计			负债和所有者权益（或股东权益）总计		

思考与练习 7-6

根据资产负债表 7-22，请思考与总结资产负债表内及资产负债表与利润表间存在哪些基本的钩稽关系公式。

·知识链接·

资产负债表内及其与利润表间的钩稽关系主要包括

资产总计＝流动资产合计＋非流动资产合计

负债合计＝流动负债合计＋非流动负债合计

资产总计＝负债合计＋所有者权益合计

期末未分配利润＝期初未分配利润＋本期累计净利润

流动资产合计＝货币资金＋交易性金融资产＋衍生金融资产＋应收票据＋应收账款＋预付款项＋其他应收款＋存货＋合同资产＋持有待售资产＋一年内到期的非流动资产＋其他流动资产

非流动资产合计＝债券投资＋其他债券投资＋长期应收款＋长期股权投资＋其他权益工具投资＋其他非流动金融资产＋投资性房地产＋固定资产＋在建工程＋生产性生物资产＋油气资产＋无形资产＋开发支出＋商誉＋长期待摊费用＋递延所得税资产＋其他非流动资产

流动负债合计＝短期借款＋交易性金融负债＋衍生金融负债＋应付票据＋应付账款＋预收款项＋合同负债＋应付职工薪酬＋应交税费＋其他应付款＋持有待售负债＋一年内到期的非流动负债＋其他流动负债

非流动负债合计＝长期借款＋应付债券＋长期应付款＋预计负债＋递延收益＋递延所得税负债＋其他非流动负债

所有者权益合计＝实收资本＋其他权益工具＋资本公积＋其他综合收益＋专项储备＋盈余公积、未分配利润

7.4.2.5 资产负债表编制的基本方法

1. “期末余额”栏的填列方法

资产负债表“期末余额”栏内各项数字，一般应根据资产、负债和所有者权益类账户的期末余额填列，具体方法如下：

(1) 根据一个或几个总账账户的余额填列。例如，“短期借款”“应付票据”“应付职工薪酬”“应交税费”等项目应根据有关总账账户的余额填列。

有些项目则应根据几个总账账户的余额计算填列。例如，“货币资金”项目，应根据“库存现金”“银行存款”“其他货币资金”三个总账账户余额的合计数填列。“其他应付款”项目，应根据“应付利息”“应付股利”“其他应付款”账户的期末余额合计数填列。

(2) 根据明细账账户的余额计算填列。例如，“应付账款”项目，应根据“应付账款”和“预付账款”两个账户所属的相关明细账户的期末贷方余额合计数填列；“未分配利润”项目，应根据“利润分配”账户所属的“未分配利润”明细账户期末余额填列。

(3) 根据总账账户和明细账账户的余额分析计算填列。例如，“长期借款”项目，应根据“长期借款”总账账户余额扣除“长期借款”账户所属的明细账户中将在资产负债表日起1年内到期且企业不能自主地将清偿义务展期的长期借款后的金额计算填列。

(4) 根据有关账户余额减去其备抵账户余额后的净额填列。例如，“长期股权投资”“在建工程”项目，应根据相关账户的期末余额填列，已计提减值准备的，还应扣减相应的减值准备；“固定资产”“无形资产”“投资性房地产”项目，应根据相关账户的期末余额扣减相应的累计折旧(摊销、折耗)填列，已计提减值准备的，还应扣减相应的减值准备。采用公允价值计量的上述资产，应根据相关账户的期末余额填列。

(5) 综合运用上述填列方法分析填列。例如，“存货”项目，应根据“材料采购”“原材

料”“发出商品”“库存商品”“周转材料”“生产成本”等账户期末余额合计数，减去“存货跌价准备”等账户期末余额后的金额填列，材料采用计划成本核算以及库存商品采用计划成本核算或售价核算的企业，还应按加减材料成本差异、商品进销差价后的金额填列。

业务 7-17 资产负债表项目金额计算

A 公司 20×5 年 12 月 31 日 部分总账和明细账余额如图表 7-23 所示。

图表 7-23 部分总账和明细账余额

总分类账户	明细分类账户	借或贷	余额
库存现金	总账	借	100 000
银行存款	总账	借	1 000 000
其他货币资金	总账	借	30 000
应收账款	总账	借	186 000
	甲公司	借	210 000
	乙公司	借	24 000
应付账款	总账	贷	210 000
	丙公司	贷	230 000
	丁公司	借	20 000
预收账款	总账	贷	80 000
	A 公司	贷	100 000
	B 公司	借	20 000
预付账款	总账	借	49 000
	C 公司	借	67 000
	D 公司	贷	18 000
长期借款	总账	贷	200 000
其中：1 年内到期的非流动负债	F 公司	贷	100 000

要求：根据所给资料，计算资产负债表中“货币资金”“应收账款”“预付款项”“应付账款”“预收款项”“长期借款”等项目的金额。

【业务解析】

(1) “货币资金”项目，应根据“库存现金”“银行存款”“其他货币资金”三个总账账户期末合计数填列。

货币资金＝100 000＋1 000 000 ＋30 000＝1 130 000(元)

(2) “应收账款”项目，应根据各明细账户的余额计算填列。

应收账款＝210 000＋20 000＝230 000(元)

(3) “预付款项”项目，应根据各明细账户的余额计算填列。

预付款项＝67 000＋20 000＝87 000(元)

(4)“应付账款”项目,应根据各明细账户的余额计算填列。

应付账款=230 000+18 000=248 000(元)

(5)“预收款项”项目,应根据各明细账户的余额计算填列。

预收款项=100 000+24 000=124 000(元)

(6)“长期借款”项目,应根据长期借款期末余额减去1年内到期的非流动负债填列。

长期借款=200 000−100 000=100 000(元)

2.“上年年末余额”栏的填列方法

资产负债表中的“上年年末余额”栏通常根据上年末有关项目的期末余额填列,且与上年末资产负债表“期末余额”栏一致。如果企业上年度资产负债表规定的项目名称和内容与本年度不一致,应当对上年年末资产负债表相关项目的名称和数字按照本年度的规定进行调整,填入“上年年末余额”栏。

7.4.3 利润表的编制

7.4.3.1 利润表的概念与作用

利润表是反映企业在一定会计期间的经营成果的财务报表。企业编制利润表的目的是如实反映企业实现的收入、发生的费用以及应当计入当期利润的利得和损失等金额及其结构情况,帮助报表使用者分析评价企业的盈利能力、利润构成及其质量。利润表包括的项目有营业收入、营业成本、营业利润、利润总额、净利润、每股收益、其他综合收益和综合收益总额等。

利润表的作用主要有:①反映一定会计期间收入的实现情况。②反映一定会计期间的费用耗费情况。③反映企业经济活动成果的实现情况,据以判断资本保值、增值等情况。

7.4.3.2 利润表的列报要求

利润表列报的基本要求如下:

(1)企业在利润表中应当对费用按照功能分类,分为从事经营业务发生的成本、管理费用、销售费用和财务费用等。

(2)利润表至少应当单独列示反映下列信息的项目,但其他会计准则另有规定的除外:“营业收入”“营业成本”“税金及附加”“销售费用”“管理费用”“研发费用”“财务费用”“其他收益”“投资收益”“净敞口套期收益”“公允价值变动损益”“信用减值损失”“资产减值损失”“资产处置收益”“营业外收入”“营业外支出”“所得税费用”“净利润”“其他综合收益的税后净额”“综合收益总额”。

对于已执行新金融准则但未执行新收入准则和新租赁准则的企业,或已执行新金融准则和新收入准则但未执行新租赁准则的企业,应当结合《一般企业财务报表格式(适用于未执行新金融准则、新收入准则和新租赁准则的企业)》和《一般企业财务报表格式(适用于已执行新金融准则、新收入准则和新租赁准则的企业)》的要求,对财务报表项目进行相应调整。

(3)其他综合收益项目应当根据其他相关会计准则的规定,分为以后会计期间不能重分类进损益的其他综合收益项目和以后会计期间在满足规定条件时将重分类进损益的其他综合收益项目两类列报。

(4) 在合并利润表中,企业应当在净利润项目之下单独列示归属于母公司所有者的损益和归属于少数股东的损益;在综合收益总额项目之下单独列示归属于母公司所有者的综合收益总额和归属于少数股东的综合收益总额。

7.4.3.3 我国企业利润表的一般格式

在我国,企业应当采用多步式利润表,将不同性质的收入和费用分别进行对比,以便得出一些中间性的利润数据,帮助报表使用者理解企业经营成果的不同来源。

利润表通常包括表头和表体两部分。表头应列明报表名称、编表单位名称、财务报表涵盖的会计期间和人民币金额单位等内容;利润表的表体,反映形成经营成果的各个项目和计算过程。我国企业利润表的格式一般如图表 7-24 所示。

图表 7-24　　利　润　表　　企会 02 表

编制单位:　　年　　月　　单位:元

项　　目	本期金额	上期金额
一、营业收入		
减:营业成本		
税金及附加		
销售费用		
管理费用		
研发费用		
财务费用		
其中:利息费用		
利息收入		
加:其他收益		
投资收益(损失以"—"号填列)		
其中:对联营企业和合营企业的投资收益		
以摊余成本计量的金融资产终止确认收益(损失以"—"号填列)		
净敞口套期收益(损失以"—"号填列)		
公允价值变动损益(损失以"—"号填列)		
信用减值损失(损失以"—"号填列)		
资产减值损失(损失以"—"号填列)		
资产处置收益(损失以"—"号填列)		
二、营业利润(亏损以"—"号填列)		
加:营业外收入		
减:营业外支出		
三、利润总额(亏损总额以"—"号填列)		
减:所得税费用		

（续表）

项　　目	本期金额	上期金额
四、净利润（净亏损以“－”号填列）		
（一）持续经营净利润（净亏损以“－”号填列）		
（二）终止经营净利润（净亏损以“－”号填列）		
五、其他综合收益的税后净额		
（一）不能重分类进损益的其他综合收益		
1. 重新计量设定收益计划变动额		
2. 权益法下不能转损益的其他综合收益		
3. 其他权益工具投资公允价值变动		
4. 企业自身信用风险公允价值变动		
……		
（二）将重分类进损益的其他综合收益		
1. 权益法下可转损益的其他综合收益		
2. 其他债券投资公允价值变动损益		
3. 金融资产重分类计入其他综合收益的金额		
4. 其他债券投资信用减值准备		
5. 现金流量套期		
6. 外币财务报表折算差额		
……		
六、综合收益总额		
七、每股收益		
（一）基本每股收益		
（二）稀释每股收益		

·知识链接·

利润的构成

营业利润＝营业收入－营业成本－税金及附加－销售费用－管理费用－研发费用－财务费用＋投资收益（－投资损失）＋净敞口套期收益（－净敞口套期损失）＋公允价值变动收益（－公允价值变动损失）－信用减值损失－资产减值损失＋资产处置收益

其中：

营业收入＝主营业务收入＋其他业务收入

营业成本＝主营业务成本＋其他业务成本

利润总额＝营业利润＋营业外收入－营业外支出

净利润＝利润总额－所得税费用

7.4.3.4 利润表编制的基本方法

1. “本期金额”栏的填列方法

“本期金额”栏根据“主营业务收入”“主营业务成本”“税金及附加”“销售费用”“管理

费用”“财务费用”“资产减值损失”“公允价值变动损益”“投资收益”“营业外收入”“营业外支出”“所得税费用”等账户的发生额分析填列。其中,“营业利润”“利润总额”“净利润”等项目根据利润表中相关项目计算填列。

2. “上期金额”栏的填列方法

“上期金额”栏应根据上年该期利润表“本期金额”栏内所列数字填列。如果上年该期利润表规定的各个项目的名称和内容同本期不一致,应对上年该期利润表各项目的名称和数字按本期的规定进行调整,填入利润表“上期金额”栏内。

业务 7-18　编制财务报表

2×19 年 1 月初,上海东方有限公司有关账户的余额资料如图表 7-25 所示。上海东方有限公司只生产泰迪熊一种产品,且采用记账凭证账务处理程序。

图表 7-25　上海东方有限公司账户期初余额资料　单位:元

总账	借方余额	明细账	借方余额	总账	贷方余额	明细账	贷方余额
库存现金	25 000			短期借款	4 000 000		
银行存款	1 820 000			应付账款	1 700 000	道达有限责任公司	1 500 000
应收账款	3 500 000	上海祥天商贸公司	2 000 000			上海华泰塑胶公司	200 000
		上海百吉公司	1 500 000	应付职工薪酬	80 000		
原材料	2 100 000	甲材料	1 600 000	股本	6 000 000		
		乙材料	500 000	资本公积	400 000		
库存商品	41 500			盈余公积	165 000		
固定资产	30 900			未分配利润	1 000 000		
				累计折旧	300 000		

其中,甲、乙材料的期初数量分别为 8 000 千克和 5 000 千克,单价分别为 20 元和 10 元;A 产品期初数量为 12 000 件,单位成本为 100 元。

2×19 年 1 月份,上海东方有限公司发生经济业务如下:

(1) 1 月 1 日,接银行通知,上海祥天商贸公司前欠货款 2 000 000 元已经到账。

(2) 1 月 3 日,销售给上海祥天商贸公司泰迪熊 3 000 件,单位售价 280 元,货款 840 000元已收到并存入银行(假定不考虑增值税因素)。

(3) 1 月 5 日,开出金额为 100 000 元转账支票一张,支付电视台广告费。

(4) 1 月 6 日,开出金额为 200 000 元的转账支票一张,支付前欠上海华泰塑胶公司货款。

(5) 1 月 7 日,生产车间生产泰迪熊领用甲材料 1 000 千克,计 20 000 元;领用乙材料 500 千克,计 5 000 元。

(6) 1 月 10 日,购入乙材料 10 000 千克,单价 10 元,货款 100 000 元,以银行存款支付，材料已验收入库（假定不考虑增值税因素）。

(7) 1月15日，用现金支付行政管理部门业务招待费500元。

(8) 1月19日，收到环保部门罚单，开出转账支票支付罚款40 000元。

(9) 1月21日，用现金支付销售产品运输费用680元（假定不考虑增值税因素）。

(10) 1月22日，从银行提取现金2 000元，以备日常开销。

(11) 1月25日，销售给上海百吉公司泰迪熊5 000件，单位售价280元，货款已收讫并存入银行，符合收入确认条件。当日确认收入，销售成本月末一次结转（假定不考虑增值税因素）。

(12) 1月31日，预提本月银行借款利息20 000元。

(13) 1月31日，计提本月固定资产折旧40 000元。其中，生产用固定资产折旧30 000元，行政管理部门用固定资产折旧10 000元。

(14) 1月31日，分配本月职工薪酬。其中，生产工人工资114 000元，车间管理人员工资22 800元，行政管理人员工资15 200元，销售部门人员工资7 600元，共计159 600元。

(15) 1月31日，以银行存款支付本月水电费30 000元。其中，生产车间耗用28 000元，行政管理部门耗用2 000元。

(16) 1月31日，将车间制造费用转入泰迪熊的生产成本。

(17) 1月31日，本月投产的产品全部完工，完工产品的数量为2 198件，结转本月完工产品成本。

(18) 1月31日，结转本月销售产品成本800 000元。

(19) 1月31日，将有关收入、费用结转至“本年利润”账户。

(20) 确认本月的所得税费用311 005元，并将其转入“本年利润”账户。

要求：(1) 填制记账凭证。

(2) 编制上海东方有限公司2×19年1月31日的资产负债表和2×19年1月的利润表。

【业务解析】

(1) 填制记账凭证。根据经济业务所涉及的原始凭证，审核后填制记账凭证如图表7-26至图表7-47所示。

图表7-26 收款凭证

借方科目：银行存款　　2×19年01月01日　　银收字第1号

摘要	贷方总账科目	明细科目	√	亿	千	百	十	万	千	百	十	元	角	分
收回上海祥天商贸公司前欠货款	应收账款	B公司	√			2	0	0	0	0	0	0	0	0
合计					¥	2	0	0	0	0	0	0	0	0

附单据1张

财务主管：×××　记账：×××　出纳：×××　审核：×××　制单：×××

图表 7-27

收款凭证

借方科目：银行存款　　　　2×19 年 01 月 03 日　　　　银收字第 2 号

摘要	贷方总账科目	明细科目	√	金额										
				亿	千	百	十	万	千	百	十	元	角	分
销售泰迪熊	主营业务收入		√				8	4	0	0	0	0	0	0
合计						¥	8	4	0	0	0	0	0	0

附单据3张

财务主管：×××　　记账：×××　　出纳：×××　　审核：×××　　制单：×××

图表 7-28

付款凭证

贷方科目：银行存款　　　　2×19 年 01 月 05 日　　　　银付字第 1 号

摘要	借方总账科目	明细科目	√	金额										
				亿	千	百	十	万	千	百	十	元	角	分
支付广告费	销售费用		√				1	0	0	0	0	0	0	0
合计						¥	1	0	0	0	0	0	0	0

附单据2张

财务主管：×××　　记账：×××　　出纳：×××　　审核：×××　　制单：×××

图表 7-29

付款凭证

贷方科目：银行存款　　　　2×19 年 01 月 06 日　　　　银付字第 2 号

摘要	借方总账科目	明细科目	√	金额										
				亿	千	百	十	万	千	百	十	元	角	分
支付上海华泰塑胶公司货款	销售费用	E公司	√				2	0	0	0	0	0	0	0
合计						¥	2	0	0	0	0	0	0	0

附单据2张

财务主管：×××　　记账：×××　　出纳：×××　　审核：×××　　制单：×××

图表 7-30

转账凭证

2×19 年 01 月 07 日　　　转字第 1 号

摘要	总账科目	明细科目	√	借方金额											√	贷方金额										
				亿	千	百	十	万	千	百	十	元	角	分		亿	千	百	十	万	千	百	十	元	角	分
生产泰迪熊	生产成本	A 产品	√					2	5	0	0	0	0	0												
领用原材料	原材料	甲材料													√					2	0	0	0	0	0	0
	原材料	乙材料													√						5	0	0	0	0	0
合计							¥	2	5	0	0	0	0	0					¥	2	5	0	0	0	0	0

附单据 2 张

财务主管：××× 记账：××× 出纳：××× 审核：××× 制单：×××

图表 7-31

付款凭证

贷方科目：银行存款　　　2×19 年 01 月 10 日　　　银付字第 3 号

摘要	借方总账科目	明细科目	√	金额										
				亿	千	百	十	万	千	百	十	元	角	分
购入乙材料	原材料	乙材料	√				1	0	0	0	0	0	0	0
合计						¥	1	0	0	0	0	0	0	0

附单据 2 张

财务主管：××× 记账：××× 出纳：××× 审核：××× 制单：×××

图表 7-32

付款凭证

贷方科目：库存现金　　　2×19 年 01 月 15 日　　　现付字第 1 号

摘要	借方总账科目	明细科目	√	金额										
				亿	千	百	十	万	千	百	十	元	角	分
支付行政管理部门应酬费	管理费用		√							5	0	0	0	0
合计									¥	5	0	0	0	0

附单据 2 张

财务主管：××× 记账：××× 出纳：××× 审核：××× 制单：×××

图表 7-33

付款凭证

贷方科目:银行存款　　2×19 年 01 月 19 日　　银付字第 4 号

摘要	借方总账科目	明细科目	√	金额										
				亿	千	百	十	万	千	百	十	元	角	分
支付环保罚款	营业外支出	乙材料	√					4	0	0	0	0	0	0
合计							¥	4	0	0	0	0	0	0

附单据 2 张

财务主管:×××　记账:×××　出纳:×××　审核:×××　制单:×××

图表 7-34

付款凭证

贷方科目:库存现金　　2×19 年 01 月 21 日　　现付字第 2 号

摘要	借方总账科目	明细科目	√	金额										
				亿	千	百	十	万	千	百	十	元	角	分
支付销售产品运输费	销售费用		√							6	8	0	0	0
合计									¥	6	8	0	0	0

附单据 1 张

财务主管:×××　记账:×××　出纳:×××　审核:×××　制单:×××

图表 7-35

付款凭证

贷方科目:银行存款　　2×19 年 01 月 22 日　　银付字第 5 号

摘要	借方总账科目	明细科目	√	金额										
				亿	千	百	十	万	千	百	十	元	角	分
提取现金	库存现金		√						2	0	0	0	0	0
合计								¥	2	0	0	0	0	0

附单据 1 张

财务主管:×××　记账:×××　出纳:×××　审核:×××　制单:×××

图表 7-36 收款凭证

借方科目:银行存款　　2×19 年 01 月 25 日　　银收字第 3 号

摘要	借方总账科目	明细科目	√	金额										
				亿	千	百	十	万	千	百	十	元	角	分
销售 A 产品	主营业务收入		√			1	4	0	0	0	0	0	0	0
合计					¥	1	4	0	0	0	0	0	0	0

附单据 3 张

财务主管:×××　记账:×××　出纳:×××　审核:×××　制单:×××

图表 7-37 转账凭证

2×19 年 01 月 31 日　　转字第 2 号

摘要	总账科目	明细科目	√	借方金额											√	贷方金额										
				亿	千	百	十	万	千	百	十	元	角	分		亿	千	百	十	万	千	百	十	元	角	分
预提本月利息	财务费用		√					2	0	0	0	0	0	0												
	应付利息														√					2	0	0	0	0	0	0
合计							¥	2	0	0	0	0	0	0					¥	2	0	0	0	0	0	0

附单据 2 张

财务主管:×××　记账:×××　出纳:×××　审核:×××　制单:×××

图表 7-38 转账凭证

2×19 年 01 月 31 日　　转字第 3 号

摘要	总账科目	明细科目	√	借方金额											√	贷方金额										
				亿	千	百	十	万	千	百	十	元	角	分		亿	千	百	十	万	千	百	十	元	角	分
计提折旧费	制造费用		√					3	0	0	0	0	0	0												
	管理费用		√					1	0	0	0	0	0	0												
	累计折旧														√					4	0	0	0	0	0	0
合计							¥	4	0	0	0	0	0	0					¥	4	0	0	0	0	0	0

附单据 1 张

财务主管:×××　记账:×××　出纳:×××　审核:×××　制单:×××

图表 7-39

转 账 凭 证

2×19 年 01 月 31 日　　　　转字第 4 号

摘要	总账科目	明细科目	√	借方金额											√	贷方金额										
				亿	千	百	十	万	千	百	十	元	角	分		亿	千	百	十	万	千	百	十	元	角	分
计提职工	生产成本		√				1	1	4	0	0	0	0	0												
工资	制造费用		√					2	2	8	0	0	0	0												
	管理费用		√					1	5	2	0	0	0	0												
	销售费用		√						7	6	0	0	0	0												
	应付职工薪酬														√				1	5	9	6	0	0	0	0
合计						¥	1	5	9	6	0	0	0	0				¥	1	5	9	6	0	0	0	0

附单据1张

财务主管:×××　　记账:×××　　出纳:×××　　审核:×××　　制单:×××

图表 7-40

付 款 凭 证

贷方科目:银行存款　　2×19 年 01 月 31 日　　银付字第 6 号

摘要	借方总账科目	明细科目	√	金额										
				亿	千	百	十	万	千	百	十	元	角	分
支付水电费	制造费用		√					2	8	0	0	0	0	0
	管理费用		√						2	0	0	0	0	0
合计							¥	3	0	0	0	0	0	0

附单据1张

财务主管:×××　　记账:×××　　出纳:×××　　审核:×××　　制单:×××

图表 7-41

转 账 凭 证

2×19 年 01 月 31 日　　　　转字第 5 号

摘要	总账科目	明细科目	√	借方金额											√	贷方金额										
				亿	千	百	十	万	千	百	十	元	角	分		亿	千	百	十	万	千	百	十	元	角	分
结转制造费用	生产成品	泰迪熊	√					8	0	8	0	0	0	0												
	制造费用														√					8	0	8	0	0	0	0
合计							¥	8	0	8	0	0	0	0					¥	8	0	8	0	0	0	0

附单据1张

财务主管:×××　　记账:×××　　出纳:×××　　审核:×××　　制单:×××

图表 7-42

转 账 凭 证

2×19 年 01 月 31 日 转字第 6 号

摘要	总账科目	明细科目	√	借方金额											√	贷方金额										
				亿	千	百	十	万	千	百	十	元	角	分		亿	千	百	十	万	千	百	十	元	角	分
结转完工产品成本	库存商品	泰迪熊	√				2	1	9	8	0	0	0	0												
	生产成本	泰迪熊													√				2	1	9	8	0	0	0	0
合计						¥	2	1	9	8	0	0	0	0				¥	2	1	9	8	0	0	0	0

附单据1张

财务主管：××× 记账：××× 出纳：××× 审核：××× 制单：×××

图表 7-43

转 账 凭 证

2×19 年 01 月 31 日 转字第 7 号

摘要	总账科目	明细科目	√	借方金额											√	贷方金额										
				亿	千	百	十	万	千	百	十	元	角	分		亿	千	百	十	万	千	百	十	元	角	分
结转销售	主营业务成本		√				8	0	0	0	0	0	0	0												
产品成本	库存商品	A 产品													√				8	0	0	0	0	0	0	0
合计						¥	8	0	0	0	0	0	0	0				¥	8	0	0	0	0	0	0	0

附单据1张

财务主管：××× 记账：××× 出纳：××× 审核：××× 制单：×××

图表 7-44

转 账 凭 证

2×19 年 01 月 31 日 转字第 8 号

摘要	总账科目	明细科目	√	借方金额											√	贷方金额										
				亿	千	百	十	万	千	百	十	元	角	分		亿	千	百	十	万	千	百	十	元	角	分
结转收入	主营业务收入		√			2	2	4	0	0	0	0	0	0												
	本年利润														√			2	2	4	0	0	0	0	0	0
合计					¥	2	2	4	0	0	0	0	0	0			¥	2	2	4	0	0	0	0	0	0

附单据1张

财务主管：××× 记账：××× 出纳：××× 审核：××× 制单：×××

图表 7-45

转 账 凭 证

2×19 年 01 月 31 日 转字第 8 号

摘要	总账科目	明细科目	√	借方金额											√	贷方金额										
				亿	千	百	十	万	千	百	十	元	角	分		亿	千	百	十	万	千	百	十	元	角	分
结转各种成本费用等	本年利润		√				9	9	5	9	8	0	0	0												
	主营业务成本														√				8	0	0	0	0	0	0	0
	管理费用														√					2	7	0	0	0	0	0
	财务费用														√					2	0	0	0	0	0	0
	销售费用														√				1	0	8	2	8	0	0	0
	营业外支出														√					4	0	0	0	0	0	0
合计						¥	9	9	5	9	8	0	0	0				¥	9	9	5	9	8	0	0	0

附单据0张

财务主管：××× 记账：××× 出纳：××× 审核：××× 制单：×××

图表 7-46

转 账 凭 证

2×19 年 01 月 31 日 转字第 10 号

摘要	总账科目	明细科目	√	借方金额											√	贷方金额										
				亿	千	百	十	万	千	百	十	元	角	分		亿	千	百	十	万	千	百	十	元	角	分
计算应缴所得税费用	所得税费用		√				3	1	1	0	0	5	0	0												
	应交税费	应交所得税													√				3	1	1	0	0	5	0	0
合计						¥	3	1	1	0	0	5	0	0				¥	3	1	1	0	0	5	0	0

附单据1张

财务主管：××× 记账：××× 出纳：××× 审核：××× 制单：×××

图表 7-47

转 账 凭 证

2×19 年 01 月 31 日 转字第 11 号

摘要	总账科目	明细科目	√	借方金额											√	贷方金额										
				亿	千	百	十	万	千	百	十	元	角	分		亿	千	百	十	万	千	百	十	元	角	分
结转所得税费用	本年利润		√				3	1	1	0	0	5	0	0												
	所得税费用														√				3	1	1	0	0	5	0	0
合计						¥	3	1	1	0	0	5	0	0				¥	3	1	1	0	0	5	0	0

附单据0张

财务主管：××× 记账：××× 出纳：××× 审核：××× 制单：×××

2. 编制资产负债表和利润表

上海东方有限公司 2×19 年 1 月 31 日的资产负债表和 2×19 年 1 月的利润表如图表 7-48、图表 7-49 所示。

图表 7-48　　资产负债表　　企业 01 表

编制单位:上海东方有限公司　　2×19 年 01 月 31 日　　单位:元

资　产	期末余额	上年年末余额	负债和所有者权益（或股东权益）	期末余额	上年年末余额
流动资产:			流动负债:		
货币资金	5 613 820	1 845 000	短期借款	4 000 000	4 000 000
交易性金融资产			交易性金融负债		
衍生金融资产			衍生金融负债		
应收票据			应付票据		
应收账款	1 500 000	3 500 000	应付账款	1 500 000	1 700 000
预付款项			预收款项		
其他应收款			合同负债		
存货	2 794 800	3 300 000	应付职工薪酬	239 600	80 000
合同资产			应交税费	311 005	
持有待售资产			其他应付款	20 000	
一年内到期的非流动资产			持有待售负债		
其他流动资产			一年内到期的非流动负债		
流动资产合计	9 908 620	8 645 000	其他流动负债		
非流动资产:			流动负债合计	6 070 605	5 780 000
债券投资			非流动负债:		
其他债券投资			长期借款		
长期应收款			应付债券		
长期股权投资			其中:优先股		
其他权益工具投资			永续债		
其他非流动金融资产			长期应付款		
投资性房地产			预计负债		
固定资产	4 660 000	4 700 000	递延收益		
在建工程			递延所得税负债		
生产性生物资产			其他非流动负债		
油气资产			非流动负债合计		
无形资产			负债合计	6 070 605	5 780 000
开发支出			所有者权益(或股东权益):		
商誉			实收资本(或股本)	6 000 000	6 000 000
长期待摊费用			其他权益工具		
递延所得税资产			其中:优先股		
其他非流动资产			永续债		
非流动资产合计	4 660 000	4 700 000	资本公积	400 000	400 000

（续表）

资　产	期末余额	年初余额	负债和所有者权益（或股东权益）	期末余额	年初余额
			减：库存股		
			其他综合收益		
			专项储备		
			盈余公积	165 000	165 000
			未分配利润	1 933 015	1 000 000
			所有者权益（或股东权益）合计	8 498 015	7 565 000
资产总计	14 568 620	13 345 000	负债和所有者权益（或股东权益）总计	14 568 620	13 345 000

注："货币资金"项目金额 5 613 820 元，系由"库存现金"和"银行存款"总账账户期末余额 25 820 元和 5 588 000 元合计填列。

"存货"项目金额 2 794 800 元，系由"原材料"和"库存商品"总账账户期末余额 2 175 000 元和 619 800 元合计填列。

"固定资产"项目金额 4 660 000 元，系由"固定资产"账户期末余额 5 000 000 元减去"累计折旧"账户期末余额 340 000 元后的净额填列。

"未分配利润"项目金额 1 933 015 元，系由"利润分配——未分配利润"账户年初余额 1 000 000 元与"本年利润"账户期末余额 933 015 元合计填列。

图表 7-49　　利　润　表（简表）　　企会 01 表

编制单位：上海东方有限公司　　2×19 年 1 月　　单位：元

项　　目	本期金额	上期金额
一、营业收入	2 240 000	略
减：营业成本	800 000	略
税金及附加	0	略
销售费用	108 280	略
管理费用	27 700	略
研发费用	0	略
财务费用	20 000	略
其中：利息费用	20 000	略
利息收入	0	略
加：其他收益	0	略
投资收益（损失以"－"号填列）	0	略
其中：对联营企业和合营企业的投资收益	0	略
以摊余成本计量的金融资产终止确认收益（损失以"－"号填列）	0	略
净敞口套期收益（损失以"－"号填列）	0	略
公允价值变动损益（损失以"－"号填列）	0	略
信用减值损失（损失以"－"号填列）	0	略
资产减值损失（损失以"－"号填列）	0	略
资产处置收益（损失以"－"号填列）	0	略
二、营业利润（亏损以"－"号填列）	1 284 020	略
加：营业外收入	0	略
减：营业外支出	40 000	略
三、利润总额（亏损总额以"－"号填列）	1 244 020	略

（续表）

项　　目	本期金额	上期金额
减：所得税费用	311 005	略
四、净利润（净亏损以"－"号填列）	933 015	略
（一）持续经营净利润（净亏损以"－"号填列）	933 015	略
（二）终止经营净利润（净亏损以"－"号填列）	0	略
五、其他综合收益的税后净额	略	略
（一）不能重分类进损益的其他综合收益	略	略
（二）将重分类进损益的其他综合收益	略	略
六、综合收益总额	略	略
七、每股收益	略	略
（一）基本每股收益	略	略
（二）稀释每股收益	略	略

7.5 总账会计岗位的电算化操作

总账会计岗位电算化操作涉及财务软件总账和报表两个操作系统。

7.5.1 总账系统操作

7.5.1.1 总账系统功能简介

总账管理系统是财务业务一体化管理软件的核心系统，适用于各行各业进行账务核算及管理工作。总账系统与各模块岗位系统关系密切，各模块岗位系统生成的记账凭证均传递到总账系统，总账管理系统的主要功能包括初始设置、凭证管理、出纳管理、账簿管理、辅助核算管理和期末处理等。

7.5.1.2 总账会计岗位工作业务流程

总账会计岗位工作业务流程如图表 7-50 所示。

图表 7-50　总账系统业务处理流程

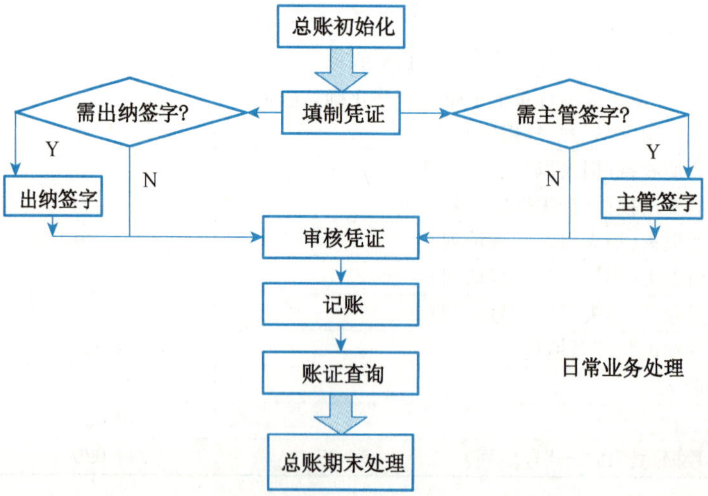

7.5.1.3 任务实施

总账系统初始化

【任务一】 总账初始化

执行“基础设置→基础档案→财务”命令根据给定资料分别完成外币设置、凭证类别、结算方式、项目目录等初始化设置。

总账日常业务

【任务二】 总账日常业务

执行“业务工作→总账→凭证→填制凭证”命令，根据经纪业务选择相应凭证，单击“保存”按钮。更改操作员进行出纳签字和审核，并进行记账。

期末业务

【任务三】 总账期末处理

执行“业务工作→总账→期末→转账定义”命令，完成期末转账设置。

执行“业务工作→总账→期末→转账生成”命令，生成转账凭证。

执行“业务工作→总账→期末→对账”命令，完成期末对账。

4. 执行“业务工作→总账→期末→结账”命令，完成期末结账。

7.5.2 报表系统操作

7.5.2.1 UFO 报表管理系统功能简介

会计报表是综合反映企业一定时期财务状况、经营成果和现金流量信息的书面文件，是企业经营活动的总结。财务报表模块的主要任务是设计报表的格式和编制公式，从账务处理模块或其他业务模块中取得有关会计信息，自动编制各种会计报表，对报表进行审核、汇总、生成各种分析图，并按预定格式输出各种会计报表。

7.5.2.2 UFO 报表管理系统操作流程

报表管理系统操作流程如图表 7-51 所示。

图表 7-51 UFO 报表管理模块处理流程

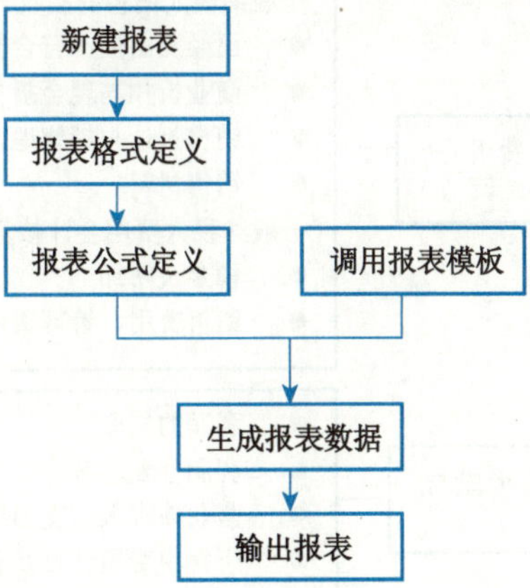

7.5.2.3 任务实施

【任务一】 自定义报表

步骤一：新建报表。

单击“财务报表”菜单→单击“打开自定义”图标，进入财务报表系统，并自动建一张空白报表，报表名默认为“report1”。

自定义报表

步骤二：定义报表格式。

查看空白报表左下角的“格式/数据”按钮，在格式状态下根据给定资料执行“格式”菜单中的各项命令。分别设置报表的尺寸、项目、关键字等相关信息。

步骤三:定义报表公式。

在“格式”状态下,选定被定义单元。单击“fx”按钮,打开“定义公式”对话框。单击“函数向导”按钮,打开“函数向导”对话框。在函数分类列表框中选择“用友账务函数”,完成相关公式设定。

步骤四:报表数据处理。

单击左下角“格式”按钮,切换到“数据”状态,执行“数据→关键字→录入”命令。打开“录入关键字”对话框,根据给定资料,输入“年”“月”“日”。单击“确认”按钮,弹出“是否重算第1页?”对话框,单击“是”按钮,系统会自动根据单元公式计算相应月份数据,输出报表,单击“保存”按钮。

调用报表模板

【任务二】 调用报表模板

步骤一:调用报表模板。

在“格式”状态下,执行“格式→报表模板”命令。打开“报表模板”对话框,选择相应的行业和相应的报表种类。

步骤二:生成报表数据。

单击左下角“格式”按钮,切换到“数据”状态,执行“数据→关键字→录入”命令。打开“录入关键字”对话框,根据给定资料,输入“年”“月”“日”。单击“确认”按钮,弹出“是否重算第1页?”对话框,单击“是”按钮,系统会自动根据单元公式计算相应月份数据,输出报表,单击“保存”按钮。

项目小结

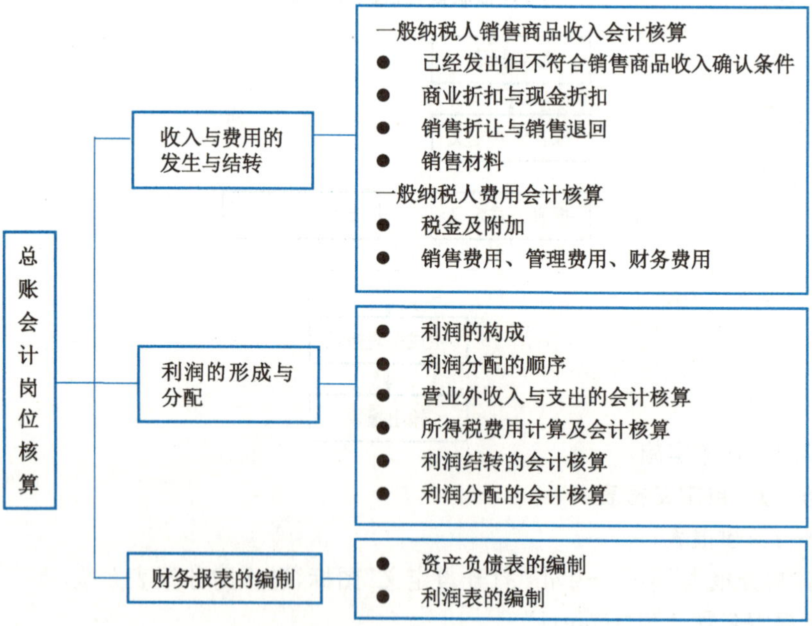

补充阅读

企业会计准则第 30 号——财务报表列报

第一章 总 则

第一条 为了规范财务报表的列报，保证同一企业不同期间和同一期间不同企业的财务报表相互可比，根据《企业会计准则——基本准则》，制定本准则。

第二条 财务报表是对企业财务状况、经营成果和现金流量的结构性表述。财务报表至少应当包括下列组成部分：

（一）资产负债表。

（二）利润表。

（三）现金流量表。

（四）所有者权益（或股东权益，下同）变动表。

（五）附注。

财务报表上述组成部分具有同等的重要程度。

第三条 本准则适用于个别财务报表和合并财务报表，以及年度财务报表和中期财务报表，《企业会计准则第 32 号——中期财务报告》另有规定的除外。合并财务报表的编制和列报，还应遵循《企业会计准则第 33 号——合并财务报表》；现金流量表的编制和列报，还应遵循《企业会计准则第 31 号——现金流量表》；其他会计准则的特殊列报要求，适用其他相关会计准则。

第二章 基本要求

第四条 企业应当以持续经营为基础，根据实际发生的交易和事项，按照《企业会计准则——基本准则》和其他各项会计准则的规定进行确认和计量，在此基础上编制财务报表。企业不应以附注披露代替确认和计量，不恰当的确认和计量也不能通过充分披露相关会计政策而纠正。

如果按照各项会计准则规定披露的信息不足以让报表使用者了解特定交易或事项对企业财务状况和经营成果的影响时，企业还应当披露其他的必要信息。

第五条 在编制财务报表的过程中，企业管理层应当利用所有可获得信息来评价企业自报告期末起至少 12 个月的持续经营能力。

评价时需要考虑宏观政策风险、市场经营风险、企业目前或长期的盈利能力、偿债能力、财务弹性以及企业管理层改变经营政策的意向等因素。

评价结果表明对持续经营能力产生重大怀疑的，企业应当在附注中披露导致对持续经营能力产生重大怀疑的因素以及企业拟采取的改善措施。

第六条 企业如有近期获利经营的历史且有财务资源支持，则通常表明以持续经营为基础编制财务报表是合理的。

企业正式决定或被迫在当期或将在下一个会计期间进行清算或停止营业的，则表明以持续经营为基础编制财务报表不再合理。在这种情况下，企业应当采用其他基础编制财务报表，并在附注中声明财务报表未以持续经营为基础编制的事实、披露未以持续经营为基础编制的原因和财务报表的编制基础。

第七条 除现金流量表按照收付实现制原则编制外，企业应当按照权责发生制原则编制财务报表。

第八条 财务报表项目的列报应当在各个会计期间保持一致，不得随意变更，但下列情况除外：

（一）会计准则要求改变财务报表项目的列报。

（二）企业经营业务的性质发生重大变化或对企业经营影响较大的交易或事项发生后，变更财务报表项目的列报能够提供更可靠、更相关的会计信息。

第九条 性质或功能不同的项目，应当在财务报表中单独列报，但不具有重要性的项目除外。

性质或功能类似的项目，其所属类别具有重要性的，应当按其类别在财务报表中单独列报。

某些项目的重要性程度不足以在资产负债表、利润表、现金流量表或所有者权益变动表中单独列示，但对附注却具有重要性，则应当在附注中单独披露。

第十条 重要性，是指在合理预期下，财务报表某项目的省略或错报会影响使用者据此作出经济决策的，该项目具有重要性。

重要性应当根据企业所处的具体环境，从项目的性质和金额两方面予以判断，且对各项目重要性的判断标准一经确定，不得随意变更。判断项目性质的重要性，应当考虑该项目在性质上是否属于企业日常活动、是否显著影响企业的财务状况、经营成果和现金流量等因素；判断项目金额大小的重要性，应当考虑该项目金额占资产总额、负债总额、所有者权益总额、营业收入总额、营业成本总额、净利润、综合收益总额等直接相关项目金额的比重或所属报表单列项目金额的比重。

第十一条 财务报表中的资产项目和负债项目的金额、收入项目和费用项目的金额、直接计入当期利润的利得项目和损失项目的金额不得相互抵销，但其他会计准则另有规定的除外。

一组类似交易形成的利得和损失应当以净额列示，但具有重要性的除外。

资产或负债项目按扣除备抵项目后的净额列示，不属于抵销。

非日常活动产生的利得和损失，以同一交易形成的收益扣减相关费用后的净额列示更能反映交易实质的，不属于抵销。

第十二条 当期财务报表的列报，至少应当提供所有列报项目上一个可比会计期间的比较数据，以及与理解当期财务报表相关的说明，但其他会计准则另有规定的除外。

根据本准则第八条的规定，财务报表的列报项目发生变更的，应当至少对可比期间的数据按照当期的列报要求进行调整，并在附注中披露调整的原因和性质，以及调整的各项目金额。对可比数据进行调整不切实可行的，应当在附注中披露不能调整的原因。

不切实可行，是指企业在作出所有合理努力后仍然无法采用某项会计准则规定。

第十三条 企业应当在财务报表的显著位置至少披露下列各项：

（一）编报企业的名称。

（二）资产负债表日或财务报表涵盖的会计期间。

（三）人民币金额单位。

(四) 财务报表是合并财务报表的，应当予以标明。

第十四条 企业至少应当按年编制财务报表。年度财务报表涵盖的期间短于一年的，应当披露年度财务报表的涵盖期间、短于一年的原因以及报表数据不具可比性的事实。

第十五条 本准则规定在财务报表中单独列报的项目，应当单独列报。其他会计准则规定单独列报的项目，应当增加单独列报项目。

第三章 资产负债表

第十六条 资产和负债应当分别流动资产和非流动资产、流动负债和非流动负债列示。

金融企业等销售产品或提供服务不具有明显可识别营业周期的企业，其各项资产或负债按照流动性列示能够提供可靠且更相关信息的，可以按照其流动性顺序列示。从事多种经营的企业，其部分资产或负债按照流动和非流动列报、其他部分资产或负债按照流动性列示能够提供可靠且更相关信息的，可以采用混合的列报方式。

对于同时包含资产负债表日后一年内(含一年，下同)和一年之后预期将收回或清偿金额的资产和负债单列项目，企业应当披露超过一年后预期收回或清偿的金额。

第十七条 资产满足下列条件之一的，应当归类为流动资产：

(一) 预计在一个正常营业周期中变现、出售或耗用。

(二) 主要为交易目的而持有。

(三) 预计在资产负债表日起一年内变现。

(四) 自资产负债表日起一年内，交换其他资产或清偿负债的能力不受限制的现金或现金等价物。

正常营业周期，是指企业从购买用于加工的资产起至实现现金或现金等价物的期间。正常营业周期通常短于一年。因生产周期较长等导致正常营业周期长于一年的，尽管相关资产往往超过一年才变现、出售或耗用，仍应当划分为流动资产。正常营业周期不能确定的，应当以一年(12 个月)作为正常营业周期。

第十八条 流动资产以外的资产应当归类为非流动资产，并应按其性质分类列示。被划分为持有待售的非流动资产应当归类为流动资产。

第十九条 负债满足下列条件之一的，应当归类为流动负债：

(一) 预计在一个正常营业周期中清偿。

(二) 主要为交易目的而持有。

(三) 自资产负债表日起一年内到期应予以清偿。

(四) 企业无权自主地将清偿推迟至资产负债表日后一年以上。负债在其对手方选择的情况下可通过发行权益进行清偿的条款与负债的流动性划分无关。

企业对资产和负债进行流动性分类时，应当采用相同的正常营业周期。企业正常营业周期中的经营性负债项目即使在资产负债表日后超过一年才予清偿的，仍应当划分为流动负债。经营性负债项目包括应付账款、应付职工薪酬等，这些项目属于企业正常营业周期中使用的营运资金的一部分。

第二十条 流动负债以外的负债应当归类为非流动负债，并应按其性质分类列示。被划分为持有待售的非流动负债应当归类为流动负债。

第二十一条 对于在资产负债表日起一年内到期的负债，企业有意图且有能力自主地将清偿义务展期至资产负债表日后一年以上的，应当归类为非流动负债；不能自主地将清偿义务展期的，即使在资产负债表日后、财务报告批准报出日前签订了重新安排清偿计划协议，该项负债仍应当归类为流动负债。

第二十二条 企业在资产负债表日或之前违反了长期借款协议，导致贷款人可随时要求清偿的负债，应当归类为流动负债。

贷款人在资产负债表日或之前同意提供在资产负债表日后一年以上的宽限期，在此期限内企业能够改正违约行为，且贷款人不能要求随时清偿的，该项负债应当归类为非流动负债。

其他长期负债存在类似情况的，比照上述第一款和第二款处理。

第二十三条 资产负债表中的资产类至少应当单独列示反映下列信息的项目：

（一）货币资金。

（二）以公允价值计量且其变动计入当期损益的金融资产。

（三）应收款项。

（四）预付款项。

（五）存货。

（六）被划分为持有待售的非流动资产及被划分为持有待售的处置组中的资产。

（七）可供出售金融资产。

（八）持有至到期投资。

（九）长期股权投资。

（十）投资性房地产。

（十一）固定资产。

（十二）生物资产。

（十三）无形资产。

（十四）递延所得税资产。

第二十四条 资产负债表中的资产类至少应当包括流动资产和非流动资产的合计项目，按照企业的经营性质不切实可行的除外。

第二十五条 资产负债表中的负债类至少应当单独列示反映下列信息的项目：

（一）短期借款。

（二）以公允价值计量且其变动计入当期损益的金融负债。

（三）应付款项。

（四）预收款项。

（五）应付职工薪酬。

（六）应交税费。

（七）被划分为持有待售的处置组中的负债。

（八）长期借款。

（九）应付债券。

（十）长期应付款。

（十一）预计负债。

（十二）递延所得税负债。

第二十六条 资产负债表中的负债类至少应当包括流动负债、非流动负债和负债的合计项目，按照企业的经营性质不切实可行的除外。

第二十七条 资产负债表中的所有者权益类至少应当单独列示反映下列信息的项目：

（一）实收资本（或股本，下同）。

（二）资本公积。

（三）盈余公积。

（四）未分配利润。

在合并资产负债表中，应当在所有者权益类单独列示少数股东权益。

第二十八条 资产负债表中的所有者权益类应当包括所有者权益的合计项目。

第二十九条 资产负债表应当列示资产总计项目，负债和所有者权益总计项目。

第四章 利 润 表

第三十条 企业在利润表中应当对费用按照功能分类，分为从事经营业务发生的成本、管理费用、销售费用和财务费用等。

第三十一条 利润表至少应当单独列示反映下列信息的项目，但其他会计准则另有规定的除外：

（一）营业收入。

（二）营业成本。

（三）营业税金及附加。

（四）管理费用。

（五）销售费用。

（六）财务费用。

（七）投资收益。

（八）公允价值变动损益。

（九）资产减值损失。

（十）非流动资产处置损益。

（十一）所得税费用。

（十二）净利润。

（十三）其他综合收益各项目分别扣除所得税影响后的净额。

（十四）综合收益总额。

金融企业可以根据其特殊性列示利润表项目。

第三十二条 综合收益，是指企业在某一期间除与所有者以其所有者身份进行的交易之外的其他交易或事项所引起的所有者权益变动。综合收益总额项目反映净利润和其他综合收益扣除所得税影响后的净额相加后的合计金额。

第三十三条 其他综合收益，是指企业根据其他会计准则规定未在当期损益中确认的各项利得和损失。

其他综合收益项目应当根据其他相关会计准则的规定分为下列两类列报：

（一）以后会计期间不能重分类进损益的其他综合收益项目，主要包括重新计量设定受益计划净负债或净资产导致的变动、按照权益法核算的在被投资单位以后会计期间不能重分类进损益的其他综合收益中所享有的份额等。

（二）以后会计期间在满足规定条件时将重分类进损益的其他综合收益项目，主要包括按照权益法核算的在被投资单位以后会计期间在满足规定条件时将重分类进损益的其他综合收益中所享有的份额、可供出售金融资产公允价值变动形成的利得或损失、持有至到期投资重分类为可供出售金融资产形成的利得或损失、现金流量套期工具产生的利得或损失中属于有效套期的部分、外币财务报表折算差额等。

第三十四条 在合并利润表中，企业应当在净利润项目之下单独列示归属于母公司所有者的损益和归属于少数股东的损益，在综合收益总额项目之下单独列示归属于母公司所有者的综合收益总额和归属于少数股东的综合收益总额。

第五章 所有者权益变动表

第三十五条 所有者权益变动表应当反映构成所有者权益的各组成部分当期的增减变动情况。综合收益和与所有者（或股东，下同）的资本交易导致的所有者权益的变动，应当分别列示。

与所有者的资本交易，是指企业与所有者以其所有者身份进行的、导致企业所有者权益变动的交易。

第三十六条 所有者权益变动表至少应当单独列示反映下列信息的项目：

（一）综合收益总额，在合并所有者权益变动表中还应单独列示归属于母公司所有者的综合收益总额和归属于少数股东的综合收益总额。

（二）会计政策变更和前期差错更正的累积影响金额。

（三）所有者投入资本和向所有者分配利润等。

（四）按照规定提取的盈余公积。

（五）所有者权益各组成部分的期初和期末余额及其调节情况。

第六章 附 注

第三十七条 附注是对在资产负债表、利润表、现金流量表和所有者权益变动表等报表中列示项目的文字描述或明细资料，以及对未能在这些报表中列示项目的说明等。

第三十八条 附注应当披露财务报表的编制基础，相关信息应当与资产负债表、利润表、现金流量表和所有者权益变动表等报表中列示的项目相互参照。

第三十九条 附注一般应当按照下列顺序至少披露：

（一）企业的基本情况。

1. 企业注册地、组织形式和总部地址。

2. 企业的业务性质和主要经营活动。

3. 母公司以及集团最终母公司的名称。

4. 财务报告的批准报出者和财务报告批准报出日，或者以签字人及其签字日期为准。

5. 营业期限有限的企业，还应当披露有关其营业期限的信息。

（二）财务报表的编制基础。

（三）遵循企业会计准则的声明。

企业应当声明编制的财务报表符合企业会计准则的要求，真实、完整地反映了企业的财务状况、经营成果和现金流量等有关信息。

（四）重要会计政策和会计估计。

重要会计政策的说明，包括财务报表项目的计量基础和在运用会计政策过程中所做的重要判断等。重要会计估计的说明，包括可能导致下一个会计期间内资产、负债账面价值重大调整的会计估计的确定依据等。

企业应当披露采用的重要会计政策和会计估计，并结合企业的具体实际披露其重要会计政策的确定依据和财务报表项目的计量基础，及其会计估计所采用的关键假设和不确定因素。

（五）会计政策和会计估计变更以及差错更正的说明。

企业应当按照《企业会计准则第28号——会计政策、会计估计变更和差错更正》的规定，披露会计政策和会计估计变更以及差错更正的情况。

（六）报表重要项目的说明。

企业应当按照资产负债表、利润表、现金流量表、所有者权益变动表及其项目列示的顺序，对报表重要项目的说明采用文字和数字描述相结合的方式进行披露。报表重要项目的明细金额合计，应当与报表项目金额相衔接。

企业应当在附注中披露费用按照性质分类的利润表补充资料，可将费用分为耗用的原材料、职工薪酬费用、折旧费用、摊销费用等。

（七）或有和承诺事项、资产负债表日后非调整事项、关联方关系及其交易等需要说明的事项。

（八）有助于财务报表使用者评价企业管理资本的目标、政策及程序的信息。

第四十条 企业应当在附注中披露下列关于其他综合收益各项目的信息：

（一）其他综合收益各项目及其所得税影响。

（二）其他综合收益各项目原计入其他综合收益、当期转出计入当期损益的金额。

（三）其他综合收益各项目的期初和期末余额及其调节情况。

第四十一条 企业应当在附注中披露终止经营的收入、费用、利润总额、所得税费用和净利润，以及归属于母公司所有者的终止经营利润。

第四十二条 终止经营，是指满足下列条件之一的已被企业处置或被企业划归为持有待售的、在经营和编制财务报表时能够单独区分的组成部分：

（一）该组成部分代表一项独立的主要业务或一个主要经营地区。

（二）该组成部分是拟对一项独立的主要业务或一个主要经营地区进行处置计划的一部分。

（三）该组成部分是仅仅为了再出售而取得的子公司。

同时满足下列条件的企业组成部分（或非流动资产，下同）应当确认为持有待售：该组成部分必须在其当前状况下仅根据出售此类组成部分的惯常条款即可立即出售；企业已经就处置该组成部分作出决议，如按规定需得到股东批准的，应当已经取得股东大会或相应权力机构的批准；企业已经与受让方签订了不可撤销的转让协议；该项转让将在一年内完成。

第四十三条 企业应当在附注中披露在资产负债表日后、财务报告批准报出日前提议或宣布发放的股利总额和每股股利金额（或向投资者分配的利润总额）。

第七章 衔接规定

第四十四条 在本准则施行日之前已经执行企业会计准则的企业，应当按照本准则调整财务报表的列报项目；涉及有关报表和附注比较数据的，也应当做相应调整，调整不切实可行的除外。

第八章 附 则

第四十五条 本准则自2014年7月1日起施行。

注：财政部发布财会[2019]6号《关于修订印发2019年度一般企业财务报表格式的通知》，对执行企业会计准则的非金融企业的一般企业财务报表的格式进行了修订，2019年度中期财务报表开始执行，请自行查询财政部网站相关网页。

附录1　业务索引

项目一　资金结算会计岗位核算操作

业务1-1　现金收入 …… 004
业务1-2　现金支出 …… 005
业务1-3　现金短缺 …… 006
业务1-4　现金溢余 …… 007
业务1-5　银行存款支付结算 …… 013
业务1-6　银行存款日记账的填制 …… 015
业务1-7　外埠存款业务 …… 022
业务1-8　银行汇票业务 …… 022
业务1-9　信用卡业务 …… 023
业务1-10　赊销业务 …… 025
业务1-11　现金折扣销售业务 …… 026
业务1-12　坏账准备业务 …… 027
业务1-13　赊购业务 …… 029
业务1-14　不带息应收票据的核算 …… 030
业务1-15　带息应收票据 …… 031
业务1-16　应收票据到期款项未收回 …… 032
业务1-17　应收票据的转让 …… 033
业务1-18　开出和结清不带息应付票据 …… 034
业务1-19　带息应付票据的处理 …… 035
业务1-20　逾期应付票据的处理 …… 035
业务1-21　预付账款的处理 …… 037
业务1-22　预收账款的处理 …… 038
业务1-23　定额制备用金 …… 040
业务1-24　非定额制备用金 …… 040
业务1-25　支付押金 …… 041
业务1-26　收到押金 …… 042

项目二　存货会计岗位核算操作

业务2-1　货款已付，材料验收入库(实际成本法) …… 054
业务2-2　货款已付，材料尚未入库(实际成本法) …… 055

业务 2-3 货款尚未支付，材料已经验收入库（实际成本法） 056
业务 2-4 货款已经预付，材料尚未验收入库（实际成本法） 056
业务 2-5 原材料按实际成本发出 057
业务 2-6 个别计价法 058
业务 2-7 先进先出法 060
业务 2-8 月末一次加权平均法 061
业务 2-9 移动加权平均法 062
业务 2-10 货款已付，材料验收入库（计划成本法） 063
业务 2-11 货款已付，材料尚未验收入库（计划成本法） 063
业务 2-12 货款尚未支付，材料已经验收入库（计划成本法） 064
业务 2-13 计划成本发出材料 065
业务 2-14 包装物购进的核算 067
业务 2-15 生产领用包装物的核算 068
业务 2-16 销售不单独计价包装物的核算 068
业务 2-17 销售单独计价包装物的核算 069
业务 2-18 出租、出借包装物的核算 069
业务 2-19 包装物摊销的核算 072
业务 2-20 包装物报废的核算 072
业务 2-21 低值易耗品购进的核算 074
业务 2-22 低值易耗品领用和摊销的核算 074
业务 2-23 修理低值易耗品的核算 074
业务 2-24 低值易耗品报废的核算 075
业务 2-25 工业企业产成品验收入库的核算 076
业务 2-26 销售库存商品的核算 077
业务 2-27 购进商品的核算 079
业务 2-28 售价金额法核算库存商品 080
业务 2-29 采用毛利率法核算库存商品 081
业务 2-30 发出委托加工物资的核算 083
业务 2-31 支付委托加工物资加工费的核算 084
业务 2-32 委托加工物资完工验收入库的核算 085
业务 2-33 委托加工物资属于应税消费品的核算 085
业务 2-34 存货盘盈的核算 088
业务 2-35 存货盘亏的核算 088

项目三 固定资产会计岗位核算操作

业务 3-1 购入不需要安装固定资产 102
业务 3-2 购入需要安装固定资产 103
业务 3-3 自营工程 105
业务 3-4 出包工程 106

业务 3-5 年限平均法计算折旧 …… 108
业务 3-6 工作量法计算折旧 …… 109
业务 3-7 年数总和法计算折旧 …… 109
业务 3-8 双倍余额递减法计算折旧 …… 110
业务 3-9 计提折旧的核算 …… 111
业务 3-10 可资本化的后续支出 …… 113
业务 3-11 不可资本化的后续支出 …… 114
业务 3-12 固定资产出售 …… 116
业务 3-13 固定资产毁损 …… 116
业务 3-14 固定资产盘盈 …… 117
业务 3-15 固定资产盘亏 …… 118

项目四 融资与投资会计岗位核算操作

业务 4-1 接受以现金出资方式的投资 …… 132
业务 4-2 接受固定资产投资 …… 135
业务 4-3 接受无形资产投资 …… 136
业务 4-4 接受存货投资 …… 137
业务 4-5 资本公积转增资本的核算 …… 138
业务 4-6 盈余公积转增资本的核算 …… 139
业务 4-7 撤资的核算 …… 139
业务 4-8 资本溢价的核算 …… 142
业务 4-9 取得短期借款的核算 …… 143
业务 4-10 计提、支付短期借款利息 …… 145
业务 4-11 归还短期借款 …… 145
业务 4-12 取得长期借款 …… 146
业务 4-13 确认长期借款利息 …… 146
业务 4-14 归还长期借款利息 …… 147
业务 4-15 取得交易性金融资产的核算 …… 151
业务 4-16 交易性金融资产持有期间计息的核算 …… 151
业务 4-17 交易性金融资产后续计量的核算 …… 152
业务 4-18 出售交易性金融资产的核算 …… 153

项目五 职工薪酬会计岗位核算操作

业务 5-1 计算计时工资 …… 163
业务 5-2 计算个人计件工资 …… 163
业务 5-3 计算集体计件工资 …… 164
业务 5-4 确认工资薪金 …… 164
业务 5-5 发放工资薪金 …… 165
业务 5-6 结转代扣款项 …… 167

业务 5-7 支付职工生活困难补助 …… 171
业务 5-8 计提“五险一金” …… 171
业务 5-9 缴纳“五险一金” …… 172
业务 5-10 计提工会经费、职工教育经费 …… 173
业务 5-11 发生职工教育经费 …… 174
业务 5-12 短期带薪缺勤核算 …… 174
业务 5-13 非货币性福利核算 …… 176
业务 5-14 辞退福利核算 …… 177
业务 5-15 工资薪金应纳税额的计算 …… 180
业务 5-16 结转代扣个人所得税 …… 181
业务 5-17 缴纳个人所得税 …… 181

项目六 税务会计岗位核算操作
业务 6-1 一般纳税人销售货物 …… 195
业务 6-2 视同销售 …… 196
业务 6-3 一般纳税人购进货物 …… 197
业务 6-4 进项税额转出的会计处理 …… 197
业务 6-5 增值税月末转出和缴纳 …… 199
业务 6-6 小规模纳税人购进货物 …… 201
业务 6-7 小规模纳税人销售货物 …… 201
业务 6-8 小规模纳税人缴纳增值税 …… 201
业务 6-9 销售应税消费品 …… 206
业务 6-10 委托加工应税消费品的处理 …… 207
业务 6-11 城市维护建设税的会计核算 …… 211
业务 6-12 教育费附加的会计核算 …… 212

项目七 总账会计岗位核算操作
业务 7-1 已经发出但不符合销售商品收入确认条件 …… 223
业务 7-2 商业折扣和现金折扣的处理 …… 224
业务 7-3 销售折让的会计处理 …… 225
业务 7-4 销售退回的会计处理 …… 226
业务 7-5 销售材料 …… 227
业务 7-6 税金及附加的计算与处理 …… 229
业务 7-7 销售费用的会计处理 …… 230
业务 7-8 管理费用的会计处理 …… 230
业务 7-9 财务费用的会计处理 …… 230
业务 7-10 营业外收入的会计处理 …… 232
业务 7-11 营业外支出的会计处理 …… 233
业务 7-12 所得税费用的会计处理(不考虑差异对所得税的影响) …… 234

业务 7-13　本年利润的结转 …………………………………………………… 236
业务 7-14　结转净利润、提取盈余公积 ………………………………………… 238
业务 7-15　宣告发放现金股利 ………………………………………………… 239
业务 7-16　结转利润分配 ……………………………………………………… 239
业务 7-17　资产负债表项目金额计算 ………………………………………… 247
业务 7-18　编制财务报表 ……………………………………………………… 251

附录2　企业会计准则具体准则列示

企业会计准则第1号——存货
企业会计准则第2号——长期股权投资
企业会计准则第3号——投资性房地产
企业会计准则第4号——固定资产
企业会计准则第5号——生物资产
企业会计准则第6号——无形资产
企业会计准则第7号——非货币性资产交换
企业会计准则第8号——资产减值
企业会计准则第9号——职工薪酬
企业会计准则第10号——企业年金基金
企业会计准则第11号——股份支付
企业会计准则第12号——债务重组
企业会计准则第13号——或有事项
企业会计准则第14号——收入
企业会计准则第15号——建造合同
企业会计准则第16号——政府补助
企业会计准则第17号——借款费用
企业会计准则第18号——所得税
企业会计准则第19号——外币折算
企业会计准则第20号——企业合并
企业会计准则第21号——租赁
企业会计准则第22号——金融工具确认和计量
企业会计准则第23号——金融资产转移
企业会计准则第24号——套期保值
企业会计准则第25号——原保险合同
企业会计准则第26号——再保险合同
企业会计准则第27号——石油天然气开采
企业会计准则第28号——会计政策、会计估计变更和差错更正
企业会计准则第29号——资产负债表日后事项
企业会计准则第30号——财务报表列报
企业会计准则第31号——现金流量表

企业会计准则第 32 号——中期财务报告
企业会计准则第 33 号——合并财务报表
企业会计准则第 34 号——每股收益
企业会计准则第 35 号——分部报告
企业会计准则第 36 号——关联方披露
企业会计准则第 37 号——金融工具列报
企业会计准则第 38 号——首次执行企业会计准则
2014 年印发 39 号、40 号准则、41 号准则(2014 年 7 月 1 日起执行)
企业会计准则第 39 号——公允价值计量
企业会计准则第 40 号——合营安排
企业会计准则第 41 号——在其他主体中权益的披露
2017 年印发 42 号准则(2017 年 5 月 28 日起执行)
企业会计准则第 42 号——持有待售的非流动资产、处置组和终止经营

